UN AN D'ACTUALITÉ DES LIBERTÉS ET DROITS FONDAMENTAUX

UN AN D'ACTUALITÉ DES LIBERTÉS ET DROITS FONDAMENTAUX

Fiches d'actualité
et sujets corrigés
pour le grand oral

5e édition

Michaël Poyet
Magistrat administratif
Enseignant associé à la faculté Jean Monnet
de l'université Paris-Saclay
Intervenant à l'IEJ de Sceaux,
au Centre de formation de la juridiction administrative
et à l'Institut régional d'administration de Bastia
Membre associé de l'IEDP (EA 2715)
Docteur en droit

LGDJ
un savoir-faire de
Lextenso

Dans la même collection

Cyrille Auché, Jacques-Henri Auché, Christine Hugon, *Procédure civile*, 3e éd., 2023.
Boris Bernabé, Michaël Poyet, *La note de synthèse*, 12e éd., 2023.
Nathalie Blanc, Anne-Valérie Le Fur, Thomas Le Gueut, Anne-Cécile Martin, *Droit des affaires*, 6e éd., 2023.
Nathalie Blanc, Mathias Latina, Denis Mazeaud, *Droit des obligations*, 4e éd., 2023.
Romain Boffa, *Droit civil*, 7e éd., 2023.
Céline Laronde-Clérac, Agnès de Luget, *Méthodologie des épreuves écrites et de l'exposé-discussion*, 2e éd., 2018.
Marine Michineau, *Droit fiscal*, 3e éd., 2022.
Henri Oberdorff, Jacques Robert, *Libertés fondamentales et droits de l'homme, Recueil de textes français et internationaux*, 21e éd., 2023.
Michaël Poyet, *Procédure administrative et modes amiables de résolution des différends*, 5e éd., 2022.
Michaël Poyet, *Droit administratif*, 4e éd., 2023.
Michaël Poyet, *Un an d'actualité des libertés et droits fondamentaux*, 5e éd., 2023.
Thierry Revet, François-Xavier Lucas (dir.), *Précis de culture juridique*, 7e éd., 2023.
Corinne Robaczewski, *Procédure pénale*, 6e éd., 2023.

1, Parvis de La Défense
92044 Paris La Défense Cedex
www.lgdj-editions.fr
EAN : 9782275130941
ISSN : 2557-6313
Collection : CRFPA

Sommaire

Table des principales abréviations

Aff.	Affaire
AAI	Autorité administrative indépendante
ADP	Aéroport de Paris
Al.	Alinéa
AIPD	Analyse d'impact relative à la protection des données
AMP	Assistance médicale à la procréation
ANCT	Agence nationale de la cohésion des territoires
APE	Agence des participations de l'État
APJ	Agent de police judiciaire
ARCEP	Autorité de régulation des communications électroniques, des postes et de la distribution de la presse
Art.	Article
CAA	Cour administrative d'appel
CADA	Commission d'accès aux documents administratifs
CASF	Code de l'action sociale et des familles
Cass.	Arrêt de la Cour de cassation
CCH	Code de la construction et de l'habitation
CE	Conseil d'État
CEDH	Cour européenne des droits de l'homme
Convention EDH	Convention européenne de sauvegarde des droits de l'homme et des libertés fondamentales
CESEDA	Code de l'entrée et du séjour des étrangers et du droit d'asile
CGCT	Code général des collectivités territoriales
CGFP	Code général de la fonction publique
CGI	Code général des impôts
CGLPL	Contrôleur général des lieux de privation de liberté

CG3P	Code général de la propriété des personnes publiques
CHR	Chambres réunies (section du contentieux – Conseil d'État)
CIDE	Convention internationale des droits de l'enfant
CIDPH	Convention internationale des droits des personnes handicapées
CIR	Contrat d'intégration républicaine
CJA	Code de justice administrative
CJCE	Cour de justice des communautés européennes
CJUE	Cour de justice de l'Union européenne
CNCDH	Commission nationale consultative des droits de l'homme
CNDA	Cour nationale du droit d'asile
CNIL	Commission nationale de l'informatique et des libertés
CNOP	Comité national de l'ordonnance de protection
COJ	Code de l'organisation judiciaire
CPP	Code de procédure pénale
Concl.	Conclusions
Cons. const.	Conseil constitutionnel
C.	Contre
CRA	Centre de rétention administrative
CRPA	Code des relations entre le public et l'administration
CSA	Conseil supérieur de l'audiovisuel
CSI	Code de la sécurité intérieure
CSP	Code de la santé publique
D.	Recueil Dalloz
DDHC	Déclaration des droits de l'homme et du citoyen
Déc.	Décision
EHPAD	Établissement d'hébergement pour personnes âgées dépendantes
EPLE	Établissement public local d'enseignement
Ex.	Exemple
FAI	Fournisseur d'accès à Internet
FDJ	Française des Jeux
FGTI	Fonds de garantie des victimes des actes de terrorisme et d'autres infractions
GAJA	Grands arrêts de la jurisprudence administrative
GPA	Gestation pour autrui
HAS	Haute Autorité de santé

HATVP	Haute Autorité pour la transparence de la vie publique
IMG	Interruption médicale de grossesse
IRTF	Interdiction de retour sur le territoire français
JAP	Juge de l'application des peines
JLD	Juge des libertés et de la détention
JORF	Journal officiel de la République française
JOUE	Journal officiel de l'Union européenne
LCEN	Loi pour la confiance dans l'économie numérique
LGDJ	Librairie générale de droit et de jurisprudence
n°	Numéro
NTIC ou TIC	Nouvelles technologies de l'information et de la communication
Obs.	Observations
OFII	Office français de l'immigration et de l'intégration
OFPRA	Office français de protection des réfugiés et apatrides
OGM	Organisme génétiquement modifié
OIT	Organisation internationale du travail
OMS	Organisation mondiale de la santé
ONU	Organisation des Nations unies
OPA	Offre publique d'achat
OPJ	Officier de police judiciaire
OQTF	Obligation de quitter le territoire français
Ord.	Ordonnance
OVC	Objectif de valeur constitutionnelle
P.	Page
PFRLR	Principe fondamental reconnu par les lois de la République
PGD	Principe général du droit
PMA	Procréation médicale assistée
Préc.	Précité
QPC	Question prioritaire de constitutionnalité
REP	Recours pour excès de pouvoir
Req.	Requête
REU	Répertoire électoral unique
RGPD	Règlement général sur la protection des données
RIP	Référendum d'initiative partagée
RIC	Référendum d'initiative citoyenne
RPC	Recours de plein contentieux
RTS	Refus de titre de séjour

Sect.	Section
TA	Tribunal administratif
T. confl.	Tribunal des conflits
TFUE	Traité sur le fonctionnement de l'Union européenne
TJ	Tribunal judiciaire
TSN	Taxe sur les services numériques
UE	Union européenne
V.	Voir

Introduction

L'arrêté du 17 octobre 2016, modifié par les arrêtés du 6 mars 2018, du 2 octobre 2018 et du 17 novembre 2021, fixant le programme et les modalités de l'examen d'accès au centre régional de formation professionnelle d'avocats (CRFPA) prévoit que les étudiants qui ont été déclarés admissibles par le jury se présentent aux épreuves d'admission qui comprennent deux épreuves orales dont l'épreuve majeure du grand oral qui se compose d'un exposé de quinze minutes, après une préparation d'une heure, suivi d'un entretien de trente minutes avec le jury, sur un sujet relatif à la protection des libertés et des droits fondamentaux permettant d'apprécier les connaissances du candidat, la culture juridique, son aptitude à l'argumentation et à l'expression orale. Cette épreuve se déroule en séance publique et la note est affectée d'un coefficient 4.

L'objectif de cet ouvrage est de permettre aux étudiants qui préparent des concours et des examens, ainsi qu'aux personnes qui s'intéressent aux libertés fondamentales, de faire un tour d'horizon rapide en matière de libertés publiques et droits fondamentaux des actualités indispensables à connaître de l'année écoulée.

Il est recommandé aux étudiants qui préparent le grand oral de l'examen professionnel d'accès au CRFPA de réviser efficacement et de façon expresse les fondamentaux de la protection des libertés et des droits fondamentaux à partir des fiches d'actualités. Chacune des fiches papier ou numérique présente des thèmes à maîtriser pour réussir l'épreuve ainsi que les notions essentielles à connaître en rapport avec ceux-ci et des exemples de sujets avec un corrigé et des questions susceptibles d'être posées par les membres des jurys. L'ouvrage se termine par un pêle-mêle de questions-réponses pour optimiser les révisions en la matière.

Rappelons, enfin, que l'annexe de l'arrêté modifié du 17 octobre 2016 fixant le programme et les modalités de l'examen d'accès au CRFPA prévoit que les libertés et droits fondamentaux comprennent la culture juridique générale, l'origine et sources des libertés et droits fondamentaux, le régime juridique des libertés et droits fondamentaux ainsi que les principales libertés et les principaux droits fondamentaux.

QR Code pour accéder à d'autres fiches numériques et à plus d'actualités en libertés fondamentales et droit fondamentaux entre septembre et décembre 2023.

30 juillet 2022 : Loi mettant fin aux régimes d'exception créés pour lutter contre la covid-19

Cette loi met fin, le 31 juillet 2022, aux dispositions fondant les régimes exceptionnels de l'état d'urgence sanitaire.

L'émergence d'un nouveau coronavirus, responsable de la maladie à coronavirus 2019 ou covid-19, particulièrement contagieux, a été qualifiée d'urgence de santé publique de portée internationale par l'Organisation mondiale de la santé (OMS), le 30 janvier 2020, puis de pandémie, le 11 mars 2020. La propagation du virus sur le territoire français a conduit le ministre des Solidarités et de la Santé puis le Premier ministre à prendre des mesures de plus en plus strictes destinées à réduire les risques de contagion, à compter du 4 mars 2020.

Le législateur a déclaré l'état d'urgence sanitaire pour une durée de deux mois à compter du 24 mars 2020, par l'article 4 de la loi du 23 mars 2020 d'urgence pour faire face à l'épidémie de covid-19, puis, par l'article 1er de la loi du 11 mai 2020 prorogeant l'état d'urgence sanitaire et complétant ses dispositions, a prorogé cet état d'urgence sanitaire jusqu'au 10 juillet 2020 inclus. Au vu de l'évolution de la situation sanitaire, les mesures générales adoptées par décret ont assoupli progressivement les sujétions imposées afin de faire face à l'épidémie avant que l'état d'urgence sanitaire soit de nouveau déclaré, à compter du 17 octobre 2020 à 0 heure, sur l'ensemble du territoire de la République.

Par une ordonnance n° 445367 du 29 octobre 2020, le juge des référés du Conseil d'État, sur le fondement de l'article L. 521-1 du Code de justice administrative, a rejeté une requête tendant à ordonner la suspension de l'exécution du décret n° 2020-1257 du 14 octobre 2020 déclarant l'état d'urgence sanitaire.

La loi n° 2021-689 du 31 mai 2021 relative à la gestion de la sortie de crise sanitaire a mis fin à l'état d'urgence sanitaire le 1er juin 2021, sauf en Guyane où il est prolongé jusqu'au 30 septembre 2021 inclus. Le décret n° 2021-931 du 13 juillet 2021 déclarant l'état d'urgence sanitaire dans certains territoires de la République a ainsi déclaré l'état d'urgence sanitaire sur les territoires de la Martinique et de La Réunion, entrant en vigueur le 14 juillet 2021 à 0 heure.

En résumé, entre mars 2020 et janvier 2022, dix lois ont été adoptées pour répondre à la crise sanitaire. Plus précisément, depuis mars 2020, l'état d'urgence sanitaire a été appliqué sur tout le territoire à deux reprises, à savoir, d'abord, entre le 24 mars 2020 et le 10 juillet 2020, puis, entre le 17 octobre 2020 et le 1er juin 2021. Au vu de la situation sanitaire, le gouvernement n'a pas estimé nécessaire de proroger le régime de l'état d'urgence sanitaire, créé par la loi n° 2020-290 du 23 mars 2020 d'urgence pour faire face à l'épidémie de covid-19, et le régime post-crise sanitaire instauré par la suite, prenant tous deux fins le 31 juillet 2022 en vertu de la loi n° 2021-1465 du 10 novembre 2021 portant diverses dispositions de vigilance sanitaire. La loi du 30 juillet 2022 prévoit toutefois le maintien d'un dispositif de veille et de sécurité sanitaire dès lors qu'une reprise de l'épidémie de covid-19 reste possible.

I. Fondamentaux à connaître sur l'état d'urgence sanitaire et apports de la loi du 30 juillet 2022

A. Fondamentaux à connaître sur l'état d'urgence sanitaire

1. La loi n° 2020-290 du 23 mars 2020

La loi du 23 mars 2020 d'urgence pour faire face à l'épidémie de covid-19 a institué un état d'urgence sanitaire en ajoutant au titre III du livre Ier de la troisième partie du CSP, dénommé « Menaces et crises sanitaires graves », un chapitre Ier *bis* intitulé « État d'urgence sanitaire » comprenant les articles L. 3131-12 à L. 3131-20.

L'article L. 3131-12, créé par l'article 2 de la loi du 23 mars 2020, version en vigueur avec terme du 24 mars 2020 au 1er avril 2021, prévoit que l'état d'urgence sanitaire peut être déclaré sur tout ou partie du territoire métropolitain ainsi que du territoire des collectivités régies par les articles 73 et 74 de la Constitution et de la Nouvelle-Calédonie en cas de catastrophe sanitaire mettant en péril, par sa nature et sa gravité, la santé de la population.

L'article L. 3131-13, également créé par l'article 2 de la loi du 23 mars 2020, version en vigueur avec terme du 24 mars 2020 au 1er avril 2021, dispose que l'état d'urgence sanitaire est déclaré par décret en conseil des ministres pris sur le rapport du ministre chargé de la Santé et qu'un décret motivé détermine la ou les circonscriptions territoriales à l'intérieur desquelles il entre en vigueur, reçoit application et comprend les données scientifiques disponibles sur la situation sanitaire qui ont motivé la décision et qui sont rendues publiques. L'Assemblée nationale et le Sénat sont informés sans délai des mesures prises par le gouvernement au titre de l'état d'urgence sanitaire. Ils peuvent requérir toute information complémentaire dans le cadre du contrôle et de l'évaluation de ces mesures. La prorogation de l'état d'urgence sanitaire au-delà d'un mois ne peut être autorisée que par la loi, après avis du comité de scientifiques prévu à l'article L. 3131-19 du CSP.

L'article L. 3131-14, créé par l'article 2 de la loi du 23 mars 2020 puis modifié par la loi n° 2020-546 du 11 mai 2020 prorogeant l'état d'urgence sanitaire et complétant ses dispositions, version en vigueur avec terme du 12 mai 2020 au 1er avril 2021, prévoit que la loi autorisant la prorogation au-delà d'un mois de l'état d'urgence sanitaire fixe sa durée, qu'il peut être mis fin à l'état d'urgence sanitaire par décret en conseil des ministres avant l'expiration du délai fixé par la loi le prorogeant après avis du comité de scientifiques prévu à l'article L. 3131-19 du CSP et que les mesures prises en application du chapitre Ier bis portant sur l'état d'urgence sanitaire cessent d'avoir effet en même temps que prend fin l'état d'urgence sanitaire.

L'article L. 3131-15, créé par l'article 2 de la loi du 23 mars 2020 puis modifié par la loi du 11 mai 2020 ainsi que par la loi n° 2020-856 du

9 juillet 2020 organisant la sortie de l'état d'urgence sanitaire, version en vigueur avec terme du 11 juillet 2020 au 1er avril 2021, prévoit, d'abord, que dans les circonscriptions territoriales où l'état d'urgence sanitaire est déclaré, le Premier ministre peut, par décret réglementaire pris sur le rapport du ministre chargé de la Santé, aux seules fins de garantir la santé publique, prendre différentes mesures, à savoir : réglementer ou interdire la circulation des personnes et des véhicules et réglementer l'accès aux moyens de transport et les conditions de leur usage ; interdire aux personnes de sortir de leur domicile, sous réserve des déplacements strictement indispensables aux besoins familiaux ou de santé ; ordonner des mesures ayant pour objet la mise en quarantaine, au sens de l'article 1er du règlement sanitaire international de 2005, des personnes susceptibles d'être affectées ; ordonner des mesures de placement et de maintien en isolement, au sens du même article 1er, à leur domicile ou tout autre lieu d'hébergement adapté, des personnes affectées ; ordonner la fermeture provisoire et réglementer l'ouverture, y compris les conditions d'accès et de présence, d'une ou plusieurs catégories d'établissements recevant du public ainsi que des lieux de réunion, en garantissant l'accès des personnes aux biens et services de première nécessité ; limiter ou interdire les rassemblements sur la voie publique ainsi que les réunions de toute nature ; ordonner la réquisition de toute personne et de tous biens et services nécessaires à la lutte contre la catastrophe sanitaire et l'indemnisation de ces réquisitions est régie par le Code de la défense ; prendre des mesures temporaires de contrôle des prix de certains produits rendues nécessaires pour prévenir ou corriger les tensions constatées sur le marché de certains produits et le Conseil national de la consommation est informé des mesures prises en ce sens ; en tant que de besoin, prendre toute mesure permettant la mise à la disposition des patients de médicaments appropriés pour l'éradication de la catastrophe sanitaire ; en tant que de besoin, prendre par décret toute autre mesure réglementaire limitant la liberté d'entreprendre, dans la seule finalité de mettre fin à la catastrophe sanitaire mentionnée à l'article L. 3131-12 du CSP.

Par une décision n° 441265 du 15 janvier 2021, le Conseil d'État a jugé que les dispositions du I et du II bis, dans leur version issue du décret n° 2020-724 du 14 juin 2020 (NOR : SSAZ2014912D), et du V de l'article 3 du décret n° 2020-663 du 31 mai 2020 prescrivant les mesures générales nécessaires pour faire face à l'épidémie de covid-19 dans le cadre de l'état d'urgence sanitaire (NOR : SSAZ2013547D) sont annulées en tant qu'elles s'appliquent aux manifestations sur la voie publique mentionnées par l'article L. 211-1 du CSI.

Ensuite, les mesures prévues dans ce cadre ayant pour objet la mise en quarantaine, le placement et le maintien en isolement ne peuvent viser que les personnes qui, ayant séjourné au cours du mois précédent dans une zone de circulation de l'infection, entrent sur le territoire hexagonal, arrivent en Corse ou dans l'une des collectivités mentionnées à l'article 72-3 de la Constitution. La liste des zones de circulation de l'infection est fixée par arrêté du ministre chargé de la Santé et elle fait l'objet d'une information publique régulière pendant toute la durée de l'état d'urgence sanitaire. Afin d'assurer la mise en œuvre de ces mesures, les entreprises de transport ferroviaire, maritime ou aérien communiquent au représentant de l'État dans le département qui en fait la demande les données relatives aux passagers concernant les déplacements précédemment évoqués, dans les conditions prévues à l'article L. 232-4 du CSI. Étant précisé que ces mesures de mise en quarantaine, de placement et de maintien en isolement peuvent se dérouler, au choix des personnes qui en font l'objet, à leur domicile ou dans les lieux d'hébergement adaptés et que leur durée initiale ne peut excéder quatorze jours. Les mesures peuvent être renouvelées, dans les conditions prévues au III de l'article L. 3131-17 du CSP, dans la limite d'une durée maximale d'un mois et il y est mis fin avant leur terme lorsque l'état de santé de l'intéressé le permet. Dans le cadre de ces mesures, il peut être fait obligation à la personne qui en fait l'objet, d'une part, de ne pas sortir de son domicile ou du lieu d'hébergement où elle exécute la mesure, sous réserve des déplacements qui lui sont spécifiquement autorisés par l'autorité administrative et dans le cas où un isolement complet de la personne est prononcé, il lui est garanti un accès aux biens et services de première nécessité ainsi qu'à des moyens de communication téléphonique et électronique lui permettant de communiquer librement avec l'extérieur et, d'autre part, de ne pas fréquenter certains lieux ou catégories de lieux. À noter, par ailleurs, que les personnes et enfants victimes des violences mentionnées à l'article 515-9 du Code civil ne peuvent être mis en quarantaine, placés et maintenus en isolement dans le même logement ou lieu d'hébergement que l'auteur des violences, ou être amenés à cohabiter lorsque celui-ci est mis en quarantaine, placé ou maintenu en isolement, y compris si les violences sont alléguées. Lorsqu'il ne peut être procédé à l'éviction de l'auteur des violences du logement conjugal ou dans l'attente d'une décision judiciaire statuant sur les faits de violence allégués et, le cas échéant, prévoyant cette éviction, il est assuré leur relogement dans un lieu d'hébergement adapté. Lorsqu'une décision de mise en quarantaine, de placement et de maintien en isolement est susceptible de mettre en danger une ou plusieurs personnes, le préfet en informe sans délai le procureur de la République.

Enfin, les mesures prescrites en application de l'article L. 3131-15 du CSP doivent être strictement proportionnées aux risques sanitaires encourus et appropriées aux circonstances de temps et de lieu et il y a lieu d'y mettre fin sans délai lorsqu'elles ne sont plus nécessaires.

2. Décision de conformité du Conseil constitutionnel du 26 mars 2020 et notion de circonstances particulières

Le Conseil constitutionnel a été saisi par le Premier ministre, le 23 mars 2020, conformément au cinquième alinéa de l'article 46 et au premier alinéa de l'article 61 de la Constitution, de la loi organique d'urgence pour faire face à l'épidémie de covid-19, pour se prononcer sur la conformité à la Constitution de l'article unique de la loi organique n° 2020-365 du 30 mars 2020 d'urgence pour faire face à l'épidémie de covid-19 qui prévoit que les délais mentionnés aux articles 23-4, 23-5 et 23-10 de l'ordonnance n° 58-1067 du 7 novembre 1958 portant loi organique sur le Conseil constitutionnel sont suspendus jusqu'au 30 juin 2020.

Sont ainsi concernés le délai durant lequel le Conseil d'État ou la Cour de cassation doit se prononcer sur le renvoi d'une question prioritaire de constitutionnalité (QPC) au Conseil constitutionnel et celui dans lequel ce dernier doit statuer sur une telle question.

Par une décision n° 2020-799 DC du 26 mars 2020, le Conseil constitutionnel a jugé conforme à la Constitution cet article unique de la loi organique du 30 mars 2020 d'urgence pour faire face à l'épidémie de covid-19 et qu'il n'y a, ainsi, pas lieu de juger que cette loi organique a été adoptée en violation des règles de procédure prévues à l'article 46 de la Constitution, compte tenu des circonstances particulières du contexte sanitaire. Le Conseil constitutionnel a souligné que ces dispositions ne remettaient pas en cause l'exercice de ce recours ni n'interdisaient qu'il soit statué sur une QPC durant cette période. Dans sa décision du 26 mars 2020, Loi organique d'urgence pour faire face à l'épidémie de covid-19, le Conseil constitutionnel a jugé que, compte tenu des circonstances particulières de l'espèce, la loi organique d'urgence pour faire face à l'épidémie de covid-19 est conforme à la Constitution.

L'utilisation de la formule « circonstances particulières de l'espèce » par le Conseil constitutionnel, à cette occasion, mérite d'être signalée. Elle n'est toutefois pas nouvelle dès lors que la jurisprudence du Conseil constitutionnel a déjà utilisé cette théorie des circonstances particulières en droit électoral à partir de la décision n° 58-198/202 AN du 17 janvier 1959. Elle a, ensuite, été étendue dans la jurisprudence du Conseil constitutionnel au contrôle de constitutionnalité des lois de l'article 61 de la Constitution pour lequel le juge constitutionnel a déjà considéré que des circonstances particulières étaient de nature à justifier la méconnaissance des obligations constitutionnelles en déclarant ainsi la loi conforme à la Constitution. Tel a été le cas dans la décision n° 88-248 DC du 17 janvier 1989 dans laquelle le Conseil constitutionnel a considéré que, dans des circonstances particulières, le fait que, lors de l'examen en première lecture du projet de loi, le Sénat, après avoir relevé que l'avis sollicité n'avait pas été émis, avait exclu la Polynésie française du champ d'application du texte, que l'Assemblée nationale, appelée à se prononcer en première lecture, avait considéré que, du fait de l'expiration du délai d'un mois imparti à l'Assemblée territoriale par l'article 72 de la loi n° 84-820 du 6 septembre 1984 pour rendre son avis, celui-ci devait être réputé favorable, qu'en conséquence, elle avait étendu le texte à la Polynésie française, que le Sénat s'était par la suite prononcé dans le même sens, l'irrégularité de procédure relevée par les auteurs de la saisine au stade de l'examen du projet de loi en première lecture (le défaut de possession par le Sénat de l'avis rendu par l'Assemblée territoriale de Polynésie) ne saurait, faute de revêtir un caractère substantiel, conduire à ce que l'article 30 de la loi déférée en ce qu'il rendait la loi applicable en Polynésie française soit déclaré contraire à la Constitution.

Enfin, dans une décision n° 2017-756 DC du 21 décembre 2017, le Conseil constitutionnel a jugé que des dispositions relatives aux contributions salariales d'assurance chômage, qui sont normalement étrangères au domaine de la loi de financement de la sécurité sociale, trouvaient, dans les circonstances particulières de l'espèce dont il a tenu compte, leur place dans cette loi, étant précisé que l'intention du législateur de procéder à une réforme d'ensemble avait consisté à diminuer les cotisations sociales des actifs et, à cette fin, à faire prendre en charge par l'Agence centrale des organismes de sécurité sociale le financement, en 2018, de la réduction des contributions salariales d'assurance chômage.

3. La prorogation de l'état d'urgence sanitaire

L'état d'urgence sanitaire, déclaré par le décret n° 2020-1257 du 14 octobre 2020, a été prorogé jusqu'au 16 février 2021 inclus par la loi n° 2020-1379 du 14 novembre 2020 autorisant la prorogation de l'état d'urgence sanitaire et portant diverses mesures de gestion de la crise sanitaire.

Par une décision n° 2020-808 DC du 13 novembre 2020, le Conseil constitutionnel s'est prononcé, sur le recours de plus de soixante députés et le recours de plus de soixante sénateurs, sur l'article 1er et plusieurs dispositions des articles 2, 5 et 10 de la loi autorisant la prorogation de l'état d'urgence sanitaire et portant diverses mesures de gestion de la crise sanitaire et en a conclu la conformité à la Constitution de la prorogation de l'état d'urgence sanitaire en cours, dans son principe et dans sa durée prévus par l'article 1er de la loi jusqu'au 16 février 2021.

La loi n° 2021-160 du 15 février 2021 prorogeant l'état d'urgence sanitaire a modifié l'article 1er de la loi n° 2020-1379 du 14 novembre 2020 autorisant la prorogation de l'état d'urgence sanitaire et portant diverses mesures de gestion de la crise sanitaire en remplaçant la date du « 16 février 2021 » par celle du « 1er juin 2021 »

4. La loi n° 2021-689 du 31 mai 2021 relative à la gestion de la sortie de crise sanitaire

La loi n° 2021-689 du 31 mai 2021 relative à la gestion de la sortie de crise sanitaire a mis fin à l'état d'urgence sanitaire depuis le 2 juin 2021, sauf en Guyane où il a été prolongé jusqu'au 30 septembre 2021 inclus.

Le Conseil constitutionnel a été saisi par plus de soixante députés, le 27 mai 2021, dans les conditions prévues au deuxième alinéa de l'article 61 de la Constitution, de la loi relative à la gestion de la sortie de crise sanitaire, dont ils contestent la procédure d'adoption de certaines dispositions de son article 1er et également certaines des dispositions de celui-ci. Ils contestent en outre certaines dispositions de son article 7 et ses articles 8 et 12. Par une décision n° 2021-819 DC du 31 mai 2021, le Conseil constitutionnel a validé plusieurs dispositions de la loi relative à la gestion de la sortie de crise sanitaire, en assortissant l'une d'elles d'une réserve d'interprétation énoncée au paragraphe 31 de la décision qui précise qu'en application de l'article L. 1461-4 du CSP, le système national des données de santé ne contient ni les noms et prénoms des personnes, ni leur numéro d'inscription au répertoire national d'identification des personnes physiques, ni leur adresse et que s'agissant des données transférées en application des dispositions contestées (Le 1° du paragraphe I de l'article 7 de la loi déférée complète l'article 11 de la loi du 11 mai 2020 par un paragraphe X afin de prévoir l'intégration au système national des données de santé des données recueillies dans le cadre des systèmes d'information mis en œuvre aux fins de lutter contre l'épidémie de covid-19), sauf à méconnaître le droit au respect de la vie privée, cette exclusion doit également s'étendre aux coordonnées de contact téléphonique ou électronique des intéressés.

Une période transitoire de sortie d'état d'urgence sanitaire est prévue, à compter du 2 juin 2021 et jusqu'au 30 septembre 2021 inclus, durant laquelle le Premier ministre peut, par décret pris sur le rapport du ministre chargé de la Santé, dans l'intérêt de la santé publique et aux seules fins de lutter contre la propagation de l'épidémie de covid-19, notamment limiter les déplacements et les possibilités d'utilisation des transports collectifs (obligation du port du masque, par exemple), et les interdire dans les territoires où le virus circulerait activement ; l'ouverture des établissements recevant du public (commerces, cafés, restaurants, théâtres, cinémas...) ou des lieux de réunion ainsi que leur accès (mesures barrières, jauge de personnes...) voire les fermer provisoirement ; les rassemblements, les réunions et les manifestations.

Le décret n° 2021-932 du 13 juillet 2021, modifiant le décret n° 2021-699 du 1er juin 2021, prescrit les mesures générales nécessaires à la gestion de la sortie de crise sanitaire. Durant cette période transitoire de sortie d'état d'urgence sanitaire, du 2 juin 2021 au 30 septembre 2021, un passe sanitaire peut être imposé aux voyageurs en provenance ou à destination de la France, de la Corse ou des Outre-mer et aux participants à de grands rassemblements de personnes pour des activités de loisirs ou des foires ou des salons professionnels. Par ailleurs, le couvre-feu est prolongé jusqu'au 20 juin selon les modalités suivantes, à savoir du 2 au 8 juin 2021 de 21 heures à 6 heures puis à partir du 9 juin 2021 de 23 heures à 6 heures, sauf dans les territoires où le virus circulerait activement, étant précisé que le couvre-feu peut toutefois être levé par les préfets dans les territoires où la circulation du virus est très faible.

5. La loi n° 2022-46 du 22 janvier 2022 renforçant les outils de gestion de la crise sanitaire et modifiant le CSP

Dans sa décision n° 2022-835 DC du 21 janvier 2022, le Conseil constitutionnel a admis la conformité à la Constitution des dispositions subordonnant l'accès à certains lieux à la présentation d'un passe vaccinal en imposant qu'il y soit mis fin dès lors qu'elle ne sera plus nécessaire et a censuré celle permettant de subordonner à la présentation d'un passe sanitaire l'accès à une réunion politique.

Cette loi prévoit l'obligation vaccinale des soignants. En ce qui concerne l'état d'urgence sanitaire, la période transitoire faisant suite au deuxième état d'urgence est prolongée jusqu'au 15 novembre 2021, l'état d'urgence est prolongé jusqu'au 30 septembre 2021 en Martinique et à La Réunion et est déclaré en Guadeloupe, à Saint-Barthélemy et à Saint-Martin à compter du lendemain de la publication de la loi et jusqu'au 30 septembre 2021. Si l'état d'urgence sanitaire est déclaré à Mayotte avant la fin du mois d'août, il sera applicable jusqu'au 30 septembre 2021.

Il appartient au législateur d'assurer la conciliation entre l'objectif de valeur constitutionnelle de protection de la santé et le respect des droits et libertés constitutionnellement garantis.

La loi relative à la gestion de la crise sanitaire est de nouveau l'occasion d'observer la conciliation entre plusieurs libertés fondamentales, et notamment la liberté d'aller et de venir, le droit au respect de la vie privée et le droit d'expression collective des idées et des opinions, la liberté d'entreprendre, la liberté individuelle, le principe d'égalité et le respect de l'ordre public.

B. Les apports de la loi du 30 juillet 2022

L'article premier de la loi n° 2022-1089 du 30 juillet 2022 mettant fin aux régimes d'exception créés pour lutter contre l'épidémie liée à la covid-19 abroge les articles 1er à 4-1 de la loi n° 2021-689 du 31 mai 2021 relative à la gestion de la sortie de crise sanitaire.

À compter du 1er août 2022, les restrictions sanitaires comme les confinements ou les couvre-feux sont soumis, au préalable, au vote du Parlement et l'obligation générale de port du masque est révolue. Toutefois, étant considéré comme un outil efficace et rapide contre la propagation du virus, en application de l'article L. 3131-1 du CSP, le ministre chargé de la Santé peut, par arrêté motivé, dans l'intérêt de la santé publique et aux seules fins de prévenir et de limiter les conséquences de cette menace sur la santé de la population, prescrire à nouveau le port du masque. Les directeurs des hôpitaux ou des établissements de santé peuvent, s'ils le souhaitent, également imposer le port du masque dans leur établissement de santé.

Les paragraphes I et II de l'article 3 de la loi du 30 juillet 2022 permettent au Premier ministre, dans l'intérêt de la santé publique et aux seules fins de lutter contre la propagation de l'épidémie de covid-19, de réglementer les déplacements à destination du « territoire national » en provenance de pays étrangers ou de l'une des collectivités mentionnées à l'article 72-3 de la Constitution et les déplacements à destination de ces mêmes collectivités. Plus particulièrement, le paragraphe I permet au Premier ministre d'imposer aux personnes âgées d'au moins douze ans qui souhaitent se déplacer à destination du « territoire national », en provenance de pays étrangers ou de l'une des collectivités mentionnées à l'article 72-3 de la Constitution affectés par l'apparition et la circulation d'un nouveau variant de la covid-19 susceptible de constituer une menace sanitaire grave, de présenter le résultat d'un examen de dépistage virologique ne concluant pas à une contamination par la covid-19.

Par une décision n° 2022-840 DC du 30 juillet 2022, le Conseil constitutionnel a jugé conformes à la Constitution des dispositions de la loi mettant fin aux régimes d'exception créés pour lutter contre l'épidémie liée à la covid-19.

À noter que le décret n° 2022-1099 du 30 juillet 2022 a institué un comité de veille et d'anticipation des risques sanitaires, chargé d'anticiper et de suivre l'évolution des menaces sanitaires ainsi que d'émettre des avis sur la stratégie à adopter pour lutter contre ces menaces. Il remplace, en fait, le comité de scientifiques constitué au titre de l'état d'urgence sanitaire déclaré pour faire face à l'épidémie de covid-19.

II. Fondamentaux à connaître sur l'ordre public en temps normal, les titulaires de la police administrative et les circonstances exceptionnelles

A. Fondamentaux sur l'ordre public en temps normal

En droit positif, c'est l'article L. 2212-2 du CGCT qui pose la définition traditionnelle de l'ordre public, en reprenant les dispositions de la loi municipale du 5 avril 1884, qui prévoit notamment que : « *La police municipale a pour objet d'assurer le bon ordre, la sûreté, la sécurité et la salubrité publiques (...)* ».

> **Art. L. 2212-2 du CGCT :** La police municipale a pour objet d'assurer le bon ordre, la sûreté, la sécurité et la salubrité publiques. Elle comprend notamment : 1° Tout ce qui intéresse la sûreté et la commodité du passage dans les rues, quais, places et voies publiques, ce qui comprend le nettoiement, l'éclairage, l'enlèvement des encombrements, la démolition ou la réparation des édifices et monuments funéraires menaçant ruine, l'interdiction de rien exposer aux fenêtres ou autres parties des édifices qui puisse nuire par sa chute ou celle de rien jeter qui puisse endommager les passants ou causer des exhalaisons nuisibles ainsi que le soin de réprimer les dépôts, déversements, déjections, projections de toute matière ou objet de nature à nuire, en quelque manière que ce soit, à la sûreté ou à la commodité du passage ou à la propreté des voies susmentionnées ; 2° Le soin de réprimer les atteintes à la tranquillité publique telles que les rixes et disputes accompagnées d'ameutement dans les rues, le tumulte excité dans les lieux

d'assemblée publique, les attroupements, les bruits, les troubles de voisinage, les rassemblements nocturnes qui troublent le repos des habitants et tous actes de nature à compromettre la tranquillité publique ; 3° Le maintien du bon ordre dans les endroits où il se fait de grands rassemblements d'hommes, tels que les foires, marchés, réjouissances et cérémonies publiques, spectacles, jeux, cafés, églises et autres lieux publics ; 4° L'inspection sur la fidélité du débit des denrées qui se vendent au poids ou à la mesure et sur la salubrité des comestibles exposés en vue de la vente ; 5° Le soin de prévenir, par des précautions convenables, et de faire cesser, par la distribution des secours nécessaires, les accidents et les fléaux calamiteux ainsi que les pollutions de toute nature, tels que les incendies, les inondations, les ruptures de digues, les éboulements de terre ou de rochers, les avalanches ou autres accidents naturels, les maladies épidémiques ou contagieuses, les épizooties, de pourvoir d'urgence à toutes les mesures d'assistance et de secours et, s'il y a lieu, de provoquer l'intervention de l'administration supérieure ; 6° Le soin de prendre provisoirement les mesures nécessaires contre les personnes atteintes de troubles mentaux dont l'état pourrait compromettre la morale publique, la sécurité des personnes ou la conservation des propriétés ; 7° Le soin d'obvier ou de remédier aux événements fâcheux qui pourraient être occasionnés par la divagation des animaux malfaisants ou féroces.

La notion d'ordre public s'est ensuite développée par voie jurisprudentielle en intégrant la moralité publique (CE, sect., 18 déc. 1959, n°s 36385, 36428, *Société « Les films Lutétia » et Syndicat français des producteurs et exportateurs de films*), puis la dignité de la personne humaine (CE, ass., 27 oct. 1995, n° 136727, *Commune de Morsang-sur-Orge* ; CE, 3 déc. 2010, n° 334683, *Mme S.* ; CE, juge des référés, 9 janv. 2014, n° 374508, *ministre de l'Intérieur c. Société Les Productions de la Plume et M. M. M.*).

Les pouvoirs de police sont, en fait, étroitement délimités comme l'indiquait déjà le commissaire du gouvernement Corneille, dans ses conclusions sur l'affaire *Baldy*, jugée le 17 août 1917 : « (...) la liberté est la règle et la restriction de police l'exception ». Cette formule a directement inspiré la jurisprudence ultérieure et conserve une pleine actualité. Elle fonde le raisonnement selon lequel une mesure d'interdiction n'est légale que si elle est nécessaire.

En matière de réunion, les garanties sont encore plus fortes puisque, selon les principes posés par l'arrêt *Benjamin* (CE, 19 mai 1933, n°s 17413,

17520, *Benjamin et Syndicat d'initiative de Nevers*), l'autorité de police doit s'assurer, avant une éventuelle interdiction, qu'elle ne dispose pas des moyens de permettre à la liberté de s'exercer en prenant des précautions de nature à sauvegarder l'ordre public.

Dans sa décision sur la « Loi sécurité et liberté » des 19 et 20 janvier 1981, le Conseil constitutionnel a élevé au rang d'objectif à valeur constitutionnelle la sauvegarde de l'ordre public en précisant que la liberté individuelle et celle d'aller et venir doivent être conciliées avec « ce qui est nécessaire pour la sauvegarde des fins d'intérêt général ayant valeur constitutionnelle » comme le maintien de l'ordre public.

B. Fondamentaux sur les titulaires de la police administrative

1. Distinction police administrative et police judiciaire

La police judiciaire tend à constater les infractions à la loi pénale, à en rassembler les preuves et à en rechercher les auteurs et relève, dans ce cas, de l'ordre judiciaire, et du juge judiciaire par voie de conséquence, dans l'éventualité d'un contentieux, en la matière. La compétence est donc déterminée par l'objet de l'opération de police ou selon un critère finaliste (CE, sect., 10 mars 1978, n° 2496, *Société Le Profil*).

La police administrative tend à assurer préventivement le respect de l'ordre public ou à le rétablir par des mesures non répressives. Elle est donc en charge du maintien de l'ordre public et relève, à ce titre, de l'ordre administratif, et du juge administratif par voie de conséquence, en cas de contentieux. Un but préventif de protection de l'ordre public relève du juge administratif alors que si l'activité est en lien avec la recherche d'un délit ou d'un crime déterminé, elle relève du juge judiciaire. Telle est la théorie consacrée par les décisions de principe du Conseil d'État (CE, sect., 11 mai 1951, *Consorts Baud*) et du Tribunal des conflits (T. confl., 7 juin 1951, *Dame Noualek*) à partir de la répartition des compétences entre les deux ordres de juridiction pour les dommages causés par les forces de l'ordre.

2. *Distinction police administrative générale et police administrative spéciale*

L'exercice du pouvoir de police administrative se caractérise par des mesures de nature réglementaire ou individuelle, unilatérales, et d'une grande diversité à l'instar des autorisations administratives préalables, des déclarations préalables mais aussi des obligations de faire ou de ne pas faire, des restrictions apportées à une activité, accès ou conditions d'utilisation du domaine public.

Les titulaires de la police administrative agissent soit dans le cadre d'une police administrative générale soit dans le cadre d'une police administrative spéciale.

Les mesures de police administrative générale visent la protection de l'ordre public sur un territoire donné alors que la police administrative spéciale possède un champ plus spécifique, soit parce qu'elle s'exerce en un lieu déterminé (police des marchés d'intérêt national...), soit parce qu'elle concerne une activité particulière (police de la navigation aérienne...), soit parce qu'elle comporte la protection d'un intérêt public spécifique (la préservation des espèces, par ex., s'agissant de la police de la chasse), étant précisé que ces spécificités peuvent se combiner entre elles.

3. *Les titulaires de la police administrative générale*

En premier lieu, lorsqu'apparaissent au niveau national des risques avérés de troubles à l'ordre public, l'obligation d'édicter des mesures de police pèse sur le Premier ministre, au titre des attributions de police générale qu'il exerce en vertu de ses pouvoirs propres et en dehors de toute habilitation législative (Cons. const., 20 juill. 2000, n° 2000-434 DC, Loi relative à la chasse). La jurisprudence du Conseil d'État a consacré dès 1919 le pouvoir réglementaire autonome du chef de l'État puis du chef du gouvernement (CE, 8 août 1919, n° 56377, *Labonne*). À cette occasion, le Conseil d'État a jugé qu'il appartient au chef de l'État, en dehors de toute délégation législative, de déterminer les mesures de police applicables à tout le territoire, à raison du danger que présente, pour les passants, la circulation automobile, les autorités locales conservant compétence pour ajouter à la réglementation générale les mesures que commande l'intérêt des habitants de chaque localité et que si le chef de l'État a pu valablement exiger de tout conducteur l'obligation d'obtenir un certificat de capacité de l'autorité administrative, il s'ensuit nécessairement qu'il pouvait confier à la même autorité le soin de retirer le certificat en cas de manquement grave aux règlements. Plus récemment, le Conseil d'État a jugé qu'il appartient au Premier ministre, en vertu de ses pouvoirs propres, d'édicter les mesures de police applicables à l'ensemble du territoire et qu'il lui est loisible, dans l'exercice de cette compétence, de fixer sur le territoire national des limites de vitesse de circulation différentes applicables à des types de voies distincts. Les règles ainsi fixées par le Premier ministre n'ont ni pour objet ni pour effet de priver les autorités de police dont relèvent les voies concernées du pouvoir de fixer des limites plus strictes en fonction de circonstances locales particulières. En l'espèce, était en question la fixation par le Premier ministre de la limite de vitesse applicable au boulevard périphérique de Paris à 70 km/h alors que la limite prévue par les deux premiers alinéas de l'article R. 413-3 du Code de la route pour les autres voies situées en agglomération est de 50 km/h, sauf décision de l'autorité de police locale pour relever cette limite jusqu'à 70 km/h. Le Conseil d'État a jugé que le Premier ministre n'a pas excédé ses pouvoirs ni méconnu la compétence des autorités locales de police en fixant pour le boulevard périphérique parisien cette règle de vitesse différente de celles prévues aux deux premiers alinéas de l'article R. 413-3 du Code de la route (CE, 14 oct. 2015, n°s 375027, 382372, 382380, *Automobile-club des avocats et autres*). Toutefois, si le chef du gouvernement exerce un pouvoir de police général sur l'ensemble du territoire en vertu de ses pouvoirs propres et en dehors de toute délégation, en application de la jurisprudence *Labonne*, les autres manifestations du pouvoir de police administratif général ou spécial, ne peuvent résulter que de la loi (Cons. const., 20 févr. 1987, n° 87-149 DC, *Nature juridique de dispositions du Code rural et de divers textes relatifs à la protection de la nature*).

En deuxième lieu, le ministre de l'Intérieur possède également des prérogatives en matière de police administrative pour le maintien de l'ordre public ainsi que le président du conseil départemental qui peut prendre les mesures de police applicables à la circulation sur les routes départementales, hors agglomération.

En troisième lieu, la compétence du préfet comme autorité de police générale du département est issue explicitement des lois des 22 décembre 1789 et 8 janvier 1790 qui ont été confirmées par l'article 99 de la loi du 5 avril 1884, devenu article 107 du Code de l'administration communale puis L. 131-13 du Code des communes, selon lequel : « Les pouvoirs qui appartiennent au maire (...) ne font pas obstacle au droit du préfet de prendre, pour toutes les communes du département ou plusieurs d'entre elles, et dans les cas où il n'y aurait pas été pourvu par les autorités municipales, toutes mesures relatives au maintien de la salubrité, de la sûreté et de la tranquillité publiques ». Le préfet est donc tenu d'exercer ses pouvoirs dans le respect de ceux dorénavant attribués au maire (CE, 27 nov. 1974, n° 93691, *Ministre de l'Intérieur c. Dame Bertranuc et autres*). Les lois de décentralisation, et notamment la loi n° 82-213 du 2 mars 1982, n'ont pas remis en cause cette répartition des compétences de police aujourd'hui codifiée à l'article L. 2215-1 du CGCT qui prévoit un pouvoir du préfet qui peut être qualifié de subsidiaire, en son 1°, puisqu'il ne peut agir qu'en cas de carence du maire. En son 2°, est institué un pouvoir que l'on pourrait qualifier de substitution lorsque le maintien de l'ordre est menacé dans deux ou plusieurs communes limitrophes du fait principalement de manifestations ou pour la police des baignades et des activités nautiques. Le 3° prévoit que le préfet est seul compétent pour prendre des mesures relatives à l'ordre, la sûreté, la sécurité et la salubrité publiques dont le champ d'application excède le territoire d'une commune en y retrouvant une compétence générale. Enfin, le 4° lui confère un pouvoir de réquisition. D'autres dispositions ponctuelles peuvent étendre le pouvoir subsidiaire ou de substitution du préfet, et notamment l'article L. 2215-3 du CGCT pour interdire l'accès de certaines voies ou l'article L. 2213-7 du même code pour l'inhumation des personnes décédées.

En quatrième et dernier lieu, depuis la loi du 5 avril 1884, le maire est investi d'une compétence de police générale dans sa commune qui se retrouve aujourd'hui aux articles L. 2211-1, L. 2212-1 et suivants du CGCT. Il peut donc agir toutes les fois qu'une autre autorité n'est pas expressément investie pour garantir localement l'ordre public. Toutefois, l'existence d'une police spéciale ne fait pas obstacle à l'exercice du pouvoir de police général même lorsque ces polices interviennent sur le même sujet dès lors qu'elles poursuivent des objectifs différents (CE, sect., 20 juill. 1971, n° 75613, *Sieur M. et autres*). Enfin, aux termes de l'article L. 2212-1 du CGCT, le maire est chargé, sous le contrôle administratif du représentant de l'État dans le département, de la police municipale, de la police rurale et de l'exécution des actes de l'État qui y sont relatifs.

4. Les polices administratives spéciales

Les polices spéciales s'appliquent à des catégories particulières de personnes physiques ou d'activités comme la chasse, la pêche ou les édifices menaçant ruine.

En réponse à des questions écrites n° 095035 et n° 09713, publiées au *JO* du Sénat du 21 mars 2019, p. 1506 et du 28 mars 2019, p. 1628, de sénateurs qui demandaient au ministre de l'Intérieur, dans le cas d'un immeuble comportant en rez-de-chaussée une boulangerie ayant provoqué un incendie ayant endommagé les deux étages supérieurs affectés à la location, si le maire peut, sur le seul fondement de ses pouvoirs de police générale, interdire toute occupation de cet immeuble ou s'il doit faire usage des pouvoirs de police spéciale des immeubles en péril, le ministère de la Cohésion des territoires et des Relations avec les collectivités territoriales a répondu qu'en matière de péril, aux termes de l'article L. 2213-24 du CGCT, il appartient au maire de prescrire « la réparation ou la démolition des murs, bâtiments, édifices ou monuments funéraires menaçant ruine dans les conditions prévues aux articles L. 511-1 à L. 511-4-1 du CCH ». L'article L. 511-2 du CCH prévoit notamment que « si l'état du bâtiment, ou d'une de ses parties, ne permet pas de garantir la sécurité des occupants, le maire peut assortir l'arrêté de péril d'une interdiction d'habiter et d'utiliser les lieux qui peut être temporaire ou définitive ».

En cas de péril imminent, l'article L. 511-3 du même code permet également au maire d'ordonner l'évacuation de l'immeuble. À cet égard, le maire ne saurait mettre en œuvre ses pouvoirs de police administrative générale qu'il tire des articles L. 2212-2 et L. 2212-4 du CGCT. Le recours à ses pouvoirs de police administrative générale doit en effet être réservé à des situations strictement encadrées dans la mesure où il n'emporte pas l'application des garanties et des procédures de police spéciale prévues par le Code de la construction et de l'habitation en matière de bâtiments menaçant ruine. Toutefois, la jurisprudence considère qu'en présence d'une situation d'extrême urgence créant un péril particulièrement grave et imminent, le maire peut, quelle que soit la cause du danger, faire légalement usage de ses pouvoirs de police administrative générale, et notamment prescrire l'exécution des mesures de sécurité qui sont nécessaires et appropriées (CE, 10 oct. 2005, n° 259205, *Commune de Badinières*). Cela peut comprendre l'évacuation de l'immeuble s'il présente un danger pour la sécurité des occupants (réponses publiées au *JO* du Sénat du 23 mai 2019, p. 2745 et du 27 sept. 2019, p. 4859).

C. Fondamentaux sur les circonstances exceptionnelles

Le droit administratif est en mesure de s'adapter à des situations exceptionnelles et a pu, lors de telles circonstances, développer notamment la théorie des circonstances exceptionnelles. Dans ces occasions, la puissance publique dispose de pouvoirs exceptionnellement étendus afin d'assurer la continuité des services publics. La théorie des circonstances exceptionnelles autorise l'autorité administrative à s'affranchir des règles habituelles de compétences et de formes, mais aussi du respect de principes de fond. Le juge administratif contrôle les mesures prises dans le cadre de cette théorie et apprécie l'existence même de circonstances exceptionnelles en s'assurant que l'administration était effectivement dans l'impossibilité de prendre la mesure en cause de manière régulière et en vérifiant que les actes ont été pris dans un but d'intérêt général, notamment pour assurer la continuité de l'État, et ont été rendus nécessaires par les circonstances particulières du moment (CE, 28 juin 1918, n° 63412, *Heyriès*).

L'article 16 de la Constitution française du 4 octobre 1958 a d'ailleurs été inspiré par cette même théorie des circonstances exceptionnelles.

Article 16 de la Constitution :

Lorsque les institutions de la République, l'indépendance de la nation, l'intégrité de son territoire ou l'exécution de ses engagements internationaux sont menacées d'une manière grave et immédiate et que le fonctionnement régulier des pouvoirs publics constitutionnels est interrompu, le président de la République prend les mesures exigées par ces circonstances, après consultation officielle du Premier ministre, des présidents des assemblées ainsi que du Conseil constitutionnel. Il en informe la nation par un message. Ces mesures doivent être inspirées par la volonté d'assurer aux pouvoirs publics constitutionnels, dans les moindres délais, les moyens d'accomplir leur mission. Le Conseil constitutionnel est consulté à leur sujet. Le Parlement se réunit de plein droit. L'Assemblée nationale ne peut être dissoute pendant l'exercice des pouvoirs exceptionnels. Après trente jours d'exercice des pouvoirs exceptionnels, le Conseil constitutionnel peut être saisi par le président de l'Assemblée nationale, le président du Sénat, soixante députés ou soixante sénateurs, aux fins d'examiner si les conditions énoncées au premier alinéa demeurent réunies. Il se prononce dans les délais les plus brefs par un avis public. Il procède de plein droit à cet examen et se prononce dans les mêmes conditions au terme de soixante jours d'exercice des pouvoirs exceptionnels et à tout moment au-delà de cette durée.

L'article 36 de la Constitution prévoit un état de siège qui est décrété en conseil des ministres et autorisé par le Parlement en cas de prorogation au-delà de douze jours. C'est un régime sous lequel les libertés publiques sont restreintes et les pouvoirs de police sont exercés par les autorités militaires avec des compétences accrues.

La loi n° 55-385 du 3 avril 1955, révisée à plusieurs reprises, permet d'instaurer un état d'urgence dont une « constitutionnalisation » a été envisagée à la suite des attentats de Paris du 13 novembre 2015. Elle n'a pas abouti mais a suscité des débats qui ont rappelé l'antique question du rapport entre la situation d'exception et le droit. L'article 1 de cette loi prévoit que l'état d'urgence peut être déclaré sur tout ou partie du territoire métropolitain, des départements d'outre-mer, des collectivités d'outre-mer régies par l'article 74 de la Constitution et en Nouvelle-Calédonie, soit en cas de péril imminent résultant d'atteintes graves à l'ordre public, soit en cas d'événements présentant, par leur nature et leur gravité, le caractère de calamité publique.

> **Mise en œuvre de l'état d'urgence en France sous l'empire de la loi du 3 avril 1955 révisée :**
>
> – en 1955, à la suite d'attentats perpétrés par le Front de libération nationale (FLN) algérien, à partir du mois de novembre 1954 ;
>
> – en 1958, après le coup d'État d'Alger du 13 mai ;
>
> – de 1961 à 1963, après le putsch des généraux à Alger ;
>
> – en 1984, après les événements en Nouvelle-Calédonie qui ont opposé les partisans et opposants à l'indépendance vis-à-vis de la France ;
>
> – en 2005, pour mettre fin aux émeutes dans les banlieues permettant ainsi aux préfets des zones concernées de déclarer des couvre-feux ;
>
> – du 14 novembre 2015 au 31 octobre 2017, suite aux attentats terroristes du 13 novembre 2015.

Avec l'émergence d'un nouveau coronavirus (covid-19), l'OMS a déclaré, le 30 janvier 2020, que cette situation constituait une urgence de santé publique de portée internationale, qui a été aggravée par le caractère pathogène et contagieux du virus covid-19, et le 1er août 2020, que le risque posé par le covid-19 était très élevé et que cette pandémie risquait d'être « très longue ». Dans ces circonstances sanitaires exceptionnelles, le Parlement a adopté, après la procédure accélérée engagée par le gouvernement le 18 mars 2020, la loi n° 2020-290 du 23 mars 2020 d'urgence pour faire face à l'épidémie de covid-19 qui instaure un dispositif d'état d'urgence sanitaire (titre I), prend des mesures d'urgence économique et d'adaptation à la lutte contre l'épidémie de covid-19 (titre II) et organise le report du second tour des élections municipales, communautaires, des conseillers de Paris et des conseillers métropolitains de Lyon (titre III).

III. Le contrôle du juge administratif

A. Les degrés de contrôle du juge administratif

La nature du contrôle du juge administratif peut être différente en fonction de la nature du contentieux à juger.

Les pouvoirs de contrôle du juge administratif peuvent être présentés de façon croissante en évoquant un contrôle minimum ou minimal

(CE, 29 juin 1988, n°s 58265, 58400, *Mme Sauzier* ; CE, 6 déc. 1968, n° 74627, *ministre des Armées c. Bachex*), un contrôle restreint ou contrôle de l'erreur manifeste d'appréciation ou EMA (CE, 14 nov. 1980, n° 13084, *ministre de la Défense c. Mme Tricard*), un contrôle normal ou contrôle de l'erreur d'appréciation (CE, 27 janv. 1992, n° 89074, *ministre de l'Intérieur c. Castellan*), un contrôle de la proportionnalité, en matière de police administrative générale, par exemple (CE, 19 mai 1933, *Benjamin et syndicat d'initiative de Nevers, op. cit.* ; CE, 6 févr. 2015, n° 387726, *Commune de Cournon d'Auvergne*) et un contrôle bilan coût-avantage ou « théorie du bilan » (CE, ass., 28 mai 1971, n° 78825, *Fédération de défense des personnes concernées par le projet actuellement dénommé Ville Nouvelle Est*).

À noter que le degré de contrôle du juge administratif peut évoluer dans un type de contentieux et le renforcement des pouvoirs du juge s'opère dans le cadre de son office dès lors que la nature du contrôle lui confère un pouvoir accru. Il en est ainsi quand la nature de son contrôle évolue d'un contrôle de l'erreur manifeste d'appréciation (contrôle restreint) vers un contrôle de l'erreur d'appréciation (contrôle normal). Tel a été le cas en matière de sanction disciplinaire des fonctionnaires et agents publics.

En effet, le juge de l'excès de pouvoir a exercé pendant longtemps un contrôle restreint dans cette matière (CE, sect., 9 juin 1978, n° 5911, *Lebon*) avant que le Conseil d'État opère un revirement de jurisprudence, en novembre 2013, en jugeant que le juge de l'excès de pouvoir exerce dorénavant un contrôle normal sur les questions de savoir si les faits reprochés à un agent public constituent des fautes de nature à justifier une sanction et si la sanction retenue est proportionnée à la gravité de ces fautes (CE, ass. 13 nov. 2013, n° 347704, *M. Dahan*).

B. Le juge administratif procède à un contrôle de proportionnalité sur les mesures de police générale

Le Conseil d'État a jugé le 12 mars 1968, dans l'affaire *Ministre de l'Intérieur c. Époux Leroy*, n° 72053, que l'interdiction absolue des photographes filmeurs était légale eu égard à ce que l'activité des intéressés présentait, pour le maintien de l'ordre, des dangers auxquels il n'était pas possible de remédier par une mesure moins contraignante. En l'espèce, le préfet de la Manche avait interdit l'activité des photographes-filmeurs, pendant la saison touristique, sur la portion de route nationale conduisant au Mont-Saint-Michel, ainsi que sur les aires de stationnement aménagées de part et d'autre de cette route. Le Conseil d'État a rappelé les limites de cette interdiction dans l'affaire *Cazorla* qu'il a jugée le 7 juillet 1993, n° 139329, relative à un arrêté municipal interdisant la vente, de 22 heures à 6 heures du matin, à une boulangerie-croissanterie, afin de lutter contre le bruit provoqué par l'afflux des clients au cours de la nuit. D'une part, la vente des produits de la boulangerie-croissanterie n'était pas directement à l'origine des bruits que le maire entendait prévenir, mais il n'était pas contesté que les clients qui venaient au cours de la nuit étaient particulièrement bruyants et que leur passage troublait le repos des habitants. Dès lors, aucun texte ni aucun principe ne s'opposaient à ce que le maire prît une mesure d'interdiction à l'égard d'une activité qui était à la source des troubles que la loi lui fait obligation de réprimer. D'autre part, l'interdiction attaquée ne présentait pas le caractère d'une interdiction générale et absolue et l'objectif visé par le maire ne pouvait être atteint par une mesure moins contraignante.

Dans l'arrêt *Benjamin et syndicat d'initiative de Nevers* du 19 mai 1933, n°s 17413, 17520, le Conseil d'État, tout en déclarant, en l'espèce, illégale la mesure prise par le maire de Nevers, a admis dans son principe le pouvoir pour l'autorité municipale d'interdire une réunion dangereuse pour l'ordre public. Cette décision est souvent regardée comme un arrêt d'inspiration libérale, par les limites étroites dans lesquelles elle enferme les pouvoirs de police (pour des illustrations récentes, voir les ordonnances du juge des référés du Conseil d'État du 6 février 2015, n° 387726, *Commune de Cournon d'Auvergne* ; du 9 janvier 2014, n° 374508, *ministre de l'Intérieur c. Société Les Productions de la Plume et M. M'Bala M'Bala* ; du 7 mars 2011, n° 347171, *École normale supérieure*).

Face à une mesure qui restreint les libertés fondamentales dans un objectif préventif, le juge administratif exerce un contrôle de proportionnalité consistant à vérifier que cette atteinte est adaptée, nécessaire et proportionnée au motif légitime poursuivi (CE, 19 mai 1933, *Benjamin et syndicat d'initiative de Nevers*, *op. cit.* ; CE, ass., 22 juin 1951, n° 00590, *Daudignac*).

Le Conseil d'État a approfondi les modalités de son contrôle sur de nombreuses polices spéciales pour lesquelles il n'exerçait auparavant qu'un contrôle restreint. C'est le cas en matière de police des étrangers dès lors que l'application des stipulations de l'article 8 de la Convention EDH l'a conduit à procéder à un contrôle de proportionnalité (CE, ass., 19 avr. 1991, n° 107470, *Belgacem* ; CE, ass., 19 avr. 1991, n° 117680, *Mme Babas*). Le juge administratif met ainsi en balance, d'une part, le but de la mesure contestée et, d'autre part, les atteintes qu'elle cause au droit de l'étranger à mener une vie privée et familiale. En cas d'atteinte disproportionnée à ce droit, la mesure de police des étrangers contestée (décision de refus de titre de séjour, arrêté d'expulsion, par exemple) pourra être annulée par le juge.

C. Les pouvoirs du juge administratif en matière de procédures d'urgence

Le juge administratif peut faire cesser rapidement toute illégalité en matière d'ordre public depuis la mise en place du référé « liberté » en application de l'article L. 521-2 du CJA et du référé « suspension », en vertu de l'article L. 521-1 du même code, par la loi du 30 juin 2000 modifiée relative au référé devant les juridictions administratives.

Par une ordonnance n° 439674 du 22 mars 2020, le juge des référés du Conseil d'État, statuant dans les conditions prévues au troisième alinéa de l'article L. 511-2 du CJA (référé-liberté), c'est-à-dire avec le président de la section du contentieux, a enjoint au Premier ministre et au ministre de la Santé, de prendre dans les quarante-huit heures les mesures suivantes : préciser la portée de la dérogation au confinement pour raison de santé ; réexaminer le maintien de la dérogation pour « déplacements brefs, à proximité du domicile » compte tenu des enjeux majeurs de santé publique et de la consigne de confinement et évaluer les risques pour la santé publique du maintien en fonctionnement des marchés ouverts, compte tenu de leur taille et de leur niveau de fréquentation.

D'autres ordonnances rendues par le juge des référés du Conseil d'État, sur le fondement de l'article L. 521-2 du CJA, méritent d'être signalées dans le cadre de l'état d'urgence sanitaire provoqué par la covid-19. La première concerne l'incertitude sur le risque sanitaire qui interdit, en principe, la reconnaissance d'une atteinte grave et manifestement illégale à une liberté fondamentale (CE, juge des référés, 4 avr. 2020, n° 439904, *Centre hospitalier universitaire de la Guadeloupe*). La deuxième est relative à l'impossibilité d'invoquer d'hypothétiques atteintes futures à une liberté fondamentale pour obtenir du juge des référés des mesures (CE, juge des référés, 4 avr. 2020, n° 439816, *Mme E. et autres*). La troisième porte sur les dérogations aux procédures devant le juge administratif qui ne portent pas d'atteinte grave et manifestement illégale aux libertés fondamentales (CE, juge des référés, 10 avr. 2020, n° 439903, *Syndicat des avocats de France*).

À retenir que près de 70 % des décisions rendues par le juge des référés du Conseil d'État, en 2020, étaient relatives à des mesures prises pour lutter contre l'épidémie de covid-19 et cela représente six fois plus de décisions jugées en urgence qu'en 2019. À titre d'illustration, le juge des référés du Conseil d'État (référé suspension – art. L. 521-1 du CJA + référé liberté – art. L. 521-2 du CJA + autres référés) a rendu, en premier ressort, 152 décisions en 2019 contre 972 en 2020 (Rapport public annuel 2020 du Conseil d'État, p. 37).

Le juge des référés du tribunal administratif de Caen a rejeté, sur le fondement de l'article L. 521-1 du CJA, par une ordonnance n° 2102084 du 14 octobre 2021, la demande de suspension de l'exécution de l'arrêté du 15 septembre 2021 par lequel le président du conseil d'administration du Service départemental d'incendie et de secours du Calvados (SDIS) a placé le requérant, à compter du même jour, en position de suspension provisoire d'activité dans l'intérêt du service, sans traitement et jusqu'à satisfaction de l'obligation vaccinale.

IV. Conséquences sur la vie démocratique de l'état d'urgence sanitaire

La Commission nationale consultative des droits de l'homme (CNCDH) a décidé de mettre en place un Observatoire de l'état d'urgence sanitaire pour recenser les atteintes aux droits et libertés, s'assurer de leur effectivité sur le terrain, et produire des recommandations à destination des pouvoirs publics pour remédier aux problèmes et en tirer des enseignements pour le futur.

Le lien internet pour consulter les différents travaux de la CNCDH relatifs à l'état d'urgence sanitaire depuis le mois d'avril 2020 est le suivant : https://www.cncdh.fr/covid-19-et-droits-de-lhomme

Le Défenseur des droits a joué un rôle important en matière de protection des droits et libertés durant l'état d'urgence sanitaire. En effet, si l'urgence sanitaire altère le cours normal des choses, le Défenseur des droits a également veillé à ce que les mesures temporaires mises en place ne privent personne de ses droits, dans les domaines de compétence de l'institution : l'accès aux services publics, les droits de l'enfant, les discriminations, le respect de la déontologie par les professionnels de la sécurité et la protection et l'orientation des lanceurs d'alerte.

Les recommandations et positions prises par le Défenseur des droits depuis le début de la période d'urgence sanitaire sont consultables via le lien internet suivant :

https://www.defenseurdesdroits.fr/fr/covid-19-et-urgence-sanitaire-le-role-du-defenseur-des-droits

V. Corpus juridique de référence

– DDHC de 1789, notamment art. 2

– Convention EDH, notamment art. 8

– Cons. const., 26 mars 2020, n° 2020-365 DC, Loi organique d'urgence pour faire face à l'épidémie de covid-19

– Cons. const., 9 juill. 2020, n° 2020-803 DC, Loi organisant la sortie de l'état d'urgence sanitaire (Validation des dispositions issues de la loi organisant la sortie de l'état d'urgence sanitaire relatives à la circulation de personnes, véhicules ou moyens de transport collectif, à la fermeture provisoire de certaines catégories d'établissements recevant du public, aux rassemblements, réunions, activités se déroulant sur la voie publique et dans les lieux ouverts au public, ainsi que celles relatives à la répression d'une peine délictuelle de la violation répétée de ces réglementations ou interdictions)

– Cons. const., 13 nov. 2020, n° 2020-808 DC, Loi autorisant la prorogation de l'état d'urgence sanitaire et portant diverses mesures de gestion de la crise sanitaire (Conclusion à la conformité à la Constitution de la prorogation de l'état d'urgence sanitaire en cours, dans son principe et dans sa durée prévus par l'article 1er de la loi jusqu'au 16 février 2021)

– Cons. const., 31 mai 2021, n° 2021-819 DC, Loi relative à la gestion de la sortie de crise sanitaire (Validation de plusieurs dispositions de la loi en assortissant l'une d'elles d'une réserve d'interprétation, paragraphe 31)

– Cons. const., 21 janv. 2022, n° 2022-835 DC, Loi renforçant les outils de gestion de la crise sanitaire et modifiant le Code de la santé publique (Le Conseil constitutionnel admet la conformité à la Constitution des dispositions subordonnant l'accès à certains lieux à la présentation d'un « passe vaccinal » en imposant qu'il y soit mis fin dès lors qu'elle ne sera plus nécessaire et censure celle permettant de subordonner à la présentation d'un passe sanitaire l'accès à une réunion politique)

– Cons. const., 30 juill. 2022, n° 2022-840 DC, Loi mettant fin aux régimes d'exception créés pour lutter contre l'épidémie liée à la covid-19 (Conformité)

– Loi organique n° 2020-365 du 30 mars 2020 d'urgence pour faire face à l'épidémie de covid-19

– Loi n° 55-385 du 3 avril 1955 relative à l'état d'urgence

– Loi n° 2000-597 du 30 juin 2000 relative au référé devant les juridictions administratives

– Loi n° 2020-290 du 23 mars 2020 d'urgence pour faire face à l'épidémie de covid-19

– Loi n° 2020-546 du 11 mai 2020 prorogeant l'état d'urgence sanitaire et complétant ses dispositions

– Loi n° 2020-856 du 9 juill. 2020 organisant la sortie de l'état d'urgence sanitaire

– Loi n° 2020-1379 du 14 nov. 2020 autorisant la prorogation de l'état d'urgence sanitaire et portant diverses mesures de gestion de la crise sanitaire

– Loi n° 2021-160 du 15 févr. 2021 prorogeant l'état d'urgence sanitaire

– Loi n° 2021-689 du 31 mai 2021 relative à la gestion de la sortie de crise sanitaire

– Loi n° 2021-1040 du 5 août 2021 relative à la gestion de la crise sanitaire

– Loi n° 2021-1172 du 11 sept. 2021 autorisant la prorogation de l'état d'urgence sanitaire dans les Outre-mer

– Loi n° 2021-1465 du 10 nov. 2021 portant diverses dispositions de vigilance sanitaire

– Loi n° 2022-46 du 22 janv. 2022 renforçant les outils de gestion de la crise sanitaire et modifiant le Code de la santé publique

– Loi n° 2022-1089 du 30 juill. 2022 mettant fin aux régimes d'exception créés pour lutter contre l'épidémie liée à la covid-19

– Décret n° 2020-1257 du 14 oct. 2020 déclarant l'état d'urgence sanitaire

– Décret n° 2021-699 du 1er juin 2021 prescrivant les mesures générales nécessaires à la gestion de la sortie de crise sanitaire

– Décret n° 2021-910 du 8 juill. 2021 modifiant le décret n° 2021-699 du 1er juin 2021 prescrivant les mesures générales nécessaires à la gestion de la sortie de crise sanitaire

– Décret n° 2021-930 du 13 juill. 2021 modifiant le décret n° 2020-551 du 12 mai 2020 relatif aux systèmes d'information mentionnés à l'article 11 de la loi n° 2020-546 du 11 mai 2020 prorogeant l'état d'urgence sanitaire et complétant ses dispositions et le décret n° 2020-1690 du 25 déc. 2020 autorisant la création d'un traitement de données à caractère personnel relatif aux vaccinations contre la covid-19

– Décret n° 2021-931 du 13 juill. 2021 déclarant l'état d'urgence sanitaire dans certains territoires de la République

– Décret n° 2021-932 du 13 juill. 2021 modifiant le décret n° 2021-699 du 1er juin 2021 prescrivant les mesures générales nécessaires à la gestion de la sortie de crise sanitaire

– Décret n° 2021-955 du 19 juill. 2021 modifiant le décret n° 2021-699 du 1er juin 2021 prescrivant les mesures générales nécessaires à la gestion de la sortie de crise sanitaire (Élargissement du passe sanitaire)

– Décret n° 2022-1097 du 30 juill. 2022 relatif aux mesures de veille et de sécurité sanitaire maintenues en matière de lutte contre la covid-19

– Décret n° 2022-1098 du 30 juill. 2022 modifiant le décret n° 2020-650 du 29 mai 2020 relatif au traitement de données dénommé « TousAntiCovid »

– Décret n° 2022-1099 du 30 juill. 2022 instituant un comité de veille et d'anticipation des risques sanitaires

– Décret n° 2023-368 du 13 mai 2023 relatif à la suspension de l'obligation de vaccination contre la covid-19 des professionnels et étudiants

– Arrêté du 30 juill. 2022 modifiant l'arrêté du 1er juin 2021 prescrivant les mesures générales nécessaires à la gestion de la sortie de crise sanitaire et abrogeant l'arrêté du 7 juin 2021 identifiant les zones de circulation de l'infection du virus SARS-CoV-2

– CE, juge des référés, 29 oct. 2020, n° 445367, *M. B.* (Rejet d'une requête tendant à ordonner la suspension de l'exécution du décret n° 2020-1257 du 14 oct. 2020 déclarant l'état d'urgence sanitaire)

– CE, juge des référés, 27 nov. 2020, n° 446712, *Association des avocats pénalistes et autres* (Le recours à la visio-conférence, sans l'accord de l'accusé, autorisé par l'ordonnance du 18 nov. 2020, pendant le réquisitoire de l'avocat général et les plaidoiries des avocats, porte une atteinte grave et manifestement illégale aux droits de la défense et au droit à un procès équitable)

– CE, juge des référés, 6 juill. 2021, n° 453505, *La Quadrature du Net* (rejet d'une demande de suspension de l'exécution du dispositif intitulé « Passe sanitaire »)

– CE, avis rendu public, 19 juill. 2021, n° 403629, Projet de loi relatif à l'adaptation de nos outils de gestion à la crise sanitaire

– CE, juge des référés, 19 juill. 2021, n°s 454643, 454689, 454690, *Société des auteurs et compositeurs dramatiques et autres…* (Rejet de la demande de suspendre l'exécution de la décision révélée par le président de la République lors de son allocation du 12 juillet 2021 d'étendre dès le 21 juillet 2021 le « passe sanitaire » aux lieux de loisirs et de culture)

– CE, avis, 3 févr. 2022, n° 457527, mentionné aux tables du recueil *Lebon* (État d'urgence sanitaire – Le premier alinéa de l'art. 2 de l'ordonnance n° 2020-306 du 25 mars 2020 est applicable aux délais de recours prescrits par la loi ou le règlement ainsi que par la jurisprudence. Il l'est, par conséquent, au délai de deux mois, à compter de l'accomplissement des mesures de publicité appropriées, dont disposent les tiers souhaitant contester la validité d'un contrat)

– CE, 28 janv. 2022, n° 454927, publié au recueil *Lebon* (Droit fondamental de tout Français à rejoindre le territoire national – Motif pouvant justifier d'y porter atteinte – Nécessité impérieuse pour la sauvegarde de l'ordre public)

– Conseil d'État, *Activité juridictionnelle et consultative des juridictions administratives en 2021*, Rapport public annuel, La Documentation française, juill. 2022, p. 413

VI. Exemples de sujets avec leur corrigé portant sur l'ordonnance du juge des référés du CE n° 440057 du 17 avril 2020 et l'état d'urgence sanitaire

Sujet : Commentez l'ordonnance du juge des référés du CE n° 440057 du 17 avril 2020, *Commune de Sceaux*

https://www.legifrance.gouv.fr/ceta/id/CETATEXT000041819175?juridiction=CONSEIL_ETAT&juridiction=COURS_APPEL&juridiction=TRIBUNAL_ADMINISTATIF&juridiction=TRIBUNAL_CONFLIT&page=1&pageSize=10&query=440057&searchField=ALL&searchType=ALL&sortValue=DATE_DESC&tab_selection=cetat*

Introduction

Accroche : Par les articles L. 3131-12 à L. 3131-20 du CSP, le législateur a institué une police spéciale donnant aux autorités de l'État mentionnées aux articles L. 3131-15 à L. 3131-17 du même code la compétence pour édicter, dans le cadre de l'état d'urgence sanitaire, les mesures générales ou individuelles visant à mettre fin à une catastrophe sanitaire telle que l'épidémie de covid-19, en vue, notamment, d'assurer, compte tenu des données scientifiques disponibles, leur cohérence et leur efficacité sur l'ensemble du territoire concerné et de les adapter en fonction de l'évolution de la situation.

Historique : Le maire de Sceaux a pris un arrêté imposant le port d'un masque grand public pour pouvoir circuler sur le territoire communal. La Ligue des droits de l'homme a alors demandé au juge des référés du tribunal administratif de Cergy-Pontoise, statuant sur le fondement de l'article L. 521-2 du CJA, d'ordonner la suspension de l'exécution de l'arrêté du 6 avril 2020 par lequel le maire de Sceaux a subordonné les déplacements dans l'espace public des personnes de plus de dix ans au port d'un dispositif de protection buccal et nasal. Par une ordonnance n° 2003905 du 9 avril 2020, le juge des référés du tribunal administratif de Cergy-Pontoise a fait droit à sa demande puis la commune de Sceaux a demandé au juge des référés du Conseil d'État, statuant sur le fondement de l'article L. 521-2 du CJA d'annuler cette ordonnance et de rejeter la demande présentée par la Ligue des droits de l'homme devant le tribunal administratif de Cergy-Pontoise. Le juge des référés du Conseil d'État a rejeté la requête de la commune de Sceaux en relevant qu'en laissant entendre qu'une protection couvrant la bouche et le nez peut constituer une protection efficace, quel que soit le procédé utilisé, l'arrêté du maire de Sceaux est de nature à induire en erreur les personnes concernées et à introduire de la confusion dans les messages délivrés à la population par les autorités sanitaires.

Problématique : L'intérêt de cette ordonnance porte sur l'encadrement des pouvoirs de police du maire dans le cadre de l'état d'urgence sanitaire et précisément sur l'exercice de ses pouvoirs de police administrative générale pour lutter contre la crise sanitaire qui sont soumis à une double condition.

Annonce du plan

I. Articulation des pouvoirs de police administrative générale du maire avec la police administrative spéciale de l'état d'urgence sanitaire confiée à l'État (CSP, art. L. 3131-12)

Annonce des deux sous-parties

1.1. Pouvoirs de police administrative générale du maire (v. II. C. *supra*).

1.2. Possibilité de prendre des mesures destinées à contribuer à la bonne application des mesures décidées par l'État

Les articles L. 2212-1 et L. 2212-2 du CGCT autorisent le maire, y compris en période d'état d'urgence sanitaire, à prendre les mesures de police administrative générale nécessaires au bon ordre, à la sûreté, à la sécurité et à la salubrité publiques dans sa commune. Le maire peut, le cas échéant, à ce titre, prendre des dispositions destinées à contribuer à la bonne application, sur le territoire de la commune, des mesures décidées par les autorités compétentes de l'État, notamment en interdisant, au vu des circonstances locales, l'accès à des lieux où sont susceptibles de se produire des rassemblements.

Transition :

II. Possibilité pour le maire de prendre sous condition des mesures supplémentaires de lutte contre la catastrophe sanitaire

Annonce des deux sous-parties :

2.1. L'impossibilité de prendre des mesures supplémentaires de lutte contre la catastrophe sanitaire

La police administrative spéciale instituée par le législateur fait obstacle, pendant la période où elle trouve à s'appliquer, à ce que le maire prenne au titre de son pouvoir de police générale des mesures destinées à lutter contre la catastrophe sanitaire.

2.2. La double condition permettant au maire de passer outre l'impossibilité de prendre des mesures supplémentaires de lutte contre la catastrophe sanitaire

– La mesure prise doit être exigée pour des raisons impérieuses liées à des circonstances locales rendant son édiction indispensable ;
– Et à condition de ne pas compromettre, ce faisant, la cohérence et l'efficacité de celles prises dans ce but par les autorités compétentes de l'État.

Conclusion

Synthèse : Le maire de Sceaux ne peut imposer le port d'un masque de protection dans l'espace de sa commune durant la période de l'état d'urgence sanitaire.

Ouverture possible : CE, 24 sept. 2012, n° 342990, *Commune de Valence* (Existence d'une police spéciale confiée à l'État qui exclut l'exercice, par le maire, de ses pouvoirs de police générale, en matière de dissémination volontaire d'OGM).

Sujet : L'état d'urgence sanitaire

Introduction

Accroche : Dans sa décision n° 2020-799 DC du 26 mars 2020 (Loi organique d'urgence pour faire face à l'épidémie de covid-19), le Conseil constitutionnel a décidé que la loi d'urgence pour faire face à l'épidémie de covid-19 est conforme à la Constitution et qu'il n'y a pas lieu de juger que cette loi organique a été adoptée en violation des règles de procédure prévues à l'article 46 de la Constitution, compte tenu des circonstances particulières du contexte sanitaire.

Problématique : Ces circonstances exceptionnelles en France dues à l'épidémie de covid-19 sont qualifiées de circonstances particulières par le Conseil constitutionnel.

Annonce du plan : La covid-19 est à l'origine de l'instauration de l'état d'urgence sanitaire en France (I). Ce dernier a suscité des difficultés d'exécution qui ont nécessité des adaptations (II).

I. La France en état d'urgence sanitaire

Annonce des deux sous-parties : L'épidémie de covid-19 qui a débuté en Chine avant de se propager, notamment en Italie, est à l'origine de l'état d'urgence sanitaire (A) qui a été instauré en France à partir du 24 mars 2020 (B).

1.1. L'origine de l'instauration d'un état d'urgence sanitaire en France

1.2. La France en état d'urgence sanitaire à partir du 24 mars 2020

Transition :

II. Les conséquences de l'état d'urgence sanitaire en France

Annonce des deux sous-parties : Certaines mesures prises pendant l'état d'urgence sanitaire rencontrent des difficultés d'exécution (A) qui appellent des solutions pour les résoudre (B).

2.1. Les difficultés rencontrées dans la mise en œuvre de mesures prises durant l'état d'urgence sanitaire

2.2. Les solutions mises en place pour respecter l'état d'urgence sanitaire

Conclusion

Synthèse : Dès le 16 mars 2020, le président de la République française a décidé de prendre des mesures pour réduire les contacts et déplacements au strict minimum sur l'ensemble du territoire à compter du 17 mars à 12 heures, pour une durée minimale de quinze jours et le Parlement a ensuite voté la loi n° 2020-290 du 23 mars 2020 d'urgence pour faire face à l'épidémie de covid-19.

Ouvertures possibles :

– Soit la loi n° 2022-1089 du 30 juill. 2022 mettant fin aux régimes d'exception créés pour lutter contre l'épidémie liée à la covid-19 ;

– Soit les conséquences sur la vie démocratique de l'état d'urgence sanitaire ;

– Soit le décret n° 2023-368 du 13 mai 2023 relatif à la suspension de l'obligation de vaccination contre la covid-19 des professionnels et étudiants.

VII. Exemples de questions sur le thème de l'état d'urgence sanitaire et de l'ordre public

– La loi du 23 mars 2020 d'urgence pour faire face à l'épidémie de covid-19 était-elle nécessaire alors qu'il existait d'autres cadres juridiques, à l'instar de la loi révisée du 3 avril 1955 relative à l'état d'urgence ?

– Qui fait appliquer et de quelle manière les principes de stricte nécessité, d'adaptation et de proportionnalité en période d'état d'urgence sanitaire ?

– Quel a été le sens de la décision du Conseil constitutionnel sur la loi mettant fin aux régimes d'exception créés pour lutter contre l'épidémie liée à la covid-19 ?
– Pourquoi remplacer le comité de scientifiques constitué au titre de l'état d'urgence sanitaire déclaré pour faire face à l'épidémie de covid-19 par un comité de veille et d'anticipation des risques sanitaires ?
– Quelles sont les libertés fondamentales qui ont été limitées par l'état d'urgence sanitaire ?
– Quelles sont les libertés fondamentales qui ont été suspendues durant l'urgence sanitaire ?
– Pourquoi le maintien du dispositif de veille et de sécurité sanitaire en matière de lutte contre la covid-19 ou, autrement dit, de surveillance épidémiologique permise par les systèmes d'information SI-DEP et Contact Covid, via un dispositif de « tracing » ou traçage, demeure-t-il provisoire ou temporaire ?
– Quel a été le sens de l'avis consultatif de la commission permanente du Conseil d'État sur le projet de loi maintenant provisoirement un dispositif de veille et de sécurité sanitaire en matière de lutte contre la covid-19, rendu le 24 juin 2022 ?
– Que prévoit la loi du 30 juillet 2022 mettant fin aux régimes d'exception créés pour lutter contre l'épidémie liée à la covid-19 en ce qui concerne l'obligation vaccinale des personnels soignants ?
– Comment a été suspendue l'obligation de vaccination contre la covid-19 des professionnels et étudiants prévue par l'article 12 de la loi n° 2021-1040 du 5 août 2021 relative à la gestion de la crise sanitaire ?

20 septembre 2022 : Le droit de chacun de vivre dans un environnement équilibré et respectueux de la santé

Le CE juge que le droit de chacun de vivre dans un environnement équilibré et respectueux de la santé, tel que proclamé par l'article premier de la Charte de l'environnement, présente le caractère d'une liberté fondamentale au sens de l'article L. 521-2 du CJA.

Par une décision n° 451129 du 20 septembre 2022 fichée en A au *Recueil Lebon*, *M. et Mme P.*, le Conseil d'État a jugé, en chambres réunies, que pour prévenir ou faire cesser une atteinte à l'environnement dont il n'est pas sérieusement contestable qu'elle trouve sa cause dans l'action ou la carence de l'autorité publique, le juge des référés peut, en cas d'urgence, être saisi soit sur le fondement de l'article L. 521-1 du Code de justice administrative (CJA) ou, le cas échéant, sans qu'aucune condition d'urgence ne soit requise, sur le fondement des articles L. 122-2 et L. 123-16 du Code de l'environnement, afin qu'il ordonne la suspension de la décision administrative, positive ou négative, à l'origine de cette atteinte, soit sur le fondement de l'article L. 521-3 du CJA, afin qu'il enjoigne à l'autorité publique, sans faire obstacle à l'exécution d'une décision administrative, de prendre des mesures conservatoires destinées à faire échec ou à mettre un terme à cette atteinte.

En outre, le droit de chacun de vivre dans un environnement équilibré et respectueux de la santé, tel que proclamé par l'article premier de la Charte de l'environnement, présente le caractère d'une liberté fondamentale au sens de l'article L. 521-2 du CJA. Toute personne justifiant, au regard de sa situation personnelle, notamment si ses conditions ou son cadre de vie sont gravement et directement affectés, ou des intérêts qu'elle entend défendre, qu'il y est porté une atteinte grave et manifestement illégale du fait de l'action ou de la carence de l'autorité publique peut saisir le juge des référés sur le fondement de cet article. Il lui appartient alors de faire état de circonstances particulières caractérisant la nécessité pour elle de bénéficier, dans le très bref délai prévu par ces dispositions, d'une mesure de la nature de celles qui peuvent être ordonnées sur le fondement de cet article. Dans tous les cas, l'intervention du juge des référés dans les conditions d'urgence particulière prévues par l'article L. 521-2 est subordonnée au constat que la situation litigieuse permette de prendre utilement et à très bref délai les mesures de sauvegarde nécessaires. Compte tenu du cadre temporel dans lequel se prononce le juge des référés saisi sur le fondement de l'article L. 521-2, les mesures qu'il peut ordonner doivent s'apprécier en tenant compte des moyens dont dispose l'autorité administrative compétente et des mesures qu'elle a déjà prises.

I. Fondamentaux à connaître sur la protection de l'environnement

A. La Charte de l'environnement de 2004

Composée de dix articles, la Charte de l'environnement de 2004 est à l'origine une proposition du président de la République, Jacques Chirac, émise lors de la campagne présidentielle de 2002. Une proposition de texte a ensuite été élaborée par une commission spéciale, présidée par le paléontologue Yves Coppens, sur la période de juin 2002 à avril 2003. Le projet de loi constitutionnelle a été adopté en conseil des ministres, le 25 juin 2003, puis voté par le Parlement réuni en Congrès le 28 février 2005, et enfin promulgué le 1er mars 2005.

La Charte de l'environnement de 2004, qui a valeur constitutionnelle, a introduit de nouveaux principes, droits et devoirs en lien avec le respect de l'environnement dans le droit français. Elle consacre, en particulier, le principe de précaution, à son article 5, et une nouvelle catégorie de droits constitutionnels, concernant le droit de vivre dans un environnement équilibré et respectueux de la santé, à son article premier. La Charte consacre également le développement durable comme objectif des politiques publiques, à son article 6, l'environnement étant désormais reconnu comme le patrimoine commun de tous les êtres humains.

Charte de l'environnement de 2004

Le peuple français,

Considérant :

Que les ressources et les équilibres naturels ont conditionné l'émergence de l'humanité ;

Que l'avenir et l'existence même de l'humanité sont indissociables de son milieu naturel ;

Que l'environnement est le patrimoine commun des êtres humains ;

Que l'homme exerce une influence croissante sur les conditions de la vie et sur sa propre évolution ;

Que la diversité biologique, l'épanouissement de la personne et le progrès des sociétés humaines sont affectés par certains modes de consommation ou de production et par l'exploitation excessive des ressources naturelles ;

Que la préservation de l'environnement doit être recherchée au même titre que les autres intérêts fondamentaux de la Nation ;

Qu'afin d'assurer un développement durable, les choix destinés à répondre aux besoins du présent ne doivent pas compromettre la capacité des générations futures et des autres peuples à satisfaire leurs propres besoins,

Proclame :

Article 1er

Chacun a le droit de vivre dans un environnement équilibré et respectueux de la santé.

Article 2

Toute personne a le devoir de prendre part à la préservation et à l'amélioration de l'environnement.

Article 3

Toute personne doit, dans les conditions définies par la loi, prévenir les atteintes qu'elle est susceptible de porter à l'environnement ou, à défaut, en limiter les conséquences.

Article 4

Toute personne doit contribuer à la réparation des dommages qu'elle cause à l'environnement, dans les conditions définies par la loi.

Article 5

Lorsque la réalisation d'un dommage, bien qu'incertaine en l'état des connaissances scientifiques, pourrait affecter de manière grave et irréversible l'environnement, les autorités publiques veillent, par application du principe de précaution et dans leurs domaines d'attributions, à la mise en œuvre de procédures d'évaluation des risques et à l'adoption de mesures provisoires et proportionnées afin de parer à la réalisation du dommage.

Article 6

Les politiques publiques doivent promouvoir un développement durable. À cet effet, elles concilient la protection et la mise en valeur de l'environnement, le développement économique et le progrès social.

Article 7

Toute personne a le droit, dans les conditions et les limites définies par la loi, d'accéder aux informations relatives à l'environnement détenues par les autorités publiques et de participer à l'élaboration des décisions publiques ayant une incidence sur l'environnement.

Article 8

L'éducation et la formation à l'environnement doivent contribuer à l'exercice des droits et devoirs définis par la présente Charte.

Article 9

La recherche et l'innovation doivent apporter leur concours à la préservation et à la mise en valeur de l'environnement.

Article 10

La présente Charte inspire l'action européenne et internationale de la France.

B. L'objectif de valeur constitutionnelle que constitue la protection de l'environnement

Dans sa décision n° 2019-823 QPC du 31 janvier 2020, Union des industries de la protection des plantes [Interdiction de la production, du stockage et de la circulation de certains produits phytopharmaceutiques], le Conseil constitutionnel a jugé que la protection de l'environnement, patrimoine commun des humains, constitue un objectif de valeur constitutionnelle en vertu du préambule de la Charte de l'environnement.

À l'origine de la question prioritaire de constitutionnalité (QPC), pour l'application du paragraphe IV de l'article L. 253-8 du Code rural et de la pêche maritime, dans sa version résultant de la loi n° 2018-938 du 30 octobre 2018, le ministre de la Transition écologique et solidaire, le ministre de l'Économie et des Finances ainsi que le ministre de l'Agriculture et de l'alimentation avaient adopté la circulaire du 23 juillet 2019 relative à l'entrée en vigueur de l'interdiction portant sur certains produits phytopharmaceutiques pour des raisons de protection de la santé et de l'environnement, en application de la modification de cet article.

L'Union des industries de la protection des plantes (UIPP) a introduit un recours pour excès de pouvoir à l'encontre de cette circulaire et, à cette occasion, le 9 août 2019, a posé une QPC relative aux dispositions du paragraphe IV de l'article L. 253-8 du Code rural et de la pêche maritime. Par une décision du 7 novembre 2019, le Conseil d'État a décidé de renvoyer la QPC au Conseil constitutionnel, au motif que « le moyen tiré par l'Union des industries de la protection des plantes de ce que l'interdiction de la production, du stockage et de la circulation de produits phytopharmaceutiques contenant des substances actives non approuvées par l'Union européenne pour des raisons liées à la protection de la santé humaine ou animale ou de l'environnement prévue par ces dispositions est susceptible de porter atteinte à la liberté d'entreprendre, garantie par l'article 4 de la Déclaration des droits de l'homme et du citoyen de 1789, soulève une question présentant un caractère sérieux ».

II. Référé liberté et libertés fondamentales

A. Le référé liberté

La loi n° 2000-597 du 30 juin 2000 relative au référé devant les juridictions administratives a permis un élargissement significatif du champ d'action du juge des référés avec l'introduction du référé-liberté et du référé-suspension, qui constituent aujourd'hui les principaux cas de saisine du juge des référés.

Les référés d'urgence sont prévus par les dispositions du titre II du livre V du CJA et notamment aux articles L. 521-1 à L. 523-1 et R. 522-1 à R. 523-3. Le juge des référés statue en urgence lorsqu'il est saisi d'un référé-suspension, d'un référé-liberté ou d'un référé conservatoire (mesures utiles). Il statue au terme d'une procédure contradictoire écrite ou orale. Lorsqu'il lui est demandé de prononcer les mesures visées aux articles L. 521-1 et L. 521-2 du CJA, de les modifier ou d'y mettre fin, il informe sans délai les parties de la date et de l'heure de l'audience publique. Sauf renvoi à une formation collégiale, l'audience se déroule sans conclusions du rapporteur public.

Saisi d'une demande justifiée par l'urgence, le juge des référés, qui se prononce dans un délai de quarante-huit heures, peut ordonner toutes mesures nécessaires à la sauvegarde d'une liberté fondamentale à laquelle une personne morale de droit public ou un organisme de droit privé chargé de la gestion d'un service public aurait porté, dans l'exercice de ses pouvoirs, une atteinte grave et manifestement illégale, en application de l'article L. 521-2 du CJA. Le référé-liberté n'est pas obligatoirement associé à une requête au fond et notamment à une demande d'annulation, l'atteinte portée à une liberté fondamentale pouvant résulter tout aussi bien d'un agissement ou d'une carence que d'une décision de l'administration.

Le référé-liberté permet la suspension d'une décision portant gravement atteinte à une liberté fondamentale si deux conditions cumulatives sont remplies, à savoir une situation d'urgence et une atteinte grave et manifestement illégale à une liberté fondamentale. La condition d'urgence exigée par le référé-liberté est appréciée de manière plus restrictive que celle requise par le référé-suspension. Elle implique « qu'une mesure visant à sauvegarder une liberté fondamentale doive être prise dans les quarante-huit heures », c'est-à-dire dans une condition d'extrême urgence.

B. Les libertés fondamentales au sens des dispositions de l'article L. 521-2 du CJA

Constituent des libertés fondamentales, au sens des dispositions de l'article L. 521-2 du CJA, la liberté individuelle, le droit au respect de la vie privée et familiale, le droit de mener une vie familiale normale, le droit d'asile et son corollaire le droit de solliciter le statut de réfugié, la liberté d'aller et venir, le droit de propriété, la liberté de culte, la liberté d'entreprendre et la liberté du commerce et de l'industrie, la liberté d'opinion, le droit de grève, le droit à un recours effectif et le droit de ne pas être soumis à des traitements inhumains et dégradants, la liberté d'aider autrui dans un but humanitaire et le droit de chacun de vivre dans un environnement équilibré et respectueux de la santé, tel que proclamé par l'article premier de la Charte de l'environnement de 2004.

Par ailleurs, une personne, qui fait l'objet de mesures restrictives de liberté, dans le cadre de la mise en œuvre de l'article L. 228-1 du Code de la sécurité intérieure issu de la loi n° 2017-1510 du 30 octobre 2017 renforçant la sécurité intérieure et la lutte contre le terrorisme, peut introduire un référé liberté.

En revanche, n'ont pas été regardées comme des libertés fondamentales, au sens des dispositions de l'article L. 521-2 du CJA, l'accès à une formation de 3e cycle de l'enseignement supérieur, le droit au bon fonctionnement du service public de l'enseignement, le droit au congé formation mobilité, le droit de pratiquer un sport et de participer à des compétitions sportives voire le droit à la santé.

III. Corpus juridique de référence

– Constitution française de 1958

– Charte de l'environnement de 2004

– Convention cadre des Nations unies sur les changements climatiques, 1992

– Protocole de Kyoto, 1997

– Convention d'Aarhus sur l'accès à l'information, la participation du public au processus décisionnel et l'accès à la justice en matière d'environnement, adoptée le 25 juin 1998 et ratifiée par la France, le 28 février 2002

– Convention EDH, notamment art. 2, 3 et 8

– Charte des droits fondamentaux de l'UE du 7 déc. 2000, notamment art. 37 (Elle est devenue contraignante juridiquement avec la ratification du traité de Lisbonne)

– Règlement n° 1367/2006 du Parlement européen et du Conseil du 6 sept. 2006 (Rend applicable la Convention d'Aarhus aux institutions et organes de l'UE)

– Accord de Paris sur le réchauffement climatique, 2015

– Directive (UE) 2019/904 du Parlement européen et du Conseil du 5 juin 2019 relative à la réduction de l'incidence de certains produits en plastique sur l'environnement

– CJUE, 24 oct. 2019, aff. C-636/18, *Commission c. France*

– CEDH, GC, 8 juill. 2003, n° 36022/97, *H. c. Royaume-Uni*

– CEDH, GC, 30 nov. 2004, n° 48939/99, *Ö. c. Turquie* ; 20 mars 2008, n° 15339/02, *B. et a. c. Russie* (Le droit à la vie garanti par l'art. 2 de la Conv. EDH, implique le droit à un environnement sain)

– Cons. const., 19 juin 2008, n° 2008-564 DC, *Loi relative aux organismes génétiquement modifiés*

– Cons. const., 8 avr. 2011, n° 2011-116 QPC, *M. Z.*

– Cons. const., 11 oct. 2013, n° 2013-346 QPC, *Société Schuepbach Energy LLC (Principe de précaution*)

– Cons. const., 20 déc. 2019, n° 2019-794 DC, *Loi d'orientation des mobilités*

– Cons. const., 31 janv. 2020, n° 2019-823 QPC, *Union des industries de la protection des plantes* [Interdiction de la production, du stockage et de la circulation de certains produits phytopharmaceutiques]

– Cons. const., 17 mars 2022, n° 2021-981 QPC, *M. Jean-Mathieu F.* [Destruction des végétaux et des animaux morts ou non viables saisis dans le cadre d'infractions au Code de l'environnement]

– Code de l'environnement

– Loi n° 95-101 du 2 févr. 1995 relative au renforcement de la protection de l'environnement, dite *Barnier*

– Loi n° 2010-788 du 12 juill. 2010 portant engagement national pour l'environnement, appelée loi « Grenelle II »

– Loi n° 2018-148 du 2 mars 2018 ratifiant les ordonnances n° 2016-1058 du 3 août 2016 et n° 2016-1060 du 3 août 2016

– Loi n° 2019-1147 du 8 nov. 2019 relative à l'énergie et au climat qui fixe l'objectif de la neutralité carbone à l'horizon 2050

– Loi n° 2020-1672 du 24 déc. 2020 relative au parquet européen, à la justice environnementale et à la justice pénale spécialisée

– Loi n° 2021-1104 du 22 août 2021 portant lutte contre le dérèglement climatique et renforcement de la résilience face à ses effets

– Loi n° 2021-1485 du 15 nov. 2021 visant à réduire l'empreinte environnementale du numérique en France

– Ordonnance n° 2016-488 du 21 avril 2016 relative à la consultation locale sur les projets susceptibles d'avoir une incidence sur l'environnement

– Ordonnance n° 2016-1060 du 3 août 2016 portant réforme des procédures destinées à assurer l'information et la participation du public à l'élaboration de certaines décisions susceptibles d'avoir une incidence sur l'environnement

– Décret n° 2016-491 du 21 avr. 2016 relatif à la consultation locale sur les projets susceptibles d'avoir une incidence sur l'environnement

– Décret n° 2017-626 du 25 avr. 2017 relatif aux procédures destinées à assurer l'information et la participation du public à l'élaboration de certaines décisions susceptibles d'avoir une incidence sur l'environnement et modifiant diverses dispositions relatives à l'évaluation environnementale de certains projets, plans et programmes

– Décret n° 2021-837 du 29 juin 2021 portant diverses réformes en matière d'évaluation environnementale et de participation du public dans le domaine de l'environnement

– CE, ass., 3 oct. 2008, n° 297931, *Commune d'Annecy*

– CE, ass., 12 juill. 2013, n° 344522, *Fédération nationale de la pêche en France*

– CE, 19 juin 2015, n° 386291, *Commune de Saint-Leu et autre*

– CE, avis, 22 mars 2018, n° 415852, *Association Novissen*

– CE, ass., 10 juill. 2020, n° 428409, *Association Les Amis de la Terre*

– CE, juge des référés, 20 avr. 2020, n° 440005, *Association Respire*

– CE, 19 nov. 2020, n° 427301, *Commune de Grande-Synthe*

– CE, 1er juill. 2021, n° 427301, *Commune de Grande-Synthe et autre* (Injonction au Premier ministre de prendre toutes mesures utiles permettant d'infléchir la courbe des émissions de gaz à effet de serre produites sur le territoire national)

– CE, CHR, 26 juill. 2021, n° 437815, *Collectif des maires anti-pesticides* (Injonction au Premier ministre et à des ministres du gouvernement de renforcer la réglementation en matière d'épandage des pesticides pour mieux protéger la population, dans un délai de six mois)

– CE, CHR, 10 févr. 2022, n° 455465, *Société EDF Production Électrique Insulaire et ministre de la transition écologique* (Une autorisation environnementale qui ne vaut pas autorisation d'exploiter une installation de production d'électricité au titre du Code de l'énergie ne saurait méconnaître l'obligation de prise en compte des objectifs de réduction des émissions de gaz à effet de serre résultant de l'article L. 100-4 du Code de l'énergie)

– CE, sect., 9 juin 2022, n° 460644, *Commune de Courcival et autres* (Le Conseil d'État ne renvoie pas au Conseil constitutionnel une QPC portant sur la règle de distance d'éloignement des éoliennes par rapport aux habitations qui avait déjà été jugée conforme à la Constitution [Cons. const., 13 août 2015, n° 2015-718 DC, Loi relative à la transition énergétique pour la croissance verte])

– CE, CHR, 20 sept. 2022, n° 451129, *M. et Mme P.* (Le droit de chacun de vivre dans un environnement équilibré et respectueux de la santé, tel que proclamé par l'article premier de la Charte de l'environnement, présente le caractère d'une liberté fondamentale au sens de l'article L. 521-2 du CJA et précise les conditions dans lesquelles un requérant peut l'invoquer)

– CE, CHR, 17 oct. 2022, n° 428409, *Association Les amis de la Terre France et autres* (Pollution de l'air : le Conseil d'État condamne l'État à payer deux astreintes de 10 millions d'euros)

IV. Exemple de sujet avec son corrigé portant sur la protection de l'environnement

Sujet : Comment contester une décision prise par une autorité administrative qui porte une atteinte à l'environnement ?

Introduction

Accroche : Par une décision n° 451129 du 20 septembre 2022, le Conseil d'État a jugé que le droit de chacun de vivre dans un environnement équilibré et respectueux de la santé, tel que proclamé par l'article premier de la Charte de l'environnement, présente le caractère d'une liberté fondamentale au sens de l'article L. 521-2 du CJA – référé liberté – et précise les conditions dans lesquelles un requérant peut l'invoquer.

Définition : La contestation consiste à demander la suspension ou l'annulation de la décision prise par une autorité administrative qui porte une atteinte à l'environnement de façon précontentieuse ou contentieuse.

Intérêt du sujet : La reconnaissance comme une liberté fondamentale, au sens de l'article L. 521-2 du CJA, de la protection de l'environnement.

Annonce du plan

I. Les recours précontentieux

Annonce des deux sous-parties :

1.1. Les recours administratifs

– Le recours gracieux consiste pour une personne à demander à l'auteur d'une décision administrative de retirer ou de réformer sa décision. Le CRPA définit les recours administratifs à son article L. 410-1, et notamment le recours administratif comme étant la réclamation adressée à l'administration en vue de régler un différend né d'une décision administrative et le recours gracieux comme le recours administratif adressé à l'administration qui a pris la décision contestée ;

– Le recours hiérarchique consiste pour une personne à demander au supérieur hiérarchique de l'auteur d'une décision administrative ou à son autorité de tutelle, le ministre par exemple, de retirer ou de réformer sa décision.

1.2. La médiation

– La médiation à l'initiative des parties

– La médiation à l'initiative du juge

Transition :

II. Les recours contentieux

Annonce des deux sous-parties :

2.1. La suspension avec les référés

– Le référé-suspension permet d'ordonner la suspension d'une décision administrative, même de rejet, ou de certains de ses effets, lorsque l'urgence le justifie et qu'il est fait état d'un moyen propre à créer, en l'état de l'instruction, un doute sérieux quant à la légalité de cette décision, en application de l'article L. 521-1 du CJA ;

– Le juge des référés peut ordonner toutes mesures nécessaires à la sauvegarde d'une liberté fondamentale à laquelle une personne morale de droit public ou un organisme de droit privé chargé de la gestion d'un service public aurait porté, dans l'exercice de ses pouvoirs, une atteinte grave et manifestement illégale, en application de l'article L. 521-2 du CJA. En matière de référé liberté, le juge des référés se prononce dans un délai de quarante-huit heures ;

– Le référé mesures utiles permet au juge des référés, sur le fondement de l'article L. 521-3 du CJA, d'enjoindre à l'autorité publique, sans faire obstacle à l'exécution d'une décision administrative, de prendre des mesures conservatoires destinées à faire échec ou à mettre un terme à cette atteinte ;

– Sans qu'aucune condition d'urgence ne soit requise, le juge des référés peut ordonner la suspension de la décision administrative, positive ou négative, à l'origine de cette atteinte sur le fondement des articles L. 122-2 et L. 123-16 du Code de l'environnement.

2.2. L'annulation au fond

– Le recours pour excès de pouvoir (REP), en tant que procès fait à un acte, débouche sur la disparition rétroactive de l'acte attaqué en cas d'illégalité de ce dernier ;

– Le juge administratif peut moduler dans le temps les effets de sa décision juridictionnelle voire prononcer des injonctions d'office.

Conclusion

Synthèse : Une décision portant atteinte à l'environnement, prise par une autorité administrative, peut être contestée de façon précontentieuse voire contentieuse et, dans ce dernier cas, avec des procédures urgentes.

Ouvertures possibles :

– Le droit au logement n'est pas une liberté fondamentale (CE, juge des référés, 3 mai 2002, *Association de réinsertion sociale du Limousin et autres*, n° 245697) ni le droit « à la santé », formulé ainsi en termes généraux, mais des droits précis en matière de santé le sont comme celui du libre consentement au traitement (CE, juge des référés, 8 sept. 2005, *garde des Sceaux c. M. B.*, n° 284803) ou encore celui de recevoir les traitements et soins adaptés à son état de santé (CE, CHR, 13 déc. 2017, *M. P.*, n° 415207) ;

– CE, CHR, 17 oct. 2022, n° 428409, *Association Les amis de la Terre France et autres* : Après avoir ordonné à l'État, depuis 2017, de faire respecter les normes européennes, reprises en droit français, de qualité de l'air, le Conseil d'État le condamne à payer deux nouvelles astreintes de 10 millions d'euros pour les deux périodes allant de juillet 2021 à janvier 2022 et de janvier à juillet 2022. Si des améliorations dans la durée ont été constatées, les seuils limites de pollution au dioxyde d'azote – qui doivent être respectés depuis 2010 – restent dépassés dans plusieurs zones en France, notamment dans les agglomérations de Paris, Lyon et Marseille.

V. Exemples de questions sur le thème de la protection de l'environnement

– Quel est le premier texte européen qui reconnaît expressément le droit à l'environnement ?

– La France a-t-elle déjà été condamnée par la CJUE en matière environnementale ?

– Le droit à la vie, garanti par l'article 2 de la Convention EDH, implique-t-il le droit à un environnement sain ?

– Quelle est la valeur juridique de la Charte de l'environnement de 2004 ?

– Quelle est la portée de la Charte de l'environnement de 2004 ?

– Citez des nouveaux principes, droits et devoirs en lien avec le respect de l'environnement introduits dans le droit français par la Charte de l'environnement de 2004 ?

– Quels sont les principaux enseignements à retenir de la loi dite « Barnier » de 1995 ?

– Le public peut-il exiger accéder aux informations relatives à l'environnement détenues par les autorités publiques ? Si, oui, de quelle façon ?

– Le public a-t-il le droit de participer à l'élaboration des décisions publiques ayant une incidence sur l'environnement ? Si, oui, de quelle façon ?

– Qu'est-ce que le principe de précaution pour vous et comment s'applique-t-il ?

– Comment l'homme doit-il « contribuer à la réparation des dommages » qu'il cause à l'environnement ?

– Le préfet exerce-t-il des prérogatives de police administrative en matière environnementale ?

– La protection de l'environnement est-elle consacrée comme patrimoine commun des êtres humains, en tant qu'objectif à valeur constitutionnelle ?

– Le droit à l'environnement est-il une « liberté fondamentale » de valeur constitutionnelle ?

– Y a-t-il un droit à un environnement sain ?

– Êtes-vous pour ou contre la création d'un Défenseur de l'environnement et pourquoi ?

– Que préconisent les directives Seveso ?

– Pensez-vous que les risques technologiques sont suffisamment pris en compte en France ?

– Qu'évoque pour vous le Grenelle de l'environnement ?

– Pensez-vous comme l'ancien vice-président du Conseil d'État, en 2005, que « l'État ne peut non plus être l'assureur multirisque de toute la population » ?

– Le principe d'indépendance des législations s'applique-t-il au droit de l'environnement ?

– Quel est le rôle du droit dans la protection de l'environnement ?

– Quel intérêt présente la reconnaissance par le Conseil d'État du caractère de liberté fondamentale, au sens de l'article L. 521-2 du CJA, du droit de chacun de vivre dans un environnement équilibré et respectueux de la santé, tel que proclamé par l'article 1er de la Charte de l'environnement ?

– Donnez des exemples de libertés fondamentales, au sens des dispositions de l'article L. 521-2 du CJA ou du référé liberté ?

19 octobre 2022 : Ordonnance relative aux droits sociaux des personnes détenues

L'ordonnance n° 2022-1336 du 19 octobre 2022 a été prise en application de l'article 22 de la loi du 22 décembre 2021 pour la confiance dans l'institution judiciaire et vise à lutter contre la récidive par une meilleure préparation à l'insertion des personnes détenues.

Cette ordonnance complète les dispositions des articles 19 à 21 de la loi pour la confiance dans l'institution judiciaire et le décret n° 2022-655 du 25 avril 2022 relatif au travail des personnes détenues et modifiant le Code pénitentiaire.

Le premier volet, entré en vigueur le 1er mai 2022, a concerné la création d'une relation contractuelle entre les personnes détenues et les entreprises, les structures d'insertion et l'administration. Cette ordonnance constitue le second volet de la réforme du travail pénitentiaire en prévoyant notamment de nouveaux droits sociaux et à la formation pour les personnes détenues afin de renforcer le cadre légal du travail en prison et de permettre une meilleure réinsertion.

L'article L. 412-36 du Code pénitentiaire prévoit, depuis le 21 octobre 2022, qu'aucune personne détenue exerçant une activité de travail ne doit subir les agissements répétés de harcèlement moral qui ont pour objet ou pour effet une dégradation de ses conditions de travail susceptible de porter atteinte à ses droits et à sa dignité ou d'altérer sa santé physique ou mentale.

L'un des objectifs de ces dispositions est donc d'améliorer la dignité des personnes détenues.

I. Fondamentaux à connaître sur la protection de la dignité humaine

A. La protection de l'article 3 de la Convention EDH

La dignité humaine est protégée par l'article 3 de la Convention européenne de sauvegarde des droits de l'homme et des libertés fondamentales (ci-après « Convention EDH ») qui prévoit que nul ne peut être soumis à la torture ni à des peines ou traitements inhumains ou dégradants. Par voie de conséquence, cet article 3 de la Convention EDH interdit aux États de pratiquer la torture, ou de soumettre une personne relevant de leur juridiction à des peines ou des traitements inhumains ou dégradants. Ces dispositions de la Convention EDH ne sont pas assorties d'exceptions, ce qui est suffisamment rare pour être noté.

Il y a lieu de rappeler que la Convention EDH est entrée en vigueur le 3 mai 1953 et qu'elle a été ratifiée par 46 États, dont la France, le 3 mai 1974, qui a par ailleurs adhéré au droit de recours individuel des citoyens, le 2 octobre 1981. La Russie a été exclue du Conseil de l'Europe, le 16 mars 2022, étant précisé qu'il s'agit d'une organisation, créée le 5 mai 1949, comprenant des États membres et observateurs, qui agit en faveur du respect de la démocratie, des droits de l'homme et de l'état de droit. La Convention EDH entraîne des obligations légales pour ces États au regard du droit international et fait partie de leur droit interne. De ce fait, la Convention EDH s'impose aux juridictions nationales et à tous les représentants des pouvoirs publics. Dans des procédures internes, les individus peuvent directement invoquer ce texte et sa jurisprudence, qui doivent être appliqués par les juridictions nationales dont les juridictions françaises.

Dès l'année 2000, la CEDH a consacré le droit de toute personne incarcérée à être détenue dans des conditions assurant le respect de la dignité humaine en jugeant qu'il revient à l'État de s'assurer que les conditions de détention ne soumettent pas l'intéressé à une détresse ou à une épreuve d'une intensité qui excède le niveau inévitable de souffrance inhérent à la détention (CEDH, 26 oct. 2000, n° 30210/96, *K. c. Pologne*).

L'État français a déjà été condamné pour non-respect du principe de la dignité humaine protégé par l'article 3 de la Convention EDH, et notamment en 2013 pour les conditions de détention d'un détenu dans la maison d'arrêt Charles III de Nancy (CEDH, 25 avr. 2013, n° 40119/09, *C. c. France*). En 2015, la CEDH a jugé qu'il n'existait pas en 2012, en France, de recours effectif pour les détenus provisoires, incarcérés dans des conditions contraires à l'article 3 de la Convention EDH (CEDH, 21 mai 2015, n° 50494/12, *Y. c. France*). À retenir que la Cour a jugé, le 29 avril 2019, que le renvoi vers l'Algérie d'un étranger condamné en France pour des faits liés au terrorisme et interdit définitivement du territoire français n'emporterait pas violation de l'article 3 de la Convention EDH (CEDH, 29 avr. 2019, n° 12148/18, *A. M c. France*).

Dans sa décision n° 9671/15 et 31 autres, *J.M.B. et autres c. France* du 30 janvier 2020, la CEDH a alloué des indemnisations aux requérants et a recommandé à la France d'adopter des mesures générales afin notamment de supprimer le surpeuplement dans les établissements pénitentiaires et d'améliorer les conditions de détention. À l'origine de l'affaire se trouvent 32 requêtes dirigées contre la République française dont 29 ressortissants de cet État, un ressortissant cap-verdien, un ressortissant polonais et un ressortissant marocain, qui ont saisi la CEDH entre le 20 février 2015 et le 20 novembre 2017 en vertu de l'article 34 de la Convention EDH. Les requérants détenus dans des établissements pénitentiaires situés dans les territoires d'outre-mer (Martinique, Polynésie française, Guadeloupe) ainsi que dans les maisons d'arrêt de Nîmes, Nice et Fresnes ont allégué en particulier, en se fondant sur les articles 3, 8 et 13 de la Convention EDH, que leurs conditions de détention sont ou étaient inhumaines et dégradantes et qu'ils ne disposaient pas de recours effectif à cet égard. Dans cette affaire, la CEDH a invité la France à prendre des mesures générales pour mettre fin à la surpopulation qui gangrène les prisons françaises. En outre, constatant l'ineffectivité des voies de recours offertes aux personnes détenues, elle a recommandé à la France de mettre en place au profit des détenus un mécanisme permettant de redresser la situation dont ils sont victimes.

B. La loi n° 2021-403 du 8 avril 2021 tendant à garantir le droit au respect de la dignité en détention

Après la décision n° 2020-858/859 QPC du 2 octobre 2020, dans laquelle le Conseil constitutionnel a censuré l'alinéa 2 de l'article 144-1 du Code de procédure pénale faute d'ouvrir une possibilité de recours permettant qu'il soit mis fin à la détention provisoire au seul motif de ses conditions d'exécution contraires à la dignité humaine, dont l'abrogation était fixée au 1er mars 2021, le sénateur Jean-Noël Buffet a déposé, le 11 février 2021, une proposition de loi qui a abouti à la loi du 8 avril 2021 tendant à garantir le droit au respect de la dignité en détention.

Composée d'un article unique, cette loi insère dans le Code de procédure pénale (CPP) une nouvelle voie de recours qui permet à toute personne détenue dans un établissement pénitentiaire, qu'elle le soit à titre provisoire ou après condamnation, qu'elle soit prévenue ou définitivement condamnée, de saisir le juge judiciaire de conditions de détention qui seraient contraires à la dignité.

La procédure est précisée à l'article 803-8 du CPP nouvellement créé, auquel les articles 144-1 et 707, III renvoient. Elle est identiquement définie, que le recours soit exercé devant le juge des libertés et de la détention (JLD) par le détenu provisoire ou devant le juge de l'application des peines (JAP) par le condamné incarcéré en exécution d'une peine privative de liberté.

C. La jurisprudence des juridictions françaises

Dans sa décision n° 2004-343 et 344 DC du 27 juillet 1994, le Conseil constitutionnel a élevé le principe de la sauvegarde de la dignité de la personne humaine au niveau constitutionnel. Le juge administratif a ensuite fait application de ce principe dans les décisions n° 212813 du 29 décembre 2000 et n° 222741 du 26 novembre 2001.

Le Conseil constitutionnel a été saisi le 27 janvier 2021 par le Conseil d'État (décision n° 445873 du même jour) d'une question prioritaire de constitutionnalité (QPC) posée par l'association « Section française de l'observatoire international des prisons » relative à la conformité aux droits et libertés que la Constitution garantit des articles 707, 723-1 et 723-7 CPP, dans leur rédaction résultant de la loi n° 2019-222 du 23 mars 2019 de programmation 2018-2022 et de réforme pour la justice, et des articles 720-1, 720-1-1 et 729 du même code. Dans sa décision n° 2021-898 QPC du 16 avril 2021, le Conseil a déclaré contraire à la Constitution le paragraphe III de l'article 707 CPP, dans sa rédaction résultant de la loi du 23 mars 2019.

Dans un arrêt de section n° 412010 du 3 décembre 2018, *M. B.*, le Conseil d'État a jugé qu'en raison de la situation d'entière dépendance des personnes détenues vis-à-vis de l'administration pénitentiaire, l'appréciation du caractère attentatoire à la dignité des conditions de détention dépend notamment de leur vulnérabilité, appréciée compte tenu de leur âge, de leur état de santé, de leur personnalité et, le cas échéant, de leur handicap, ainsi que de la nature et de la durée des manquements constatés et eu égard aux contraintes qu'implique le maintien de la sécurité et du bon ordre dans les établissements pénitentiaires. Les conditions de détention s'apprécient au regard de l'espace de vie individuel réservé aux personnes détenues, de la promiscuité engendrée, le cas échéant, par la suroccupation des cellules, du respect de l'intimité à laquelle peut prétendre tout détenu, dans les limites inhérentes à la détention, de la configuration des locaux, de l'accès à la lumière, de l'hygiène et de la qualité des installations sanitaires et de chauffage. Seules des conditions de détention qui porteraient atteinte à la dignité humaine, appréciées à l'aune de ces critères et des articles D. 349 à D. 351 du CPP, révèlent l'existence d'une faute de nature à engager la responsabilité de la puissance publique. Une telle atteinte, si elle est caractérisée, est de nature à engendrer, par elle-même, un préjudice moral pour la personne qui en est la victime qu'il incombe à l'État de réparer. À conditions de détention constantes, le seul écoulement du temps aggrave l'intensité du préjudice subi. Le préjudice moral subi par un détenu à raison de conditions de détention attentatoires à la dignité humaine revêt un caractère continu et évolutif. Par ailleurs, rien ne fait obstacle à ce que ce préjudice soit mesuré dès qu'il a été subi. Il s'ensuit, enfin, que la créance indemnitaire qui résulte de ce préjudice doit être rattachée, dans la mesure où il s'y rapporte, à chacune des années au cours desquelles il a été subi.

Pour l'application de l'article L. 521-2 (référé-liberté) du CJA, le droit au respect de la vie, le droit de ne pas être soumis à des traitements inhumains ou dégradants ainsi que le droit de recevoir les traitements et les soins appropriés à son état de santé constituent des libertés fondamentales au sens des dispositions de cet article.

Dans l'arrêt n° 20-81739 du 8 juillet 2020, la chambre criminelle de la Cour de cassation a jugé qu'il appartient au juge national, chargé d'appliquer la Convention EDH, de tenir compte, sans attendre une éventuelle modification des textes législatifs ou réglementaires, de la décision de la CEDH condamnant la France pour le défaut de recours préventif permettant de mettre fin à des conditions de détention indignes. Et comme cela a été rappelé précédemment, le Conseil constitutionnel, en réponse à une QPC transmise par la Cour de cassation, a décidé que la loi qui ne garantissait pas la possibilité de saisir le juge judiciaire de conditions de détention contraires à la dignité de la personne humaine était contraire à la Constitution dans sa décision n° 2020-858/859 QPC du 2 octobre 2020. Après quoi, le législateur a institué un recours spécifique et autonome devant le JLD, qui est ouvert au justiciable depuis le 1er octobre 2021, par la loi n° 2021-403 du 8 avril 2021 tendant à garantir le droit au respect de la dignité en détention dont le décret d'application est le décret n° 2021-1194 du 15 septembre 2021 relatif au recours prévu à l'article 803-8 du Code de procédure pénale et visant à garantir le droit au respect de la dignité en détention.

II. Les apports de l'ordonnance n° 2022-1336 du 19 octobre 2022 relative aux droits sociaux des personnes détenues

Selon le compte rendu du conseil des ministres du 19 octobre 2022, cette ordonnance, prise sur le fondement de l'article 22 de la loi du 22 décembre 2021 pour la confiance dans l'institution judiciaire habilitant le gouvernement à légiférer par ordonnance, constitue le second volet de la réforme du travail pénitentiaire qui poursuit deux objectifs, à savoir, lutter plus efficacement contre la récidive et permettre une meilleure réinsertion, d'une part, en renforçant le cadre légal de travail des personnes détenues par l'ouverture de droits sociaux et, d'autre part, en les préparant au milieu professionnel ainsi qu'en accompagnant les entreprises proposant une offre de travail en détention.

A. L'ouverture de nouveaux droits sociaux au bénéfice des personnes détenues qui exercent un travail en détention

Ces nouveaux droits sociaux sont accordés aux personnes détenues qui exercent un travail en détention dès lors qu'ils sont utiles à leur réinsertion en couvrant un certain nombre de risques et en ouvrant ou en renforçant des droits assuranciels.

L'ouverture, au titre des cotisations versées par les personnes détenues et leurs employeurs, d'un ensemble de droits (assurances vieillesse, chômage, maternité), permet à ces personnes, dont la précarité est souvent un facteur de récidive, de bénéficier de ressources financières minimales (art. 1 à 8 de l'ord.). Il crée aussi des droits à la formation, comme pour l'ensemble de la population, via le compte personnel de formation, au profit d'un public présentant globalement de faibles niveaux de qualification (art. 10 à 12 de l'ord.). L'objectif là encore est de favoriser la réinsertion et de lutter contre la récidive.

Les personnes détenues bénéficient également dorénavant de la couverture standard prévue par le droit commun concernant les risques liés aux activités de travail (accidents du travail, maladies professionnelles, rentes d'invalidité) (art. 13 de l'ord.).

B. Des moyens renforcés au bénéfice du respect des droits sociaux des personnes détenues qui exercent un travail en détention

D'une part, les prérogatives et moyens de l'inspection du travail en établissement pénitentiaire sont renforcés (art. 14 de l'ord.) ainsi que ceux de la médecine du travail (art. 18 de l'ord.).

D'autre part, l'ordonnance prévoit également que des marchés ou des lots d'un marché peuvent être réservés à des opérateurs économiques qui les exécutent dans le cadre des activités de production de biens et de services qu'ils réalisent en établissement pénitentiaire et qui font travailler à ce titre, dans les conditions prévues aux articles L. 412-10 à L. 412-18 du Code pénitentiaire, des personnes détenues dans une proportion minimale fixée par voie réglementaire, en application de l'article L. 2113-13-1 du Code de la commande, créé à cette occasion (art. 19 de l'ord.).

C. Un intérêt spécifique porté aux personnes détenues en situation de handicap

Dans le but d'élargir les modalités d'accès au travail en détention et afin de favoriser la prise en charge de tous les publics, y compris les personnes détenues en situation de handicap, l'ordonnance autorise l'implantation d'établissements ou services d'aide par le travail (ESAT) dans les locaux de l'administration pénitentiaire (art. 16 à 17 de l'ord.).

D. Un renforcement de la lutte contre les discriminations et le harcèlement

Cette ordonnance instaure des mesures de lutte contre les discriminations et le harcèlement dès lors que l'article L. 412-24 du Code pénitentiaire prévoit qu'aucune personne détenue ne peut être écartée d'une procédure de classement au travail ou d'affectation sur un poste de travail, voir le contrat d'emploi pénitentiaire qu'elle a conclu suspendu ou résilié, ou faire l'objet, pour son activité de travail, d'une mesure discriminatoire directe ou indirecte, telle que définie à l'article 1er de la loi n° 2008-496 du 27 mai 2008 portant diverses dispositions d'adaptation au droit communautaire dans le domaine de la lutte contre les discriminations, pour les motifs énumérés par l'article L. 1132-1 du Code du travail (art. 15 de l'ord.).

E. Un encouragement à généraliser la mixité des activités en détention

L'ordonnance prévoit à son article 9 la mixité des activités en détention, sous réserve du maintien du bon ordre et de la sécurité en modifiant la rédaction de l'article L. 411-3 du Code pénitentiaire.

III. Corpus juridique de référence

– Constitution française du 4 oct. 1958

– Convention EDH, notamment art. 2, 3 et 8

– Déclaration universelle des droits de l'homme du 10 déc. 1948, notamment son préambule

– Charte des droits fondamentaux de l'Union européenne du 7 déc. 2000, notamment son art. 1er (elle est devenue contraignante juridiquement avec la ratification du traité de Lisbonne)

– CJCE, 14 oct. 2004, n° C-36/02, affaire *Omega* (la dignité humaine constitue un PGD pour la Cour)

– CJUE, 2 juill. 2020, n° C-18/19, *W. M.* (autorisation de placement en rétention dans les établissements pénitentiaires en cas de menace pour l'ordre public et la sécurité publique)

– CEDH, 22 nov. 1995, n° 20166/92, *SW c. Royaume-Uni et C.R. c. Royaume-Uni* (le respect de la dignité et de la liberté humaines est l'essence même des objectifs fondamentaux de la Convention)

– CEDH, gde ch., 26 oct. 2000, n° 30210/96, *K. c. Pologne*

– CEDH, 31 juill. 2001, n° 41340/98, *Parti de la prospérité c. Turquie* (les droits de l'homme constituent un système intégré visant à protéger la dignité de l'être humain)

– CEDH, 25 avr. 2013, n° 40119/09, *C. c. France*

– CEDH, 21 mai 2015, n° 50494/12, *Y. c. France*

– CEDH, 20 oct. 2016, n° 7334/13, *M. c. Croatie* (la CEDH confirme que 3 m^2 de surface au sol par détenu constitue la norme de référence pour apprécier les conditions de détention en cellule collective)

– CEDH, 29 avr. 2019, n° 12148/18, *A. M c. France*

– CEDH, 30 janv. 2020, n° 9671/15, *J.M.B. et autres c. France*, et 31 autres (condamnation de la France pour conditions de détention indignes)

– CEDH, 14 mai 2020, n° 5499/15, *Cyril A. c. France* (la CEDH estime que le maintien en isolement du requérant détenu en prison n'a pas violé l'art. 3 de la Convention et déclare donc la requête irrecevable. En effet, l'état de santé du requérant ne justifiait pas, en tout état de cause, le recours à une évaluation de son aptitude à être placé à l'isolement après sa sortie de l'unité psychiatrique d'hospitalisation (UPH). Son état de santé ne nécessitait pas non plus des aménagements de sa détention. Enfin, la CEDH estime que le requérant avait bénéficié des garanties procédurales minimales requises en la matière, visant à éviter tout risque de décision arbitraire)

– Cons. const., 27 juill. 1994, n° 94-343/344 DC, *Loi relative au respect du corps humain et loi relative au don et à l'utilisation des éléments et produits du corps humain, à l'assistance médicale à la procréation et au diagnostic prénatal* (la dignité humaine est érigée en principe à valeur constitutionnelle)

– Cons. const., 26 juin 2020, n° 2020-846/847/848 QPC, *M. Oussman G. et autres* (le Conseil constitutionnel juge conformes à la Constitution les dispositions réprimant la violation réitérée du confinement, auquel le pouvoir réglementaire ne peut aménager d'exceptions que strictement proportionnées aux risques sanitaires encourus et appropriées aux circonstances de temps et de lieu)

– Cons. const., 3 juill. 2020, n° 2020-851/852 QPC, *M. Sofiane A. et autres* (le Conseil constitutionnel déclare conformes à la Constitution des dispositions d'habilitation de la loi du 23 mars 2020 d'urgence pour faire face à l'épidémie de covid-19, mais juge qu'elles ne pouvaient dispenser le gouvernement de respecter les exigences de l'article 66 de la Constitution s'agissant notamment de l'intervention du juge judiciaire en cas de prolongation d'une détention provisoire)

– Cons. const., 16 avr. 2021, n° 2021-898 QPC, *Section française de l'observatoire international des prisons* (conditions d'incarcération des détenus – le Conseil déclare contraire à la Constitution le paragraphe III de l'article 707 du CPP, dans sa rédaction résultant de la loi du 23 mars 2019)

– Cons. const., 2 oct. 2020, n° 2020-858/859 QPC, *Conditions d'incarcération des détenus prévenus*

– Code pénitentiaire

– Loi du 9 déc. 1905 concernant la séparation des Églises et de l'État

– Loi n° 2007-1545 du 30 oct. 2007 modifiée instituant un Contrôleur général des lieux de privation de liberté

– Loi n° 2009-1436 du 24 nov. 2009 pénitentiaire

– Loi n° 2019-222 du 23 mars 2019 de programmation 2018-2022 et de réforme pour la justice

– Loi n° 2020-290 du 23 mars 2020 d'urgence pour faire face à l'épidémie de covid-19

– Loi n° 2021-403 du 8 avr. 2021 tendant à garantir le droit au respect de la dignité en détention

– Loi n° 2021-1729 du 22 déc. 2021 pour la confiance dans l'institution judiciaire

– Loi n° 2022-92 du 31 janv. 2022 interdisant les pratiques visant à modifier l'orientation sexuelle ou l'identité de genre d'une personne

– Ordonnance n° 2022-1336 du 19 oct. 2022 relative aux droits sociaux des personnes détenues

– Décret n° 2021-1194 du 15 sept. 2021 relatif au recours prévu à l'article 803-8 du Code de procédure pénale et visant à garantir le droit au respect de la dignité en détention

– Décret n° 2022-655 du 25 avril 2022 relatif au travail des personnes détenues et modifiant le Code pénitentiaire

– CE, ass., 27 oct. 1995, n° 136727, *Commune de Morsang-sur-Orge* (affaire dans laquelle la sauvegarde de la dignité de la personne humaine constitue un motif d'ordre public justifiant une mesure de police et non un motif susceptible d'entacher une telle mesure d'illégalité)

– CE, 29 déc. 2000, n° 212813, *D.* (application du principe de sauvegarde de la dignité de la personne humaine)

– CE, 26 nov. 2001, n° 222741, *Association Liberté Information Santé et autres* (application du principe de sauvegarde de la dignité de la personne humaine)

– CE, 3 déc. 2010, n° 334683, *Mme S.* (le juge administratif exerce un contrôle normal sur le point de savoir si un décret d'extradition a méconnu le principe de sauvegarde de la dignité de la personne humaine)

– CE, sect., 3 déc. 2018, n° 412010, *M. B.* (le Conseil d'État apporte des précisions sur l'appréciation et l'indemnisation du préjudice moral résultant du caractère attentatoire à la dignité des détenus)

– CE, juge des référés, 8 avr. 2020, n° 439827, *Section française de l'Observatoire international des prisons et autres*

– CE, juge des référés, 7 mai 2020, n° 440151, *garde des Sceaux, ministre de la Justice c. l'Ordre des avocats du barreau de Martinique*

– CE, CHR, 19 oct. 2020, n° 439372, *garde des Sceaux, ministre de la Justice c. Section française de l'Observatoire international des prisons* (seul le législateur peut faire évoluer l'office du juge du référé-liberté pour en faire une voie de recours effective pour remédier à des conditions de détention contraires à la dignité humaine)

– CE, 30 nov. 2020, n° 431775, *Section française de l'Observatoire international des prisons* (les détenus qui travaillent n'ont pas droit à des congés payés)

– Cass. crim., 8 juill. 2020, n° 20-81739 (dans le prolongement de l'arrêt *J.M.B. et autres c. France* de la CEDH, la Cour de cassation procède à un infléchissement sérieux de sa jurisprudence antérieure et juge qu'une atteinte à la dignité de la personne en raison des conditions de détention peut constituer un obstacle légal au placement ou au maintien en détention provisoire)

– Cass. crim., 20 oct. 2021, n° 21-84498 (encourt la censure l'arrêt qui, pour écarter le moyen soulevé avant l'entrée en vigueur de l'article 803-8 du CPP et contenant une description circonstanciée des conditions de détention, n'apprécie pas le caractère précis, crédible et actuel de celle-ci, s'arrête au fait que le rapport du contrôleur général des lieux de privation de liberté produit par le demandeur décrivait des conditions antérieures à son incarcération et exige qu'il démontre le caractère indigne de ses conditions personnelles de détention)

IV. Exemple de sujet avec son corrigé portant sur les droits fondamentaux et libertés fondamentales des personnes détenues

Sujet : Soutenez que les droits fondamentaux et libertés fondamentales des personnes détenues se sont améliorés.

Introduction

Accroche : L'ordonnance n° 2022-1336 du 19 octobre 2022 relative aux droits sociaux des personnes détenues qui a été prise en application de l'article 22 de la loi du 22 décembre 2021 pour la confiance dans l'institution judiciaire vise à lutter contre la récidive par une meilleure préparation à l'insertion des personnes détenues.

Définitions : Droits fondamentaux et libertés fondamentales : l'article 34 de la Constitution française de 1958 prévoit que la loi fixe notamment les règles concernant les droits civiques et les garanties fondamentales accordées aux citoyens pour l'exercice des libertés publiques (la liberté, le pluralisme et l'indépendance des médias, les sujétions imposées par la défense nationale aux citoyens en leur personne et en leurs biens) (...) ; les garanties fondamentales accordées aux fonctionnaires civils et militaires de l'État ; et détermine les principes fondamentaux sans toutefois mentionner la notion de « droits fondamentaux » et, par voie de conséquence, sans dresser une liste exhaustive de ces droits. L'article 13 de la Constitution évoque la garantie des droits et libertés en abordant ce que détermine une loi organique.

Il y a lieu de préciser que le sujet concerne seulement les personnes détenues dans des établissements relevant de l'administration pénitentiaire qui sont à distinguer des personnes retenues des centres de rétention administrative (CRA) qui relèvent du ministère de l'Intérieur et de l'outre-mer. La classification des générations de droits, qui ont évolué en réponse aux changements sociétaux, peut être utilisée pour structurer la démonstration de l'amélioration des droits fondamentaux et libertés fondamentales des personnes détenues.

Intérêt du sujet : Aborder l'amélioration des droits fondamentaux et libertés fondamentales des personnes détenues au travers des générations de droits en gardant en mémoire la question de dignité de la personne humaine.

Annonce du plan

I. L'accroissement des droits de première génération des personnes détenues

Annonce des deux sous-parties

1.1. L'amélioration des droits civils des personnes détenues

– Jusqu'au milieu du XXe siècle, le détenu n'avait aucun statut juridique.

– La loi du 9 décembre 1905 concernant la séparation des Églises et de l'État reconnaît la liberté religieuse et garantit le libre exercice du culte et, pour permettre aux détenus de pratiquer leur religion, l'administration pénitentiaire prend en charge les dépenses relatives aux services d'aumôneries dans les prisons.

– Abolition de la peine de mort en France par la loi n° 81-908 du 9 octobre 1981.

– Fin de l'automaticité de la perte des droits civiques de certains condamnés avec l'entrée en vigueur du nouveau Code pénal en mars 1994.

– Possibilité de contester les sanctions disciplinaires devant le juge administratif depuis le revirement de jurisprudence en 1995 du Conseil d'État avec un arrêt d'assemblée n° 97754 du 17 février 1995 (les sanctions disciplinaires des personnes détenues ne sont plus regardées comme une mesure d'ordre intérieur).

– Instauration de peines alternatives à l'emprisonnement ou à la privation de la liberté d'aller et de venir avec la création du travail d'intérêt général (TIG) ; la loi du 23 mars 2019 de programmation 2018-2022 et de réforme pour la justice a créé une nouvelle peine autonome remplaçant la prison, à savoir la peine de détention à domicile sous surveillance électronique d'une durée de 15 jours à 6 mois.

– Instauration d'un recours effectif par la loi 8 avril 2021 tendant à garantir le droit au respect de la dignité en détention qui crée un dispositif afin de garantir à tous les détenus un recours devant le juge judiciaire en cas de conditions indignes de détention, devant le JLD en cas de détention provisoire et devant le JAP en cas de condamnation.

1.2. L'amélioration des droits politiques des personnes détenues

– Avant l'entrée en vigueur du nouveau Code pénal en mars 1994, certains condamnés étaient automatiquement et à perpétuité privés de leurs droits civiques et donc de leur droit de vote. Depuis 1994, cette automaticité n'a plus lieu et la perte des droits est une peine complémentaire qui doit être décidée par la juridiction de jugement. De plus, elle est désormais limitée à cinq ans maximum pour les délits et à dix ans maximum pour les crimes. Depuis 2009, en vertu de l'article 30 de la loi pénitentiaire, les détenus, qui n'ont pas de domicile personnel, peuvent se domicilier au sein de l'établissement pénitentiaire pour l'exercice de leur droit de vote.

– Si les personnes détenues peuvent voter par correspondance, par procuration ou en se rendant au bureau de vote, ce droit de vote n'était quasiment pas exercé par les détenus (à titre d'illustration, leur taux de participation au premier tour de l'élection présidentielle de 2017 a été seulement de 2 %).

– Le vote par correspondance ouvert aux personnes détenues :

• La loi n° 2019-222 du 23 mars 2019 de programmation 2018-2022 et de réforme de la justice comprend un chapitre IV portant sur le droit de vote des détenus dont l'article 87 prévoit notamment que, pour l'application des chapitres Ier, VI et IX de la loi n° 77-729 du 7 juillet 1977 relative à l'élection des représentants au Parlement européen, les personnes placées en détention provisoire et les détenus purgeant une peine n'entraînant pas une incapacité électorale qui sont incarcérés dans un établissement pénitentiaire situé sur le territoire de la République peuvent, à leur demande et s'ils sont inscrits sur une liste électorale, voter par correspondance sous pli fermé à l'élection des représentants au Parlement européen de mai 2019, dans des conditions permettant de respecter le caractère secret et personnel du vote, la sincérité du scrutin ainsi que la sécurité et la sûreté des personnes concernées.

• La loi organique n° 2021-335 du 29 mars 2021 portant diverses mesures relatives à l'élection du président de la République fixe les modalités selon lesquelles les personnes détenues, placées en détention provisoire ou exécutant une peine n'entraînant pas une incapacité électorale, peuvent voter par correspondance, sous pli fermé, à l'élection du président de la République.

Transition : La situation des personnes détenues s'est améliorée non seulement au titre des droits de première génération mais aussi en ce qui concerne les droits de deuxième génération.

II. L'accroissement des droits de deuxième génération des personnes détenues

Annonce des deux sous-parties

2.1. L'amélioration des droits sociaux des personnes détenues

– En ce qui concerne les droits familiaux : le droit de se marier sans autorisation depuis 1974 et le droit de conclure un pacte civil de solidarité (PACS) dans un établissement pénitentiaire depuis la loi pénitentiaire de 2009 ; un droit de visite accordé aux familles des détenus (les prévenus peuvent être visités par les membres de leur famille au moins trois fois par semaine et les condamnés au moins une fois par semaine) ; la loi pénitentiaire de 2009 prévoit également le rapprochement familial pour les prévenus.

– En ce qui concerne le droit à la santé : la loi du 18 janvier 1994 relative à la santé publique et à la protection sociale a profondément rénové le dispositif de soins dans les établissements pénitentiaires en recherchant à offrir aux détenus une qualité et une continuité de soins équivalentes à celles dont dispose l'ensemble de la population.

– En ce qui concerne le droit à l'éducation : l'article D. 450 du Code de procédure pénale prévoit, dès le 2 mars 1959, que l'éducation doit être considérée comme un droit en prison, droit que peut faire valoir toute personne incarcérée en prévoyant que : « Les détenus doivent acquérir ou développer les connaissances qui leur seront nécessaires après leur libération en vue d'une meilleure adaptation sociale. / Toutes facilités compatibles avec les exigences de la discipline et de la sécurité doivent être données à cet effet aux détenus aptes à profiter d'un enseignement scolaire et professionnel et, en particulier, aux plus jeunes ».

2.2. L'amélioration des droits économiques et culturels des personnes détenues

– La CEDH a confirmé dans un arrêt du 20 octobre 2016 que 3 m^2 de surface au sol par détenu constitue la norme de référence pour apprécier les conditions de détention en cellule collective (CEDH, 20 oct. 2016, *M. c. Croatie*, n° 7334/13).

– Entrées en vigueur le 1er mai 2022, les dispositions des articles 19 à 21 de la loi du 22 décembre 2021 pour la confiance dans l'institution judiciaire et le décret n° 2022-655 du 25 avril 2022 relatif au travail des personnes détenues et modifiant le Code pénitentiaire ont concerné la création d'une relation contractuelle entre les personnes détenues et les entreprises, les structures d'insertion et l'administration.

– L'ordonnance du 19 octobre 2022 relative aux droits sociaux des personnes détenues renforce la protection sociale des détenus qui travaillent ou qui suivent une formation professionnelle en prison. L'ordonnance prévoit également la généralisation de la mixité dans le cadre du travail en prison et la possibilité de création de nouveaux établissements ou services d'aide par le travail (ESAT) dans les établissements pénitentiaires.

Conclusion

Synthèse : Les droits fondamentaux et libertés fondamentales des personnes détenues se sont progressivement améliorés et ces dernières peuvent se prévaloir d'un certain nombre de droits fondamentaux prévus par les textes internationaux et le droit positif français.

Ouvertures possibles :

– Aborder les droits de troisième génération aux personnes détenues qui incluent les droits à un développement durable, à l'autodétermination et à un environnement sain ;

– Si les droits des détenus ne cessent de progresser, toutefois, reconnaissance ne veut pas dire effectivité. La Commission nationale consultative des droits de l'homme (CNCDH) a remis, le 24 mars 2022, un avis sur l'effectivité des droits fondamentaux en prison. Selon la Commission, il est « urgent » d'agir pour le respect des droits des détenus dans les prisons françaises.

V. Exemples de questions sur le thème de la dignité des personnes détenues

– Quels sont les principaux apports de l'ordonnance du 19 octobre 2022 en matière de droits sociaux des personnes détenues ?

– Les établissements ou services d'aide par le travail (ESAT) peuvent-ils s'implanter dans les locaux de l'administration pénitentiaire ?

– Qu'est-ce que l'ordonnance du 19 octobre 2022 relative aux droits sociaux des personnes détenues a prévu pour rendre le travail en détention attractif ?

– Pouvez-vous nous indiquer les principaux points abordés par l'avis de la Commission nationale consultative des droits de l'homme (CNCDH) portant sur l'effectivité des droits fondamentaux en prison, remis le 24 mars 2022 ?

– Quels ont été les apports de la loi du 22 décembre 2021 pour la confiance dans l'institution judiciaire en matière de travail pénitentiaire ?

– Quels sont dorénavant les recours juridictionnels ouverts aux personnes détenues en cas de conditions indignes de détention ?

– Pouvez-vous nous rappeler quelques recommandations du rapport de 2021 du Défenseur des droits portant sur « Les droits fondamentaux des personnes âgées accueillies en EHPAD » ?

– Quelle est la surface au sol par détenu qui constitue la norme de référence pour apprécier les conditions de détention en cellule collective ?

– Quelle est l'influence du principe de dignité humaine sur l'évolution du droit public de la vie en détention ?

– Qu'est-ce que représente pour vous le respect de la dignité humaine ?

– Des fouilles de détenus par le personnel de l'administration pénitentiaire peuvent-elles être attentatoires à la dignité humaine ?

– Quelle est la valeur juridique du principe de sauvegarde de la dignité humaine ?

– Auprès de quel juge et comment un détenu peut-il demander l'indemnisation du préjudice moral qu'il estime avoir subi du fait du caractère attentatoire à sa dignité de ses conditions de détention ?

– La France a-t-elle été condamnée par des juridictions pour non-respect du principe de la dignité humaine ? Si tel est le cas, donnez des exemples.

– Un arrêté municipal peut-il interdire un spectacle au motif qu'il comporte des propos portant atteinte à la dignité humaine ?

– Quel est le rôle du Contrôleur général des lieux de privation de liberté ?

– À quoi sert la Cour européenne des droits de l'homme ?

– La Charte des droits fondamentaux de l'Union européenne est-elle contraignante juridiquement ?

– Pourquoi le Conseil d'État juge-t-il des affaires en « assemblée du contentieux » ?

– Quelles sont les différentes formations de jugement de la Cour de cassation et du Conseil d'État ?

10 novembre 2022 : Les médecins peuvent écarter les directives anticipées d'un patient en fin de vie

Le Conseil constitutionnel juge conformes à la Constitution des dispositions législatives relatives aux conditions dans lesquelles un médecin est susceptible d'écarter les directives anticipées d'un patient en fin de vie.

Le Conseil constitutionnel a été saisi le 22 août 2022 par le Conseil d'État d'une question prioritaire de constitutionnalité (QPC) relative à la conformité aux droits et libertés que la Constitution garantit du troisième alinéa de l'article L. 1111-11 du Code de la santé publique (CSP).

L'article L. 1111-11 du CSP prévoit que toute personne majeure peut rédiger des directives anticipées relatives à sa fin de vie, qui s'imposent en principe au médecin, pour le cas où elle serait un jour hors d'état d'exprimer sa volonté en ce qui concerne les conditions de la poursuite, de la limitation, de l'arrêt ou du refus de traitement ou d'acte médicaux. Or, le troisième alinéa de cet article permet au médecin d'écarter ces directives anticipées notamment lorsqu'elles apparaissent manifestement inappropriées ou non conformes à la situation médicale du patient.

Le Conseil constitutionnel confirme que les médecins peuvent aller à l'encontre des directives anticipées concernant la fin de vie transmises par un patient, lorsque celui-ci est dans un état grave, jugé désespéré, par une décision n° 2022-1022 QPC du 10 novembre 2022.

I. Le contexte des lois bioéthiques

La loi n° 2021-1017 relative à la bioéthique s'inscrit dans le cadre juridique français de la bioéthique dans le prolongement des trois lois de juillet 1994 (n° 94-548 du 1er juillet 1994, n° 94-653 et n° 94-654 du 29 juillet 1994), de la loi n° 2004-800 du 6 août 2004 relative à la bioéthique du 6 août 2004 et de la loi n° 2011-814 du 7 juillet 2011 relative à la bioéthique.

Les lois de bioéthique de 1994 ont affirmé les principes généraux de protection de la personne humaine et, en particulier, en matière d'assistance médicale à la procréation. Ces lois de bioéthique ont été révisées en 2004 en interdisant notamment le clonage, reproductif ou thérapeutique, la recherche sur l'embryon et les cellules embryonnaires, par principe, tout en autorisant, par dérogation, les recherches sur l'embryon et les cellules embryonnaires, pour une période limitée à cinq ans si elles sont susceptibles de permettre des progrès thérapeutiques majeurs. À cette occasion, a été créée une Agence de la biomédecine. Le réexamen de cette loi de bioéthique de 2004, prévu par le Parlement dans un délai de cinq ans, a abouti à la loi de bioéthique de 2011 qui a donné une nouvelle définition des modalités et les critères permettant d'autoriser les techniques d'assistance médicale à la procréation ainsi que d'encadrer leur amélioration. L'article 47 de cette même loi prévoit un nouvel examen d'ensemble par le Parlement dans un délai maximal de sept ans après son entrée en vigueur, ce qui donne lieu à ce projet de loi présenté en conseil des ministres le 24 juillet 2019.

Le réexamen périodique des lois de bioéthique est imposé par le législateur français et logiquement rendu nécessaire par l'évolution de la science, du droit et de la société.

II. Les directives anticipées

A. L'origine des directives anticipées

L'article 7 de la loi n° 2005-370 du 22 avril 2005 relative aux droits des malades et à la fin de vie, dite « loi Leonetti », a inséré dans le CSP un article L. 1111-11 ainsi rédigé : « Toute personne majeure peut rédiger des directives anticipées pour le cas où elle serait un jour hors d'état d'exprimer sa volonté. Ces directives anticipées indiquent les souhaits de la personne relatifs à sa fin de vie concernant les conditions de la limitation ou l'arrêt de traitement. Elles sont révocables à tout moment. À condition qu'elles aient été établies moins de trois ans avant l'état d'inconscience de la personne, le médecin en tient compte pour toute décision d'investigation, d'intervention ou de traitement la concernant. Un décret en Conseil d'État définit les conditions de validité, de confidentialité et de conservation des directives anticipées ».

Le décret n° 2006-119 du 6 février 2006 relatif aux directives anticipées prévues par la loi n° 2005-370 du 22 avril 2005 relative aux droits des malades et à la fin de vie et modifiant le Code de la santé publique (dispositions réglementaires) a complété le chapitre Ier du titre Ier du livre Ier de la première partie du CSP d'une section 2 intitulée « Expression de la volonté relative à la fin de vie » comprenant les articles R. 1111-17 à R. 1111-20. L'article R. 1111-17 a défini les directives anticipées mentionnées à l'article L. 1111-11 du CSP comme un document écrit, daté et signé par leur auteur dûment identifié par l'indication de ses nom, prénom, date et lieu de naissance. Toutefois lorsque l'auteur de ces directives, bien qu'en état d'exprimer sa volonté, est dans l'impossibilité d'écrire et de signer lui-même le document, il peut demander à deux témoins, dont la personne de confiance lorsqu'elle est désignée en application de l'article L. 1111-6 du même code, d'attester que le document qu'il n'a pu rédiger lui-même est l'expression de sa volonté libre et éclairée. Ces témoins indiquent leur nom et qualité et leur attestation est jointe aux directives anticipées. Le médecin peut, à la demande du patient, faire figurer en annexe de ces directives, au moment de leur insertion dans le dossier de ce dernier, une attestation constatant qu'il est en état d'exprimer librement sa volonté et qu'il lui a délivré toutes informations appropriées.

Le décret n° 2016-1066 du 3 août 2016 modifiant le code de déontologie médicale et relatif aux procédures collégiales et au recours à la sédation profonde et continue jusqu'au décès prévus par la loi n° 2016-87 du 2 février 2016 créant de nouveaux droits en faveur des malades et des personnes en fin de vie a fixé les conditions dans lesquelles le médecin peut refuser l'application des directives anticipées du patient, lorsqu'elles apparaissent manifestement inappropriées ou non conformes à la situation médicale, en créant quatre articles après l'article R. 4127-37 du CSP, à savoir les articles R. 4127-37-1 à R. 4127-37-4.

L'article 5 de l'ordonnance n° 2020-232 du 11 mars 2020 relative au régime des décisions prises en matière de santé, de prise en charge ou d'accompagnement social ou médico-social à l'égard des personnes majeures faisant l'objet d'une mesure de protection juridique a modifié le dernier alinéa de l'article L. 1111-11 du CSP en remplaçant les mots : « tutelle, au sens du chapitre II du titre XI du livre Ier du Code civil, » par : « protection juridique avec représentation relative à la personne », et « le tuteur » par « la personne chargée de la mesure de protection ».

B. L'expression de la volonté des malades refusant un traitement et de malades en fin de vie

En droit positif, elle est définie aux articles L. 1111-11 et L. 1111-12 du CSP.

L'article L. 1111-11 du CSP prévoit notamment que toute personne majeure peut rédiger des directives anticipées pour le cas où elle serait un jour hors d'état d'exprimer sa volonté et que ces directives anticipées expriment la volonté de la personne relative à sa fin de vie en ce qui concerne les conditions de la poursuite, de la limitation, de l'arrêt ou du refus de traitement ou d'acte médicaux. Les directives anticipées sont révisables et révocables à tout moment et par tout moyen et peuvent être rédigées conformément à un modèle dont le contenu a été modifié par l'article 2 du décret n° 2021-684 du 28 mai 2021 relatif au régime des décisions prises en matière de santé, de prise en charge ou d'accompagnement social ou médico-social à l'égard des personnes majeures faisant l'objet d'une mesure de protection juridique et codifié à l'article R. 1111-18 du CSP. Ledit modèle est annexé à l'arrêté du 3 août 2016 relatif au modèle de directives anticipées prévu à l'article L. 1111-11 du CSP et comporte deux versions prévoyant deux situations : celle des personnes ayant une maladie grave ou qui sont en fin de vie au moment où elles rédigent leurs directives anticipées et celle des personnes qui pensent être en bonne santé au moment où elles les rédigent.

Le troisième alinéa de l'article L. 1111-11 du CSP, objet de la QPC en question du Conseil constitutionnel, prévoit que les directives anticipées s'imposent au médecin pour toute décision d'investigation, d'intervention ou de traitement, sauf en cas d'urgence vitale pendant le temps nécessaire à une évaluation complète de la situation et lorsque les directives anticipées apparaissent manifestement inappropriées ou non conformes à la situation médicale.

Les modalités de conservation des directives anticipées sont précisées à l'article R. 1111-18 du CSP et l'article R. 1111-17 détermine qu'en présence de plusieurs écrits, répondant aux conditions de validité, c'est le document le plus récent qui l'emporte.

La décision de refus d'application des directives anticipées, jugées par le médecin manifestement inappropriées ou non conformes à la situation médicale du patient, est prise à l'issue d'une procédure collégiale définie par voie réglementaire et est inscrite au dossier médical. Elle est portée à la connaissance de la personne de confiance désignée par le patient ou, à défaut, de la famille ou des proches.

L'article L. 1111-12 du CSP prévoit que, lorsqu'une personne, en phase avancée ou terminale d'une affection grave et incurable, quelle qu'en soit la cause, est hors d'état d'exprimer sa volonté, le médecin a l'obligation de s'enquérir de l'expression de la volonté exprimée par le patient. En l'absence de directives anticipées mentionnées à l'article L. 1111-11 du même code, il recueille le témoignage de la personne de confiance ou, à défaut, tout autre témoignage de la famille ou des proches.

C. Question parlementaire écrite récente relative aux directives anticipées

Par une question écrite n° 38277, publiée au *JO* de l'Assemblée nationale du 20 avril 2021, p. 3423, M. Pierre Vatin, député, attire l'attention du ministre des Solidarités et de la Santé sur les directives anticipées (DA). Instaurées par la loi Leonetti (2005) et renforcées par la loi Claeys-Leonetti (2016), les DA permettent à toute personne majeure d'exprimer, par écrit, ses volontés sur sa fin de vie et de désigner une personne de confiance. Si le patient n'est plus en mesure de s'exprimer, les médecins s'appuient sur ce document pour prendre leurs décisions sur les traitements et actes médicaux à engager, limiter ou arrêter. Or, 11 % des Français de plus de 50 ans ont rédigé leurs DA et 51 % excluent de le faire. Parmi les premiers, 71 % l'ont fait sur papier libre, 9 % ont utilisé le modèle du ministère de la Santé et 15 % sur un autre modèle (institut BVA pour le Centre national des soins palliatifs et de la fin de vie – CNSPFV, 6 février 2021). En l'absence de DA, la prise en charge d'un patient peut être plus compliquée et aller à l'encontre des souhaits de ce dernier. La crise de la covid-19 a, par exemple, mis en exergue un manque important desdites directives. De surcroît, la loi n'impose aucune obligation pour la conservation des DA. C'est pourquoi il lui demande les mesures qu'il entend prendre pour évaluer le dispositif des DA, uniformiser leur rédaction, inciter les Français à rédiger les leurs et améliorer le mode d'accès à ces dernières afin de permettre au personnel soignant d'y avoir accès plus facilement et aux compatriotes de les mettre à jour régulièrement.

Par une réponse, publiée au *JO* de l'Assemblée nationale du 13 juillet 2021, p. 5601, le ministère des Solidarités et de la Santé a répondu que la loi n° 2016-87 du 2 février 2016 a conforté la place de la volonté du patient dans le processus décisionnel et a amélioré l'accès et l'utilisation des directives anticipées (DA). Désormais, ces directives anticipées s'imposent au médecin et restent valables tant que leur auteur n'en décide pas autrement. Elles sont révisables et révocables à tout moment. Les DA sont peu utilisées par nos concitoyens. Ceci est notamment lié à une méconnaissance du dispositif, à la difficulté de se confronter à la question de la fin de vie ou encore à l'absence d'interlocuteurs susceptibles d'aider à l'expression de certains choix sur des sujets techniques. La démarche de rédaction des directives anticipées n'est pas une obligation. Elle est cependant à encourager afin de permettre à toutes les personnes de s'exprimer sur les conditions de fin de vie qu'elles souhaitent voir être mises en œuvre. Les directives anticipées peuvent être conservées dans le dossier médical partagé (DMP). Ce dépôt vaut inscription au registre national mentionné à l'article L. 1111-11 du CSP. Le dispositif DMP répond à des conditions de sécurité des données et d'accessibilité tant pour la personne elle-même, qui doit pouvoir modifier ou annuler ses DA à tout moment, que pour les médecins qui doivent s'y conformer. Un modèle de formulaire élaboré par la Haute autorité de santé est par ailleurs disponible librement, pour aider à la réflexion et à l'élaboration de l'expression de sa volonté pour sa fin de vie. Il est aussi possible d'écrire les DA sur papier libre ou sur n'importe quel modèle. Les DA peuvent être également confiées à la personne de confiance désignée par le patient, au médecin traitant et dans le dossier hospitalier ou le dossier de soins en établissement médico-social. Dès le 1er janvier 2022, la création automatique d'un espace numérique de santé pour tous les usagers de notre système de santé a entraîné automatiquement la création d'un DMP ou l'intégration du DMP déjà ouvert. Des outils sont également mis à disposition du public et des professionnels sur le site du Centre national de soins palliatifs et de la fin de vie : https://www.parlons-fin-de-vie.fr. Enfin, une feuille de route pour le déploiement des soins palliatifs et l'accompagnement de la fin de vie est en cours d'élaboration. Des mesures autour du renouvellement d'une campagne de communication sur les dispositifs des DA et de la personne de confiance, de l'accompagnement à l'écriture des DA et de l'amélioration de la traçabilité des DA sont envisagées. Le ministère chargé de la santé est attentif à la poursuite et au développement de la culture palliative afin de permettre aux malades et à leurs familles qui les accompagnent de bénéficier de ces droits.

III. Le corpus juridique permettant à un médecin d'écarter les directives anticipées d'un patient en fin de vie et dignité de la personne humaine

A. La décision n° 2022-1022 QPC du 10 novembre 2022

Il était notamment reproché au troisième alinéa de l'article L. 1111-11 du CSP de permettre à un médecin d'écarter les directives anticipées par lesquelles un patient a exprimé sa volonté que soient poursuivis des traitements le maintenant en vie. Les requérantes, rejointes par l'association intervenante, faisaient valoir que, en permettant au médecin de prendre une telle décision lorsque les directives lui apparaissent « manifestement inappropriées ou non conformes » à la situation médicale du patient, ces dispositions n'étaient pas entourées de garanties suffisantes dès lors que ces termes étaient imprécis et conféraient au médecin une marge d'appréciation trop importante, alors qu'il prend sa décision seul et sans être soumis à un délai de réflexion préalable. Il en résultait, selon elles, une méconnaissance du principe de sauvegarde de la dignité de la personne humaine, dont aurait découlé le droit au respect de la vie humaine, ainsi que de la liberté personnelle et de la liberté de conscience.

À cette occasion, le Conseil constitutionnel a rappelé, d'une part, que le Préambule de la Constitution de 1946 réaffirme que tout être humain, sans distinction de race, de religion ni de croyance, possède des droits inaliénables et sacrés. La sauvegarde de la dignité de la personne contre toute forme d'asservissement et de dégradation est au nombre de ces droits et constitue un principe à valeur constitutionnelle. D'autre part, la liberté personnelle est proclamée par les articles 1er, 2 et 4 de la Déclaration des droits de l'homme et du citoyen de 1789.

Il appartient, dès lors, au législateur, compétent en application de l'article 34 de la Constitution pour fixer les règles concernant les garanties fondamentales accordées aux citoyens pour l'exercice des libertés publiques, notamment en matière médicale, de déterminer les conditions dans lesquelles la poursuite ou l'arrêt des traitements d'une personne en fin de vie peuvent être décidés, dans le respect de ces exigences constitutionnelles.

Le Conseil constitutionnel a relevé, en premier lieu, que, en permettant au médecin d'écarter des directives anticipées, le législateur a estimé que ces dernières ne pouvaient s'imposer en toutes circonstances, dès lors qu'elles sont rédigées à un moment où la personne ne se trouve pas encore confrontée à la situation particulière de fin de vie dans laquelle elle ne sera plus en mesure d'exprimer sa volonté en raison de la gravité de son état. Ce faisant, il a entendu garantir le droit de toute personne à recevoir les soins les plus appropriés à son état et assurer la sauvegarde de la dignité des personnes en fin de vie. À cet égard, le Conseil a rappelé qu'il ne dispose pas d'un pouvoir général d'appréciation et de décision de même nature que celui du Parlement et qu'il ne lui appartient pas de substituer son appréciation à celle du législateur sur les conditions dans lesquelles un médecin peut écarter les directives anticipées d'un patient en fin de vie hors d'état d'exprimer sa volonté dès lors que ces conditions ne sont pas manifestement inappropriées à l'objectif poursuivi.

En deuxième lieu, les dispositions contestées ne permettent au médecin d'écarter les directives anticipées que si elles sont « manifestement inappropriées ou non conformes à la situation médicale » du patient. Ces dispositions ne sont ni imprécises ni ambiguës.

En troisième lieu, la décision du médecin ne peut être prise qu'à l'issue d'une procédure collégiale destinée à l'éclairer. Elle est inscrite au dossier médical et portée à la connaissance de la personne de confiance désignée par le patient ou, à défaut, de sa famille ou de ses proches.

En quatrième et dernier lieu, la décision du médecin est soumise, le cas échéant, au contrôle du juge. Dans le cas où est prise une décision de limiter ou d'arrêter un traitement de maintien en vie au titre du refus de l'obstination déraisonnable. Cette décision est notifiée dans des conditions permettant à la personne de confiance ou, à défaut, à sa famille ou à ses proches, d'exercer un recours en temps utile. Ce recours est par ailleurs examiné dans les meilleurs délais par la juridiction compétente aux fins d'obtenir la suspension éventuelle de la décision contestée.

Au final, le Conseil constitutionnel déduit que le législateur n'a méconnu ni le principe de sauvegarde de la dignité de la personne humaine ni la liberté personnelle et considère également que les dispositions contestées ne méconnaissent pas non plus la liberté de conscience ni le principe d'égalité devant la loi, ni aucun autre droit ou liberté que la Constitution garantit, et les juge conformes à la Constitution.

B. Le respect de la dignité de la personne humaine

Malgré son caractère fondamental et universel, la dignité humaine ne figure pas en tant que telle dans la Convention européenne de sauvegarde des droits de l'homme et des libertés fondamentales (Convention EDH), sauf en préambule du protocole n° 13, relatif à l'abolition de la peine de mort en toutes circonstances, qui évoque la dignité inhérente à tous les êtres humains.

La Cour de Strasbourg a clairement affirmé que la dignité de l'homme était, avec la liberté, l'essence même de la Convention EDH dans sa décision n° 28957/95 du 11 juillet 2002, *C. c. Royaume-Uni.*

La Cour de justice des Communautés européennes a, pour sa part, considéré que la dignité humaine constitue un principe général du droit communautaire dans l'affaire C-377/98, point 70, du 9 octobre 2001, *Royaume des Pays-Bas c. Parlement et conseil.*

La dignité de la personne humaine n'est pas consacrée explicitement par la Constitution du 4 octobre 1958 ou par les textes auxquels renvoie son Préambule. La seule occurrence du terme « dignité » figure à l'article 6 de la Déclaration des droits de l'homme et du citoyen (DDHC) de 1789, qui impose que tous les citoyens soient admissibles aux dignités, places et emplois publics, selon leur capacité, et sans autre distinction que celle de leurs vertus et de leurs talents. La « dignité » renvoie ici à la « qualité de membre d'un ordre civil ou militaire ».

C'est dans sa décision « Bioéthique » du 27 juillet 1994 que le Conseil constitutionnel a déduit le principe à valeur constitutionnelle de sauvegarde de la dignité de la personne humaine contre toute forme d'asservissement et de dégradation de la première phrase du Préambule de la Constitution de 1946 ainsi rédigée : « Au lendemain de la victoire remportée par les peuples libres sur les régimes qui ont tenté d'asservir et de dégrader la personne humaine, le peuple français proclame à nouveau que tout être humain, sans distinction de race, de religion ni de croyance, possède des droits inaliénables et sacrés ». Dans la jurisprudence constitutionnelle, le principe de dignité de la personne humaine a trouvé à s'appliquer notamment en matière de bioéthique, d'interruption volontaire de grossesse (IVG), d'arrêt des traitements de maintien en vie, d'hospitalisation sans consentement, de droit pénal ou de procédure pénale voire de privation de liberté.

Pour le Conseil d'État, le respect de la dignité de la personne humaine est une des composantes de l'ordre public (CE, ass., 27 oct. 1995, n° 136727, *Commune de Morsang-sur-Orge*) et il en a également fait un principe juridique invocable par les particuliers.

Enfin, l'article 16 du Code civil, créé par la loi n° 94-653 du 29 juillet 1994 relative au respect du corps humain, dispose que la loi assure la primauté de la personne, interdit toute atteinte à la dignité de celle-ci et garantit le respect de l'être humain dès le commencement de sa vie. Par ailleurs, l'article 16-1-1 du même code dispose que les restes des personnes décédées, y compris les cendres de celles dont le corps a donné lieu à crémation, doivent être traités avec respect, dignité et décence.

IV. Corpus juridique de référence

– Convention pour la protection des droits de l'homme et de la dignité de l'être humain à l'égard des applications de la biologie et de la médecine : Convention sur les droits de l'homme et la biomédecine dite Convention d'Oviedo (Espagne) adoptée le 4 avril 1997 et entrée en vigueur le 1er avril 2012

– Déclaration universelle sur le génome humain et les droits de l'homme, Unesco, 11 nov. 1997

– Déclaration internationale sur les données génétiques humaines, Unesco, 16 oct. 2003

– Déclaration universelle sur la bioéthique et les droits de l'homme, Unesco, 19 oct. 2005

– CEDH, 29 avr. 2002, n° 2346/02, *P. c. Royaume-Uni* (imposition d'un traitement médical sans le consentement du patient)

– CEDH, 11 juill. 2002, n° 28957/95, § 90, *C. c. Royaume-Uni* (dignité de l'homme)

– CEDH, 20 janv. 2011, n° 31322/07, *H. c. Suisse* (suicide assisté)

– CEDH, gr. ch., 5 juin 2015, n° 46043/14, *L. et autres c. France* (droit à mourir dans la dignité)

– CEDH, 19 juill. 2012, n° 497/09, *K. c. Allemagne* (suicide assisté)

– CEDH, 23 janv. 2018, n° 1828/18, *A. et B. c. France* (droit à mourir dans la dignité pour un mineur)

– CJCE, 9 oct. 2001, C-377/98, *Royaume des Pays-Bas c. Parlement et conseil* (point 70 : il appartient à la Cour, dans son contrôle de la conformité des actes des institutions aux principes généraux du droit communautaire, de veiller au respect du droit fondamental à la dignité humaine et à l'intégrité de la personne)

– Déclaration des droits de l'homme et du citoyen de 1789, art. 6

– Cons. const., 27 juill. 1994, n° 94-343/344 DC, *Loi relative au respect du corps humain et loi relative au don et à l'utilisation des éléments et produits du corps humain, à l'assistance médicale à la procréation et au diagnostic prénatal*

– Cons. const., 29 juill. 2004, n° 2004-498 DC, *Loi relative à la bioéthique*

– Cons. const., 1er août 2013, n° 2013-674 DC, *Loi tendant à modifier la loi n° 2011-814 du 7 juill. 2011 relative à la bioéthique en autorisant sous certaines conditions la recherche sur l'embryon et les cellules souches embryonnaires*

– Cons. const., 2 juin 2017, n° 2017-632 QPC, *Union nationale des associations de familles de traumatisés crâniens et de cérébrolésés* (procédure collégiale préalable à la décision de limitation ou d'arrêt des traitements d'une personne hors d'état d'exprimer sa volonté)

– Cons. const., 29 juill. 2021, n° 2021-821 DC, *Loi relative à la bioéthique*

– Cons. const., 8 juill. 2022, n° 2022-1003 QPC, *Association Groupe d'information et d'action sur les questions procréatives et sexuelles* (le Conseil constitutionnel a jugé conforme à la Constitution l'article L. 2141-2 du CSP, dans sa rédaction résultant de la loi du 2 août 2021 relative à la bioéthique, ouvrant l'accès à l'assistance médicale à la procréation aux couples formés d'un homme et d'une femme ou de deux femmes ainsi qu'aux femmes non mariées)

– Cons. const., 10 nov. 2022, n° 2022-1022 QPC, *Mme Zohra M. et autres* (refus du médecin d'appliquer des directives anticipées manifestement inappropriées ou non conformes à la situation médicale du patient)

– Code civil, CSP

– Loi n° 94-548 du 1er juill. 1994 relative au traitement de données nominatives ayant pour fin la recherche dans le domaine de la santé et modifiant la loi n° 78-17 du 6 janv. 1978 relative à l'informatique, aux fichiers et aux libertés

– Loi n° 94-653 du 29 juill. 1994 relative au respect du corps humain

– Loi n° 94-654 du 29 juill. 1994 relative au don et à l'utilisation des éléments et produits du corps humain, à l'assistance médicale à la procréation et au diagnostic prénatal

– Loi n° 2002-303 du 4 mars 2002 relative aux droits des malades et à la qualité du système de santé

– Loi n° 2004-800 du 6 août 2004 relative à la bioéthique du 6 août 2004

– Loi n° 2005-370 du 22 avr. 2005 relative aux droits des malades et à la fin de vie, dite « loi Leonetti »

– Loi n° 2011-814 du 7 juill. 2011 relative à la bioéthique

– Loi n° 2016-87 du 2 févr. 2016 créant de nouveaux droits en faveur des malades et des personnes en fin de vie, dite « loi Claeys-Leonetti »

– Loi n° 2021-1017 du 2 août 2021 relative à la bioéthique

– Loi n° 2021-1576 du 6 déc. 2021 visant à nommer les enfants nés sans vie

– Loi n° 2022-295 du 2 mars 2022 visant à renforcer le droit à l'avortement (elle allonge de deux semaines le délai légal pour avoir recours à l'IVG, qui est ainsi porté de 12 à 14 semaines de grossesse)

– CE, ass., 27 oct. 1995, n° 136727, *Commune de Morsang-sur-Orge*

– CE, CHR, 17 avr. 2019, n° 420468, *M. et Mme C.*

– CE, ass. gén., avis, 18 juill. 2019, n° 397993, *Projet de loi relatif à la bioéthique*

V. Exemple de sujet avec son corrigé portant sur le thème de la fin de vie

Sujet : La dignité dans la fin de vie

Introduction

Accroche : Le Conseil constitutionnel juge conformes à la Constitution des dispositions législatives relatives aux conditions dans lesquelles un médecin est susceptible d'écarter les directives anticipées d'un patient en fin de vie par une décision n° 2022-1022 QPC du 10 novembre 2022.

Définition : La dignité de la personne humaine n'est pas consacrée explicitement par la Constitution du 4 octobre 1958 ou par les textes auxquels renvoie son Préambule. Le Conseil constitutionnel français a érigé en principe à valeur constitutionnelle la sauvegarde de la dignité de la personne humaine contre toute forme d'asservissement et de dégradation à partir du Préambule de la Constitution de 1946. Pour le Conseil d'État, le respect de la dignité de la personne humaine est une des composantes de l'ordre public.

Intérêt du sujet : Le droit de mourir dans la dignité existe en droit positif mais demeure d'une portée limitée.

Annonce du plan

I. L'existence d'un droit à la dignité dans la mort

Annonce des deux sous-parties

1.1. La possible reconnaissance d'un droit à mourir dignement

– CEDH, 29 avr. 2002, n° 2346/02, *P. c. Royaume-Uni* (imposition d'un traitement médical sans le consentement du patient)

– CEDH, 20 janv. 2011, n° 31322/07, *H. c. Suisse* (suicide assisté)

– CEDH, gr. ch., 5 juin 2015, n° 46043/14, *L. et autres c. France* (droit à mourir dans la dignité)

– CEDH, 23 janv. 2018, n° 1828/18, *A. et B. c. France* (droit à mourir dans la dignité pour un mineur)

– Cons. const., 2 juin 2017, n° 2017-632 QPC, *Union nationale des associations de familles de traumatisés crâniens et de cérébrolésés* (Procédure collégiale préalable à la décision de limitation ou d'arrêt des traitements d'une personne hors d'état d'exprimer sa volonté)

1.2. La consécration législative du droit de mourir dignement

– Loi n° 2002-303 du 4 mars 2002 relative aux droits des malades et à la qualité du système de santé (CSP, art. L. 1110-5 et L. 1111-4)

– Loi n° 2005-370 du 22 avr. 2005 relative aux droits des malades et à la fin de vie, dite « loi Leonetti »

– Loi n° 2016-87 du 2 févr. 2016 créant de nouveaux droits en faveur des malades et des personnes en fin de vie, dite « loi Claeys-Leonetti » qui instaure le droit à l'arrêt des soins vitaux (CSP, art. L. 1110-5-2 et L. 1110-5-2)

Transition : Toutefois, le droit à mourir dignement ne comprend pas l'aspect positif qui le transformerait en droit d'être tué dès lors que seule le « droit créance » à la vie dans la dignité existe ou le droit d'être apaisé jusqu'à la mort.

II. L'absence d'un droit à la dignité par la mort

Annonce des deux sous-parties

2.1. Les manifestations de l'absence de droit à la dignité par la mort

– CSP, art. L. 1110-5-1 : droit de s'opposer au « maintien artificiel de la vie »

– Si le droit à la sédation profonde est reconnu, toutefois, c'est seulement un droit à la sédation « jusqu'au décès » et non pas « en vue du décès »

– CSP, art. L. 1110-5-3 al. 2 : l'abrégement de la vie est présenté comme un effet secondaire

2.2. La légitimité de l'absence de droit à la dignité par la mort

– CEDH, 29 avr. 2002, n° 2346/02, *P. c. Royaume-Uni* : la CEDH considère qu'il n'est pas possible de déduire de l'article 2 de la Convention EDH un droit à mourir, que ce soit de la main d'un tiers ou avec l'assistance d'une autorité publique

– CEDH, 30 sept. 2014, n° 67810/10, *G. c. Suisse* : la CEDH exige que le droit pénal des États parties indique avec suffisamment de clarté si le « suicide assisté » est punissable ou pas

– CEDH, 20 janv. 2011, n° 31322/07, *H. c. Suisse* : le droit à la dignité par la mort peut être accordé dans le respect de l'article 2 de la Convention EDH, mais n'a pas nécessairement à l'être dès lors que la marge d'appréciation des États est donc considérable dans ce domaine.

En revanche, si un tel droit est accordé par une législation nationale, il doit l'être de manière effective, c'est-à-dire être mis en œuvre dans le respect des procédures afférentes (CEDH, 19 juill. 2012, n° 497/09, *K. c. Allemagne* (suicide assisté))

Conclusion

Synthèse : Si un droit à la dignité dans la mort se constate effectivement, le droit à la mort par dignité n'apparaît pas véritablement se manifester.

Ouvertures possibles :

– Le débat sur l'euthanasie passive ou active

– Le « droit à mourir dans la dignité », prochaine grande réforme du second quinquennat du président Macron

– Le respect de la dignité de la personne humaine des personnes détenues ou retenues

– Dignité de la personne humaine et personnes en situation de handicap

VI. Exemples de questions sur le thème de la fin de vie

– Quelle est la valeur juridique du principe de dignité de la personne humaine ?

– Qu'est-ce que des directives anticipées en matière de fin de vie ?

– Qu'est-ce qu'une personne de confiance ?

– Des directives anticipées qui ne seraient pas rédigées sur le modèle mentionné à l'article L. 1111-11 du CSP sont-elles valables ?

– Qu'est-ce que la bioéthique ?

– Qu'est-ce que le droit bioéthique ?

– Faites-nous un bref rappel historique des lois fondatrices de la bioéthique en droit français.

– À votre avis, qu'est-ce qui rend nécessaire la révision régulière des lois de bioéthique en droit français ?

– Quelle est la périodicité du nouvel examen de la loi de bioéthique par le Parlement ?

– Quelles sont les spécificités des lois de bioéthique en France ?

– Quelles sont les questions posées aujourd'hui dans le cadre de la révision de la loi de bioéthique en France ?

– Qu'est-ce que prévoyait le projet de loi relatif à la bioéthique déposé par le gouvernement en juillet 2019 en matière de procréation médicalement assistée ?

– Sur quels points du projet de loi relatif à la bioéthique a porté l'avis consultatif rendu par le Conseil d'État le 18 juillet 2019, à la demande du gouvernement ?

– Que pensez-vous de l'avis consultatif rendu par le Conseil d'État le 18 juillet 2019 sur le projet de loi relatif à la bioéthique à la demande du gouvernement ?

– Pourquoi la gestation pour autrui demeure-t-elle interdite dans la loi relative à la bioéthique ?

– Quels sont les nouveaux droits accordés par la loi relative à la bioéthique aux enfants nés de dons de sperme ou de gamètes ?

– Quelle est l'innovation de la loi relative à la bioéthique en matière de filiation des enfants nés d'une procréation médicalement assistée dans un couple de femmes ?

– La prise en charge par la solidarité nationale de l'accès à l'assistance médicale à la procréation des couples de femmes et des femmes non mariées a été évaluée à combien par an par l'étude d'impact du gouvernement ? Elle représente quelle part du coût total actuel de l'assistance médicale à la procréation ?

– La France a-t-elle ratifié la Convention sur les droits de l'homme et la biomédecine dite Convention d'Oviedo (Espagne), adoptée le 4 avril 1997 ?

– Quelles sont les réserves émises par la France lors de la ratification de la Convention sur les droits de l'homme et la biomédecine ?

– Quelles sont les principales évolutions du projet de loi relatif à la bioéthique adopté en dernière lecture par l'Assemblée nationale, le 29 juin 2021 ?

– Dans son contrôle de certaines dispositions de la loi relative à la bioéthique, le Conseil constitutionnel a-t-il confirmé l'interdiction légale des pratiques eugéniques ?

– Quels sont les apports de la loi du 22 avril 2005 relative aux droits des malades et à la fin de vie, dite « loi Leonetti » ?

– Quels sont les apports de la loi du 2 février 2016 créant de nouveaux droits en faveur des malades et des personnes en fin de vie, dite « loi Claeys-Leonetti » ?

– Quels sont les apports de la loi n° 2022-295 du 2 mars 2022 qui vise à renforcer le droit à l'avortement ?

– Que représente pour vous le « droit à mourir dans la dignité » ?

– Quelle différence entre l'euthanasie active et l'euthanasie passive ?

– Citez des propositions issues du rapport final de la Convention citoyenne sur la fin de vie d'avril 2023 du Conseil économique, social et environnemental.

– Que pouvez-vous nous dire du projet de loi sur la fin de vie ?

21 décembre 2022 : Retrait d'une crèche de Noël installée dans l'enceinte d'un hôtel de ville

Par une ordonnance n° 2206509 du 21 décembre 2022, le juge des référés du TA de Montpellier a enjoint à la commune de Perpignan de retirer une crèche de Noël installée dans l'enceinte de l'hôtel de ville.

La commune de Perpignan a installé une crèche de Noël, représentant la scène de la Nativité, dans le patio de la Loge de mer situé dans l'enceinte de l'hôtel de ville. Par une ordonnance du 21 décembre 2022, le juge des référés du TA de Montpellier, à la demande de la Ligue des droits de l'homme, a enjoint à la commune de Perpignan, sur le fondement de l'article L. 521-3 du CJA, de retirer cette crèche dans un délai de vingt-quatre heures, sous astreinte de 100 euros par jour de retard.

Aux termes de l'article L. 521-3 du CJA : « En cas d'urgence et sur simple requête qui sera recevable même en l'absence de décision administrative préalable, le juge des référés peut ordonner toutes autres mesures utiles sans faire obstacle à l'exécution d'aucune décision administrative ». Saisi, sur le fondement de ces dispositions, d'une demande qui n'est pas manifestement insusceptible de se rattacher à un litige relevant de la compétence du juge administratif, le juge des référés peut prescrire, à des fins conservatoires ou à titre provisoire, toutes mesures que l'urgence justifie, notamment sous forme d'injonctions adressées à l'administration, à la condition que ces mesures soient utiles et ne se heurtent à aucune contestation sérieuse. En raison du caractère subsidiaire du référé régi par l'article L. 521-3, le juge saisi sur ce fondement ne peut prescrire les mesures qui lui sont demandées lorsque leurs effets pourraient être obtenus par les procédures de référé régies par les articles L. 521-1 et L 521-2 du CJA. Enfin, il ne saurait faire obstacle à l'exécution d'une décision administrative, même celle refusant la mesure demandée, à moins qu'il ne s'agisse de prévenir un péril grave.

Par une décision n° 470109 du 26 juillet 2023, *Commune de Perpignan*, suite à un pourvoi en cassation de la commune de Perpignan à l'encontre de cette ordonnance, le Conseil d'État a jugé que l'ordonnance attaquée a fait obstacle à l'exécution de la décision implicite du maire de Perpignan, révélée le 25 novembre 2022 par l'installation elle-même, d'exposer de manière temporaire une crèche de la Nativité dans l'espace public pendant les fêtes de fin d'année, que les effets de cette ordonnance pouvaient être obtenus par une procédure de référé régie par l'article L. 521-1 du CJA, qu'il ne ressortait pas des pièces du dossier soumis au juge des référés que la mesure sollicitée ait été de nature à prévenir un péril grave et qu'en faisant droit à la demande de la Ligue des droits de l'homme sur le fondement de l'article L. 521-3 du CJA, le juge des référés a entaché son ordonnance d'erreur de droit. Le Conseil d'État a conclu au non-lieu à statuer sur le pourvoi de la commune de Perpignan dès lors qu'il ressortait des pièces du dossier que la crèche de la Nativité n'était plus exposée dans le patio de l'hôtel de ville situé place de la Loge à Perpignan, le pourvoi de la commune de Perpignan étant devenu sans objet.

I. Fondamentaux à connaître sur la liberté de culte

A. La liberté de culte

Selon l'article premier de la Constitution, la France est une République indivisible, laïque, démocratique et sociale, elle assure l'égalité devant la loi de tous les citoyens sans distinction d'origine, de race ou de religion et respecte toutes les croyances.

L'article 10 de la DDHC de 1789 dispose que nul ne doit être inquiété pour ses opinions, même religieuses, pourvu que leur manifestation ne trouble pas l'ordre public établi par la loi.

L'article 9 de la Convention EDH prévoit que, d'une part, toute personne a droit à la liberté de pensée, de conscience et de religion et que ce droit implique la liberté de changer de religion ou de conviction, ainsi que la liberté de manifester sa religion ou sa conviction individuellement ou collectivement, en public ou en privé, par le culte, l'enseignement, les pratiques et l'accomplissement des rites et, d'autre part, que la liberté de manifester sa religion ou ses convictions ne peut faire l'objet d'autres restrictions que celles qui, prévues par la loi, constituent des mesures nécessaires, dans une société démocratique, à la sécurité publique, à la protection de l'ordre, de la santé ou de la morale publiques, ou à la protection des droits et libertés d'autrui.

Aux termes de l'article 1er de la loi du 9 décembre 1905 concernant la séparation des Églises et de l'État, la République assure la liberté de conscience et garantit le libre exercice des cultes sous les seules restrictions qu'elle édicte dans l'intérêt de l'ordre public. Dans le cadre de la police des cultes, l'article 25 de la même loi prévoit que les réunions pour la célébration d'un culte tenues dans les locaux appartenant à une association cultuelle ou mis à sa disposition sont publiques et qu'elles sont dispensées des formalités de l'article 8 de la loi du 30 juin 1881, mais restent placées sous la surveillance des autorités dans l'intérêt de l'ordre public.

Le Conseil d'État a d'ailleurs précisé les conditions dans lesquelles une commune peut mettre à disposition d'une association cultuelle, des locaux lui appartenant pour l'exercice d'un culte dans sa décision *Commune de Valbonne* du 7 mars 2019, n° 417629. À cette occasion, le Conseil d'État a jugé que sont regardés comme des locaux communaux, au sens et pour l'application de l'article L. 2144-3 du CGCT qui prévoit notamment que des locaux communaux peuvent être utilisés par les associations ou partis politiques qui en font la demande, les locaux affectés aux services publics communaux (CE, ass., 19 juill. 2011, n° 313518, *Commune de Montpellier*). Il a précisé que les dispositions de l'article L. 2144-3 du CGCT permettent à une commune, en tenant compte des nécessités qu'elles mentionnent, d'autoriser, dans le respect du principe de neutralité à l'égard des cultes et du principe d'égalité, l'utilisation pour l'exercice d'un culte par une association d'un local communal, dès lors que les conditions financières de cette autorisation excluent toute libéralité et, par suite, toute aide à un culte. Il a ajouté qu'une commune ne peut rejeter une demande d'utilisation d'un tel local au seul motif que cette demande lui est adressée par une association dans le but d'exercer un culte et, qu'en revanche, une commune ne peut, sans méconnaître ces dispositions, décider qu'un local lui appartenant relevant des dispositions de l'article L. 2144-3 du CGCT sera laissé de façon exclusive et pérenne à la disposition d'une association pour l'exercice d'un culte et constituera ainsi un édifice cultuel. Enfin, il a précisé que les collectivités territoriales peuvent donner à bail, et ainsi pour un usage exclusif et pérenne, à une association cultuelle un local existant de leur domaine privé sans méconnaître les dispositions des articles 1er et 2, et du dernier alinéa de l'article 19 de la loi du 9 décembre 1905 dès lors que les conditions, notamment financières, de cette location excluent toute libéralité.

La loi n° 2021-1109 du 24 août 2021 confortant le respect des principes de la République a renforcé la laïcité et la neutralité en précisant que ces principes s'appliquent aux salariés des titulaires de contrats de marché public, des concessionnaires, des bailleurs sociaux et des organismes qui ont une mission de service public (SNCF réseau, RATP, Aéroports de Paris, sociétés HLM…). Elle a, par ailleurs, modifié la loi du 9 décembre 1905 concernant la séparation des Églises et de l'État et la loi du 2 janvier 1907 sur l'exercice public des cultes. À titre d'illustration, les conditions de création et de gouvernance des associations gérant un lieu de culte prévues par la loi de 1905 sont revues afin de les protéger des prises de contrôle malveillantes par des groupes radicaux. Ces associations cultuelles devront se déclarer auprès du préfet tous les cinq ans. Leurs obligations comptables sont renforcées. Les dons étrangers de plus de 10 000 euros et la cession de lieux de culte à un État étranger devront être déclarés. Le préfet pourra s'y opposer lorsqu'un intérêt fondamental de la société est en jeu.

Dans sa décision n° 2021-823 DC du 13 août 2021, le Conseil constitutionnel a déclaré les dispositions contestées des articles 9, 15, 16 et 36 de la loi conformes à la Constitution. Il a déclaré les dispositions contestées des articles 12 (obligation de souscrire un contrat d'engagement républicain pour toute association ou fondation subventionnée) et 49 (instruction dans la famille) conformes sous une réserve d'interprétation. Enfin, il a déclaré les dispositions contestées des articles 16 (modifications apportées au régime de dissolution des associations ou groupements de fait) et 26 (prévoyant que la délivrance ou le renouvellement de tout titre de séjour pouvait être refusé à un étranger ou qu'un titre de séjour pouvait lui être retiré s'il était établi qu'il avait manifesté un rejet des principes de la République) contraires à la Constitution ainsi que, au motif qu'il résultait d'un amendement adopté en première lecture sans lien avec le texte initial (cavalier législatif), l'article 90.

Dans une décision en chambres réunies n° 446393 du 22 avril 2022, le Conseil d'État a rappelé que la liberté du culte présente le caractère d'une liberté fondamentale et que telle qu'elle est régie par la loi, cette liberté ne se limite pas au droit de tout individu d'exprimer les convictions religieuses de son choix dans le respect de l'ordre public. Elle comporte également, parmi ses composantes essentielles, le droit de participer collectivement, sous la même réserve, à des cérémonies, en particulier dans les lieux de culte (déjà jugé par le Conseil d'État dans les affaires n°s 440402 et 439810 du 23 décembre 2020).

Par une décision rendue en chambres réunies, n° 454076 du 11 mars 2022, *Commune de Saint-Pierre d'Alvey*, le Conseil d'État a jugé qu'une statue religieuse ne peut être érigée sur un terrain relevant du domaine privé comme public d'une personne publique que si l'emplacement choisi est compris dans les exceptions énumérées à l'article 28 de la loi du 9 décembre 1905.

Enfin, dans une décision n° 2022-1004 QPC du 22 juillet 2022 relative au régime des associations exerçant des activités cultuelles, *Union des associations diocésaines de France et autres*, le Conseil constitutionnel a jugé conformes à la Constitution, sous deux réserves d'interprétation, plusieurs dispositions législatives relatives au régime des associations exerçant des activités cultuelles, et notamment certaines dispositions de loi du 9 décembre 1905 concernant la séparation des Églises et de l'État modifiées par la loi n° 2021-1109 du 24 août 2021 confortant le respect des principes de la République.

B. Conciliation de la liberté de culte avec la protection de la santé

Dans une ordonnance n° 440840 du 12 juin 2020, le juge des référés du Conseil d'État précise que la liberté du culte doit, cependant, être conciliée avec l'objectif de valeur constitutionnelle (OVC) de protection de la santé.

Le Conseil constitutionnel a qualifié la protection de la santé d'objectif de valeur constitutionnelle à partir de sa décision n° 2012-248 QPC du 16 mai 2012 portant sur l'accès aux origines personnelles. Après quoi, il a poursuivi dans ce sens avec d'autres décisions (n° 2015-480 QPC du 17 sept. 2015, n° 2015-493 QPC du 16 oct. 2015 et n° 2018-737 QPC du 5 oct. 2018), étant précisé que le Conseil constitutionnel a créé la notion d'OVC en 1982 dans sa décision n° 82-141 DC du 27 juillet 1982 portant sur la loi sur la communication audiovisuelle. Préalablement, le Conseil constitutionnel avait érigé la santé publique en principe constitutionnel dans sa décision n° 90-283 DC du 8 janvier 1991 puis lui a accordé une valeur constitutionnelle dans sa décision n° 93-325 DC du 13 août 1993.

À retenir que le Conseil constitutionnel a récemment confirmé l'existence d'un OVC de santé publique à disposition du législateur dans sa décision n° 2019-823 QPC du 31 janvier 2020 dans laquelle il a consacré la protection de l'environnement, patrimoine commun des êtres humains, en tant qu'OVC.

II. La conciliation de la liberté de culte avec la covid-19 au prisme du juge des référés du Conseil d'État

A. Ordonnance n° 440366 du 18 mai 2020

Par cette ordonnance, le juge des référés du Conseil d'État a ordonné au gouvernement de lever l'interdiction générale et absolue de réunion dans les lieux de culte et d'édicter à sa place des mesures strictement proportionnées aux risques sanitaires et appropriées en ce début de « déconfinement ».

L'émergence d'un nouveau coronavirus (covid-19), de caractère pathogène et particulièrement contagieux et sa propagation sur le territoire français ont conduit le ministre des Solidarités et de la Santé à prendre, par plusieurs arrêtés à compter du 4 mars 2020, des mesures sur le fondement des dispositions de l'article L. 3131-1 CSP. En particulier, par un arrêté du 14 mars 2020, un grand nombre d'établissements recevant du public ont été fermés au public, les rassemblements de plus de 100 personnes ont été interdits et l'accueil des enfants, élèves et étudiants dans les établissements les recevant et les établissements scolaires et universitaires a été suspendu.

Par un décret du 16 mars 2020 motivé par les circonstances exceptionnelles découlant de l'épidémie de covid-19, modifié par décret du 19 mars 2020, le Premier ministre a interdit le déplacement de toute personne hors de son domicile, sous réserve d'exceptions limitativement énumérées et devant être dûment justifiées, à compter du 17 mars à 12 heures, sans préjudice de mesures plus strictes susceptibles d'être ordonnées par le représentant de l'État dans le département. Le ministre des Solidarités et de la Santé a pris des mesures complémentaires par plusieurs arrêtés successifs.

Le législateur, par l'article 4 de la loi du 23 mars 2020 d'urgence pour faire face à l'épidémie de covid-19, a déclaré l'état d'urgence sanitaire pour une durée de deux mois à compter du 24 mars 2020 puis, par l'article 1er de la loi du 11 mai 2020 prorogeant l'état d'urgence sanitaire et complétant ses dispositions, a prorogé cet état d'urgence sanitaire jusqu'au 10 juillet 2020 inclus. Par un décret du 23 mars 2020 pris sur le fondement de l'article L. 3131-15 du CSP issu de la loi du 23 mars 2020, plusieurs fois modifié et complété depuis lors, le Premier ministre a réitéré les mesures précédemment ordonnées tout en leur apportant des précisions ou restrictions complémentaires. Par un premier décret du 11 mai 2020, applicable les 11 et 12 mai 2020, le Premier ministre a abrogé l'essentiel des mesures précédemment ordonnées par le décret du 23 mars 2020 et en a pris de nouvelles. Enfin, par un second décret du 11 mai 2020, pris sur le fondement de la loi du 11 mai 2020 et abrogeant le précédent décret, le Premier ministre a prescrit les nouvelles mesures générales nécessaires pour faire face à l'épidémie de covid-19 dans le cadre de l'état d'urgence sanitaire.

B. Office du juge des référés et liberté de culte

Après avoir relevé que les lieux de réunion visés par le 5° du I de l'article L. 3131-15 CSP ne s'étendent pas aux locaux à usage d'habitation, le Conseil constitutionnel, par sa décision n° 2020-80 DC du 11 mai 2020, a déclaré ces dispositions conformes à la Constitution en jugeant que le législateur avait procédé à une conciliation équilibrée entre l'OVC de protection de la santé et le respect des droits et libertés reconnus à tous ceux qui résident sur le territoire de la République.

Dans le cadre de l'état d'urgence sanitaire, il appartenait aux différentes autorités compétentes de prendre, en vue de sauvegarder la santé de la population, toutes dispositions de nature à prévenir ou à limiter les effets de l'épidémie. Ces mesures, qui pouvaient limiter l'exercice des droits et libertés fondamentaux devaient, dans cette mesure, être nécessaires, adaptées et proportionnées à l'objectif de sauvegarde de la santé publique qu'elles poursuivent.

Il résulte de la combinaison des dispositions des articles L. 511-1 et L. 521-2 CJA qu'il appartient au juge des référés, lorsqu'il est saisi sur le fondement de l'article L. 521-2 CJA et qu'il constate une atteinte grave et manifestement illégale portée par une personne morale de droit public à une liberté fondamentale, résultant de l'action ou de la carence de cette personne publique, de prescrire les mesures qui sont de nature à faire disparaître les effets de cette atteinte, dès lors qu'existe une situation d'urgence caractérisée justifiant le prononcé de mesures de sauvegarde à très bref délai et qu'il est possible de prendre utilement de telles mesures. Celles-ci doivent, en principe, présenter un caractère provisoire, sauf lorsqu'aucune mesure de cette nature n'est pas susceptible de sauvegarder l'exercice effectif de la liberté fondamentale à laquelle il est porté atteinte.

Le juge des référés du Conseil d'État relève que des mesures d'encadrement moins strictes que l'interdiction de tout rassemblement dans les lieux de culte prévue par le décret du 11 mai 2020 sont possibles, notamment compte tenu de la tolérance des rassemblements de moins de 10 personnes dans d'autres lieux ouverts au public dans le même décret. Dans ces conditions, il estime que l'interdiction générale et absolue présente un caractère disproportionné au regard de l'objectif de préservation de la santé publique et constitue ainsi, eu égard au caractère essentiel de cette composante de la liberté de culte, une atteinte grave et manifestement illégale à cette dernière. En conséquence, il enjoint au Premier ministre de modifier, dans un délai de huit jours, le décret du 11 mai 2020 en prenant les mesures strictement proportionnées aux risques sanitaires encourus et appropriées aux circonstances de temps et de lieu applicables en ce début de « déconfinement », pour encadrer les rassemblements et réunions dans les établissements de culte.

Par une ordonnance n° 445825 du 7 novembre 2020, le juge des référés du Conseil d'État, saisi par l'association *Civitas et autres*, sur le fondement de l'article L. 521-2 CJA, n'a pas suspendu les dispositions du décret du 29 octobre 2020 qui restreignent temporairement, dans le cadre du confinement, la possibilité de se rendre dans les lieux de culte et de s'y rassembler. Il a toutefois précisé, dans les motifs de sa décision, les règles applicables en invitant à une clarification des dispositions sur les mariages ainsi que sur les justificatifs et en appelant à reprendre la concertation.

Par une ordonnance n°s 446930, 446941, 446968 et 446975 du 29 novembre 2020, le juge des référés du Conseil d'État, saisi par la Conférence des évêques de France (CEF) sur le fondement de l'article L. 521-2 CJA, a ordonné au gouvernement de modifier sous trois jours, la limite de 30 personnes pour les rassemblements dans les lieux de culte, en l'adaptant par exemple à la superficie des établissements ou à leur capacité d'accueil, afin que celle-ci soit strictement proportionnée au risque sanitaire.

Par une ordonnance n° 2110299 du 14 mai 2021, le juge des référés du TA de Paris a rejeté la requête de l'association des palestiniens d'Île-de-France tendant, sur le fondement de l'article L. 521-2 CJA, à la suspension de l'arrêté du préfet de police du 13 mai 2021 qui a interdit la manifestation, déclarée les 8 et 9 mai 2021 pour « commémorer la Naqba et dénoncer les dernières agressions israéliennes contre le peuple palestinien », prévue le samedi 15 mai 2021.

Par une ordonnance n° 462685 du 26 avril 2022, le juge des référés du Conseil d'État, saisi par le ministre de l'Intérieur, sur le fondement de l'article L. 521-2 du CJA, a rejeté son recours tendant à annuler l'ordonnance n° 2201564 du 22 mars 2022 du juge des référés du TA de Bordeaux, statuant également sur le fondement de l'article L. 521-2 CJA, qui a notamment suspendu l'exécution de l'arrêté du 14 mars 2022 par lequel la préfète de la Gironde a prononcé la fermeture, pour une durée de six mois, du lieu de culte dénommé « Mosquée Al Farouk de Pessac ».

III. Conciliation de la liberté de culte avec les menus de substitution dans les cantines scolaires

Dans une décision n° 426483 du 11 décembre 2020, *Commune de Chalon-sur-Saône*, fichée en A et publiée au *Recueil Lebon*, le Conseil d'État a jugé une affaire relative à la restauration collective pour laquelle il avait à trancher une question portant sur l'obligation pour les collectivités territoriales de distribuer ou non des menus de substitution. En l'espèce, le Conseil d'État a jugé que s'il n'existe aucune obligation pour les collectivités territoriales gestionnaires d'un service public de restauration scolaire de distribuer à ses usagers des repas différenciés leur permettant de ne pas consommer des aliments proscrits par leurs convictions religieuses, et aucun droit pour les usagers qu'il en soit ainsi, dès lors que les dispositions de l'article premier de la Constitution interdisent à quiconque de se prévaloir de ses croyances religieuses pour s'affranchir des règles communes régissant les relations entre collectivités publiques et particuliers, ni les principes de laïcité et de neutralité du service public, ni le principe d'égalité des usagers devant le service public, ne font, par eux-mêmes, obstacle à ce que ces mêmes collectivités territoriales puissent proposer de tels repas. Toutefois, lorsque les collectivités ayant fait le choix d'assurer le service public de restauration scolaire définissent ou redéfinissent les règles d'organisation de ce service public, il leur appartient de prendre en compte l'intérêt général qui s'attache à ce que tous les enfants puissent bénéficier de ce service public, au regard des exigences du bon fonctionnement du service et des moyens humains et financiers dont disposent ces collectivités.

Le Conseil constitutionnel a déjà eu l'occasion de rappeler l'interdiction de se prévaloir de ses croyances religieuses pour s'affranchir des règles communes régissant les relations entre collectivités publiques et particuliers (Cons. const., 19 nov. 2004, n° 2004-505 DC).

Le Conseil d'État avait déjà jugé dans une décision d'assemblée n° 125148 du 14 avril 1995, qu'il est possible d'accorder aux élèves des autorisations d'absence nécessaires à l'exercice d'un culte ou à la célébration d'une fête religieuse (CE, ass., 14 avr. 1995, n° 125148, *Consistoire central des israélites de France*).

Enfin, par une décision n° 423647 du 4 octobre 2019, relative à l'abattage rituel, le Conseil d'État a jugé que la réglementation nationale n'imposant pas l'étourdissement préalable des animaux avant l'abattage ou la mise à mort s'il n'est pas compatible avec la pratique de l'abattage rituel, mais encadrant, en revanche, les conditions d'exercice de l'abattage rituel et prévoyant, pour les bovins, un étourdissement complémentaire si l'animal reste conscient au-delà de quatre-vingt-dix secondes après la jugulation, est légale au regard des éléments de fait existant à la date à laquelle le juge statue (CE, 4 oct. 2019, n° 423467, *Association Œuvre d'assistance aux bêtes d'abattoirs*).

IV. Corpus juridique de référence

– Constitution française du 4 oct. 1958, notamment son art. 1er

– DDHC de 1789, notamment art. 10

– Convention EDH, notamment art. 9

– CGCT, CSP, CJA, notamment art. L. 521-1 et L. 521-2

– Cons. const., 27 juill. 1982, n° 82-141 DC, Loi sur la communication audiovisuelle (Le Conseil constitutionnel crée la notion d'OVC en y consacrant comme tels la sauvegarde de l'ordre public, le respect de la liberté d'autrui et la préservation du caractère pluraliste des courants d'expression socioculturels)

– Cons. const., 19 nov. 2004, n° 2004-505 DC, Traité établissant une Constitution pour l'Europe (Interdiction de se prévaloir de ses croyances religieuses pour s'affranchir des règles communes régissant les relations entre collectivités publiques et particuliers)

– Cons. const., 16 mai 2012, n° 2012-248 QPC, *Accès aux origines personnelles* (La protection de la santé qualifiée d'OVC)

– Cons. const., 21 févr. 2013, n° 2012-297 QPC, *Association pour la promotion et l'expansion de la laïcité* [Traitement des pasteurs des églises consistoriales dans les départements du Bas-Rhin, du

Haut-Rhin et de la Moselle] (Portée du principe de laïcité de la loi du 9 décembre 1905)

– Cons. const., 17 sept. 2015, n° 2015-480 QPC, *Association Plastics Europe* (Suspension de la fabrication, de l'importation, de l'exportation et de la mise sur le marché de tout conditionnement à vocation alimentaire contenant du Bisphénol A)

– Cons. const., 16 oct. 2015, n° 2015-493 QPC, *M. Abdullah N.* (Peine complémentaire obligatoire de fermeture de débit de boissons)

– Cons. const., 5 oct. 2018, n° 2018-737 QPC, *M. Jaime Rodrigo F.*

(Transmission de la nationalité française aux enfants légitimes nés à l'étranger d'un parent français)

– Cons. const., 29 mars 2018, n° 2017-695 QPC, *M. Rouchdi B. et autre* (Mesures administratives de lutte contre le terrorisme)

– Cons. const., 31 janv. 2020, n° 2019-823 QPC, *Union des industries de la protection des plantes* (Interdiction de la production, du stockage et de la circulation de certains produits phytopharmaceutiques)

– Cons. const., 13 août 2021, n° 2021-823 DC, Loi confortant le respect des principes de la République

– Cons. const., 22 juill. 2022, n° 2022-1004 QPC, *Union des associations diocésaines de France et autres (Régime des associations exerçant des activités cultuelles)*

– Loi du 30 juin 1881 sur la liberté de réunion

– Loi du 1er juill. 1901 relative au contrat d'association

– Loi du 9 déc. 1905 concernant la séparation des Églises et de l'État

– Loi n° 2000-597 du 30 juin 2000 relative au référé devant les juridictions administratives

– Loi n° 2021-1109 du 24 août 2021 confortant le respect des principes de la République

– Décret n° 2021-1802 du 23 déc. 2021 relatif au référent laïcité dans la fonction publique

– CE, ass., 14 avr. 1995, n° 125148, *Consistoire central des israélites de France* (Possibilité d'accorder aux élèves des autorisations d'absence nécessaires à l'exercice d'un culte ou à la célébration d'une fête religieuse)

– CE, 6 mars 2005, n° 265560, *ministre de l'Outre-mer c. gouvernement de la Polynésie française* (Le principe constitutionnel de laïcité implique la neutralité de l'État et des collectivités territoriales de la République et le traitement égal des différents cultes)

– CE, ass., 19 juill. 2011, n° 308544, n° 308817, n° 309161, n° 313518, n° 320796 (Décisions relatives à l'installation par une collectivité d'un orgue dans une église ; à la construction d'un ascenseur permettant d'accéder à la basilique de Fourvière à Lyon ; à la mise à disposition temporaire d'un abattoir à des fins rituelles ; à la mise à disposition d'un local communal à des fins cultuelles ; et à la conclusion d'un bail emphytéotique administratif pour la construction d'un lieu de culte)

– CE, ass., 9 nov. 2016, n° 395122, *Commune de Melun* ;
CE, ass., 9 nov. 2016, n° 395223, *Fédération de la libre-pensée de Vendée* (Installation temporaire d'une crèche de Noël dans un espace public)

– CE, 7 mars 2019, n° 417629, *Commune de Valbonne* (Le Conseil d'État précise les conditions dans lesquelles une commune peut mettre à disposition des locaux lui appartenant à une association cultuelle pour l'exercice d'un culte)

– CE, juge des référés, 18 mai 2020, n°s 440366, 440380, 440410, 440531, 440550, 440562, 440563, 440590, *M. Arnaud F. et autres*

– CE, juge des référés, 12 juin 2020, n° 440840, *M. V.*

– CE, juge des référés, 7 nov. 2020, n° 445825 (Pas de suspension des dispositions du décret du 29 octobre 2020 qui restreignent temporairement, dans le cadre du confinement, la possibilité de se rendre dans les lieux de culte et de s'y rassembler)

– CE, juge des référés, 29 nov. 2020, n°s 446930, 446941, 446968 et 446975 (Injonction au gouvernement de modifier sous trois jours, la limite de 30 personnes pour les rassemblements dans les lieux de culte, en l'adaptant par exemple à la superficie des établissements ou à leur capacité d'accueil, afin que celle-ci soit strictement proportionnée au risque sanitaire)

– CE, juge des référés, 25 nov. 2020, n° 446303, *Fédération musulmane de Pantin* (Les propos tenus par les responsables de la Grande mosquée de Pantin et les idées ou théories diffusées en son sein constituent une provocation, en lien avec le risque de commission d'actes de terrorisme, à la violence, à la haine ou à la discrimination et sont de nature à justifier la fermeture du lieu de culte)

– TA Paris, juge des référés, 14 mai 2021, n° 2110299, *Association des Palestiniens d'Île-de-France* (rejet d'une demande de suspension d'un arrêté du préfet de police interdisant une manifestation déclarée)

– CE, 11 mars 2022, n° 454076, *Commune de Saint-Pierre d'Alvey* (Interdiction des signes ou emblèmes religieux sur les emplacements publics – art. 28 de la loi du 9 déc. 1905 concernant la séparation des Églises et de l'État)

– CE, juge des référés, 26 avr. 2022, n° 462685, *Ministre de l'Intérieur c. association « Rassemblement des Musulmans de Pessac »* (La suspension par le juge des référés du tribunal administratif de Bordeaux de la fermeture de la mosquée de Pessac, par la préfète de la Gironde, est maintenue)

V. Exemple de sujet avec son corrigé portant sur l'installation d'une crèche de Noël à l'entrée d'un conseil régional

Sujet : Un président de conseil régional peut-il installer une crèche de Noël à l'entrée du conseil régional ?

Introduction

Accroche : Le TA de Dijon a rendu un jugement n° 1703010 du 7 juin 2019, *Ligue française pour la défense des droits de l'homme et du citoyen*, fiché en C+, par lequel il a annulé la décision non formalisée du maire de la commune de Paray-le-Monial d'installer une assiette représentant une crèche de la nativité au sein de l'hôtel de ville de la commune au mois de décembre 2017. Plus récemment, par une ordonnance n° 2206509 du 21 décembre 2022, le juge des référés du TA de Montpellier a enjoint à la commune de Perpignan de retirer une crèche de Noël installée dans l'enceinte de l'hôtel de ville.

Historique : Le Conseil d'État s'est prononcé en assemblée, le 9 novembre 2016, sur la question de la légalité de l'installation temporaire d'une crèche de Noël durant les fêtes de fin d'année au sein d'un hôtel de ville (CE, ass., 9 nov. 2016, n° 395122, *Commune de Melun* ; CE, ass., 9 nov. 2016, n° 395223, *Fédération de la libre-pensée de Vendée*) et en a dégagé les règles à appliquer en la matière. Par deux ordonnances n° 1609112 du 20 décembre 2016 et n° 1709278 du 22 novembre 2018, le juge des référés du TA de Lyon a rejeté des requêtes tendant à annuler des décisions relatives à l'installation de crèches de nativité dans l'enceinte et le Hall de l'hôtel de la région Auvergne Rhône-Alpes pour les fêtes de fin d'année.

Définition : Le principe de neutralité trouve son fondement constitutionnel dans l'article 10 de la DDHC de 1879 qui garantit la liberté d'opinions, y compris religieuses, et est une expression dans l'article premier de la Constitution de 1958.

Problématique : Il résulte de ces textes et de leur interprétation par les jurisprudences constitutionnelle et administrative que ce principe de laïcité comporte deux volets. Il assure, d'abord, aux personnes physiques la liberté de conscience, qui inclut tant le droit de n'avoir aucune croyance religieuse que celui d'exercer librement le culte de son choix. Ensuite, et par voie de conséquence, il impose aux collectivités publiques, ainsi qu'aux personnes physiques participant au service public, de garantir à tous ces libertés de conscience et de pratique religieuse.

Annonce du plan

I. Une interdiction de principe

Annonce des deux sous-parties :

1.1. Fondement sur le principe de laïcité

– Portée du principe de laïcité de la loi du 9 décembre 1905 : Cons. const., 21 févr. 2013, n° 2012-297 QPC

– Il crée, pour les personnes publiques, des obligations, en leur imposant notamment, d'une part, d'assurer la liberté de conscience et de garantir le libre exercice des cultes, d'autre part, de veiller à la neutralité des agents publics et des services publics à l'égard des cultes, en particulier en n'en reconnaissant ni n'en subventionnant aucun.

1.2. La loi du 9 décembre 1905 concernant la séparation des Églises et de l'État

L'article 28 de la loi du 9 décembre 1905, qui a pour objet d'assurer la neutralité des personnes publiques à l'égard des cultes, s'oppose à l'installation par celles-ci, dans un emplacement public, d'un signe ou emblème manifestant la reconnaissance d'un culte ou marquant une préférence religieuse.

Transition : Une crèche de Noël est une représentation susceptible de revêtir une pluralité de significations. Il s'agit en effet d'une scène qui présente un caractère religieux, mais aussi d'un élément faisant partie des décorations et illustrations qui accompagnent traditionnellement les fêtes de fin d'année, sans signification religieuse particulière.

II. Des exceptions à cette interdiction de principe

Annonce des deux sous-parties :

2.1. Les conditions à respecter

Eu égard à cette pluralité de significations, l'installation d'une crèche de Noël, à titre temporaire, à l'initiative d'une personne publique, dans un emplacement public, n'est légalement possible que lorsqu'elle présente un caractère culturel, artistique ou festif, sans exprimer la reconnaissance d'un culte ou marquer une préférence religieuse.

2.2. Les éléments d'appréciation à prendre en compte

– Pour apprécier si l'installation d'une crèche de Noël présente un caractère culturel, artistique ou festif, ou si elle exprime la reconnaissance d'un culte ou marque une préférence religieuse, il y a lieu de tenir compte non seulement du contexte, qui doit être dépourvu de tout élément de prosélytisme, des conditions particulières de cette installation, de l'existence ou de l'absence d'usages locaux, mais aussi du lieu de cette installation.

– Au regard du lieu de l'installation, la situation est différente, selon qu'il s'agit d'un bâtiment public, siège d'une collectivité publique ou d'un service public, ou d'un autre emplacement public. Dans l'enceinte des bâtiments publics, sièges d'une collectivité publique ou d'un service public, le fait pour une personne publique de procéder à l'installation d'une crèche de Noël ne peut, en l'absence de circonstances particulières permettant de lui reconnaître un caractère culturel, artistique ou festif, être regardé comme conforme aux exigences qui découlent du principe de neutralité des personnes publiques. À l'inverse, dans les autres emplacements publics, eu égard au caractère festif des installations liées aux fêtes de fin d'année notamment sur la voie publique, l'installation à cette occasion et durant cette période d'une crèche de Noël par une personne publique est possible dès lors qu'elle ne constitue pas un acte de prosélytisme ou de revendication d'une opinion religieuse.

Conclusion

Synthèse : La réponse à la question posée se trouve dans l'application pragmatique du principe de laïcité réalisée par le Conseil d'État dans ses deux décisions d'Assemblée du 9 novembre 2016 concernant l'installation de crèches de Noël dans les espaces publics (n° 395122, *Commune de Melun* et n° 395223, *Fédération de la libre pensée de Vendée*).

Ouvertures possibles :

– Dans une décision *Syndicat national de l'enseignement supérieur*, du 27 juin 2018, n° 419595, le Conseil d'État a rappelé que le principe de laïcité figure au nombre des droits et libertés que la Constitution garantit et qu'il en résulte notamment la neutralité de l'État, le respect de toutes les croyances et l'égalité de tous les citoyens devant la loi sans distinction de religion. Il a jugé qu'il résulte ainsi du principe constitutionnel de laïcité que l'accès aux fonctions publiques, dont l'accès aux fonctions de président d'université, s'effectue sans distinction de croyance et de religion et que, par suite, il ne peut, en principe, être fait obstacle à ce qu'une personne ayant la qualité de ministre d'un culte puisse être élue aux fonctions de président d'université, celle-ci étant alors tenue, eu égard à la neutralité des services publics qui découle également du principe de laïcité, à ne pas manifester ses opinions religieuses dans l'exercice de ses fonctions ainsi qu'à un devoir de réserve en dehors de l'exercice de ces dernières (en ce qui concerne le devoir de réserve et la liberté d'expression des agents publics, voir le guide suivant : https://lib. umso.co/lib_ufoFEvhlRMwflNFx/y870y48nspedczx4.pdf).

– La loi n° 2021-1109 du 24 août 2021 confortant le respect des principes de la République et la décision n° 2021-823 DC du 13 août 2021.

VI. Exemples de questions sur le thème de la liberté de culte

– Définissez la liberté du culte en France.

– Qu'est-ce qu'un objectif de valeur constitutionnel ? Pouvez-vous citer des exemples ?

– Quelles sont les dernières modifications apportées à la loi du 9 décembre 1905 concernant la séparation des Églises et de l'État ?

– L'État peut-il participer au financement des cultes ?

– Quelles sont les conditions dans lesquelles une collectivité territoriale peut, au regard des dispositions de la loi du 9 décembre 1905, prendre en charge des dépenses en rapport avec un lieu de culte ou une activité cultuelle ?

– La réglementation nationale impose-t-elle l'étourdissement préalable des animaux avant l'abattage ou la mise à mort s'il n'est pas compatible avec la pratique de l'abattage rituel mais encadrant d'autres aspects de cette pratique ?

– Quel est le statut des ministres du culte ?

– Un ministre d'un culte peut-il être régulièrement élu aux fonctions de président d'université ?

– Qu'est-ce que la neutralité pour vous ?

– Définissez le principe de laïcité.

– L'installation d'une crèche de Noël dans un hôtel de ville est-elle compatible avec le principe de laïcité ?

– Les patients hospitalisés et les détenus bénéficient-ils du principe du libre exercice du culte ?

– Peut-on se prévaloir de ses croyances religieuses pour s'affranchir des règles communes régissant les relations entre collectivités publiques et particuliers ?

– Quels sont les principaux apports de la loi du 24 août 2021 confortant le respect des principes de la République ?

– Le Conseil constitutionnel a-t-il censuré la loi n° 2021-1109 du 24 août 2021 confortant le respect des principes de la République ? Si, oui, pouvez-vous illustrer les dispositions contestées déclarées contraires à la Constitution voire les dispositions contestées déclarées conformes sous une réserve d'interprétation ?

– Quel est le rôle du référent laïcité ?

– La loi n° 2021-1109 du 24 août 2021 confortant le respect des principes de la République a-t-elle modifié la loi du 9 décembre 1905 concernant la séparation des Églises et de l'État et la loi du 2 janvier 1907 sur l'exercice public des cultes ? Si, oui, illustrez votre réponse favorable par des exemples.

– Qui sont chargés de prononcer la fermeture des lieux de culte dans lesquels les propos qui sont tenus, les idées ou théories qui sont diffusées ou les activités qui se déroulent incitent à la violence, à la haine ou à la discrimination, incitent à la commission d'actes de terrorisme ou font l'apologie de tels actes, en application de l'article L. 227-1 du Code de la sécurité intérieure ?

19 janvier 2023 : Début du mouvement social contre la réforme des retraites en France

Le mouvement social contre la réforme des retraites en France en 2023 a mobilisé pendant plusieurs mois des millions de personnes protestant contre le relèvement de 62 à 64 ans de l'âge légal de départ à la retraite et à 43 ans de la durée minimum de cotisation.

Les huit principaux syndicats de salariés, réunis en intersyndicale nationale en décembre 2022, ont lancé un appel à des grèves et manifestations à partir du 19 janvier 2023.

Cette contestation, qui a duré environ six mois, a entraîné plusieurs journées de grève qui ont été très suivies.

I. Fondamentaux à connaître sur le droit de grève

A. Rappels historiques essentiels

Jusqu'au XIXe siècle, la grève était interdite et constituait un délit pénalement sanctionné suite à l'abolition des corporations et de la promulgation sous la Révolution française de 1789 de la loi Le Chapelier du 14 juin 1791.

Ce n'est que le 25 mai 1864 qu'une loi, dite Ollivier, a mis fin à cette pénalisation de la grève, sans toutefois lui donner sa pleine portée.

En effet, la grève constituait toujours une rupture du contrat de travail et pouvait justifier un licenciement du salarié gréviste.

Le juge administratif a interdit purement et simplement la grève dans les services publics au début du XXe siècle (CE, 7 août 1909, *Winkell* ; CE, 22 oct. 1936, *Demoiselle Mimaire et autres*). Cette absence de reconnaissance du droit de grève aux agents publics justifiait même que les grévistes soient révoqués sans aucune garantie juridique, la grève étant assimilée, à l'époque, à un abandon de poste.

À la suite de la Libération en 1944 et en réaction contre tous les interdits imposés par l'occupation nazie et le régime de Vichy, la Constitution française de 1946 a autorisé la grève des fonctionnaires, à l'exception de certains agents d'autorité, « dans le cadre des lois qui le réglementent ». Ce cadre législatif tardant à arriver, le Conseil d'État a reconnu le droit de grève aux agents publics dans une décision d'Assemblée du 7 juillet 1950, en attribuant au gouvernement la compétence pour fixer les règles en la matière, lorsque la loi fait défaut. Toutefois, ce droit de grève aux agents publics s'exerce de façon réglementée en incluant un préavis de grève et un service minimum et sous le contrôle du juge administratif.

B. Définition du droit de grève et apports récents de la jurisprudence

La grève, en tant que liberté collective, est une cessation collective et concertée du travail destinée à appuyer des revendications professionnelles.

Le droit de grève est reconnu aux fonctionnaires et aux agents non titulaires par la loi n° 83-634 du 13 juillet 1983 portant droits et obligations des fonctionnaires, dite « loi Le Pors », à son article 10 qui prévoit que : « Les fonctionnaires exercent le droit de grève dans le cadre des lois qui le réglementent ».

Le Code du travail fixe l'exercice général du droit de grève à l'article L. 2511-1 et les dispositions particulières dans les services publics aux articles L. 2512-1 à L. 2512-5 du même code.

La CEDH a jugé qu'une interdiction de faire grève, applicable à des conducteurs de train, constitue une restriction disproportionnée de leurs droits et emporte violation de l'article 11 de la Convention relatif à la liberté d'association (CEDH, 20 nov. 2018, n° 44873/09, *O. c. Russie*).

Le Conseil d'État juge, de façon générale, qu'en l'absence de disposition législative applicable, il appartient aux chefs de service de réglementer le droit de grève des fonctionnaires et d'organiser la nécessaire conciliation entre ce droit et la continuité du service public (CE, ass., 7 juill. 1950, n° 01645, *Dehaene* ; CE, 6 juill. 2016, n° 390031, *Syndicat CGT des cadres et techniciens parisiens des services publics territoriaux et autres*).

Dans une décision d'Assemblée du 12 avril 2013, le Conseil d'État a jugé que l'exercice du droit de grève par les salariés des centrales nucléaires de production d'électricité peut être légalement restreint par les organes dirigeants d'Électricité de France (EDF). En l'absence de la « complète législation » réglementant le droit de grève, et dans la mesure où l'approvisionnement en électricité sur le territoire national constitue l'objet même du service public de l'électricité, la juridiction administrative a validé le principe de mesures de réquisitions des salariés grévistes par les organes dirigeants d'EDF, société de droit privé chargée du service public de l'électricité (CE, ass., 12 avr. 2013, nos 329570, 329683, 330539 et 330847, *Fédération Force Ouvrière Énergie et mines et autres*).

C. Interdictions et limitations à l'exercice du droit de grève pour certaines catégories d'agents publics

D'une part, certaines catégories de fonctionnaires n'ont pas le droit de faire grève, étant précisé que seule la loi peut leur interdire le droit de grève. Il s'agit des catégories suivantes : les personnels des services actifs de la police nationale (loi du 28 septembre 1948 ; loi n° 95-73 d'orientation et de programmation sur la sécurité du 21 janvier 1995), les membres des compagnies républicaines de sécurité (CRS) (loi n° 47-2384 du 27 décembre 1947, les magistrats judiciaires [ordonnance n° 58-1270 du 22 décembre 1958), les militaires (art. L. 4121-4 du Code de la défense), les personnels des services extérieurs de l'administration pénitentiaire (ordonnance n° 58-696 du 6 août 1958) et les personnels des transmissions du ministère de l'Intérieur (loi n° 68-695 du 31 juillet 1968).

D'une part, certaines formes de grève sont interdites, à savoir la grève tournante (loi n° 63-777 du 31 juillet 1963 relative à certaines modalités de la grève dans les services publics), la cessation du travail par intermittence (ou roulement) en vue de ralentir le travail et désorganiser le service, la grève politique non justifiée par des motifs d'ordre professionnel ainsi que la grève sur le tas avec occupation et blocage des locaux de travail (CE, 11 févr. 1966, n° 65509, *Legrand*).

Par ailleurs, le Conseil d'État a jugé que l'exercice du droit de grève est interdit pour les greffiers en chef du fait du risque de compromettre l'action de la justice et de porter atteinte à l'ordre public (CE, 21 déc. 1977, n° 04713, *Syndicat national CFDT des Cours et tribunaux*).

Enfin, si les agents publics qui exercent des fonctions syndicales disposent de la liberté d'action et d'expression particulière qu'exigent l'exercice de leur mandat et la défense des intérêts des personnels qu'ils représentent, cette liberté doit être conciliée avec le respect des règles encadrant l'exercice du droit syndical dans la fonction publique et le droit de grève, ainsi qu'avec leurs obligations déontologiques et les contraintes liées à la sécurité et au bon fonctionnement du service (CE, CHR, 30 déc. 2021, n° 445128, *La Poste*).

II. Nécessaire conciliation du droit de grève avec le principe de continuité du service public

A. Deux libertés avec la même valeur constitutionnelle

Les principes du service public, théorisés par le Professeur Rolland dans les années 1920-1930, reposent sur des principes communs, à savoir le principe d'égalité, le principe de mutabilité et le principe de continuité du service public.

Le principe d'égalité découle du principe d'égalité devant la loi avec les articles 1er et 6 de la DDHC de 1789 et qu'il s'agit d'un PGD (CE, sect., 9 mars 1951, *Société des concerts du conservatoire*) et d'un principe à valeur constitutionnelle (Cons. const., 12 juill. 1979, n° 79-107 DC, *Ponts à péage*).

Le principe de mutabilité, ou d'adaptation constante, du service public repose sur l'idée selon laquelle l'intérêt général est évolutif. Le principe a été posé par le Conseil d'État, le 10 janv. 1902, dans l'arrêt *Compagnie nouvelle du Gaz de Deville-lès-Rouen*.

La continuité des services publics trouve son fondement dans l'article 5 de la Constitution française du 4 octobre 1958 posant le principe de continuité de l'État. Le principe de continuité du service public a une valeur constitutionnelle depuis 1979 (Cons. const., 25 juill. 1979, n° 79-105, *Droit de grève à la radio et à la télévision* [Loi modifiant les dispositions de la loi n° 74-696 du 7 août 1974 relatives à la continuité du service public de la radio et de la télévision en cas de cessation concertée du travail]) et le Conseil d'État en a fait un principe fondamental (CE, 13 juin 1980, n° 17995, *Mme Bonjean*).

Le droit de grève étant inscrit dans le préambule de la Constitution du 27 octobre 1946 avec la formule : « Le droit de grève s'exerce dans le cadre des lois qui le réglementent », étant rappelé que le préambule de la Constitution de 1958 fait partie intégrante du bloc de constitutionnalité sous la Ve République, il confère ainsi au droit de grève une valeur constitutionnelle en faisant référence au préambule du texte constitutionnel de 1946 (Cons. const., 16 juill. 1971, n° 71-44 DC, *Liberté d'association*).

Par conséquent, ayant la même valeur constitutionnelle, le droit de grève et la continuité du service public appellent une inévitable conciliation en cas de confrontation entre ceux-ci. Au final, le droit de grève demeure pleinement et seul son exercice est progressivement aménagé dans le secteur public. Il est confronté à de nouvelles exigences et en particulier aux aspirations grandissantes des usagers, devenus « clients », qui réclament la continuité du service (v. débat sur le travail dominical).

B. Extension légale du service minimum dans les services publics entre 2007 et 2012

En premier lieu, la continuité du service public dans les transports terrestres réguliers de voyageurs est encadrée par la loi n° 2007-1224 du 21 août 2007 portant sur le dialogue social et la continuité du service public dans les transports terrestres réguliers de voyageurs qui a institué des règles pour favoriser le dialogue social et permettre une meilleure organisation des services de transports publics terrestres en cas de grève sans mettre en place une véritable obligation de service minimum. Cette loi instaure l'obligation pour les salariés d'indiquer quarante-huit heures à l'avance qu'ils ont l'intention de faire grève pour permettre aux collectivités locales de réorganiser le service sur les dessertes les plus importantes, en substituant des non-grévistes aux grévistes. La mise en œuvre de l'obligation de service minimum aux heures de pointe est laissée aux accords entre syndicats et autorités organisatrices des transports. Le fret, La Poste et les transports publics non terrestres ne sont pas concernés.

En deuxième lieu, la loi n° 2008-790 du 20 août 2008 institue un droit d'accueil pour les élèves des écoles maternelles et élémentaires pendant le temps scolaire. Il s'agit d'assurer un équilibre entre l'exercice du droit de grève par le personnel de l'éducation nationale et la garantie d'un service d'accueil effectif pour tous les enfants scolarisés à l'école primaire, permettant ainsi aux parents de poursuivre leur activité professionnelle les jours de grève. La loi contient deux dispositions principales, la première tend à organiser le service d'accueil des élèves en cas de grève, la seconde met en place un mécanisme de prévention des conflits et d'information préalable à la grève.

En troisième lieu, le service minimum dans les entreprises de transport aérien de passagers est encadré par la loi n° 2012-375 du 19 mars 2012 relative à l'organisation du service et à l'information des passagers dans les entreprises de transport aérien de passagers et à diverses dispositions dans le domaine des transports qui prévoit notamment la possibilité de signer un accord-cadre dans les entreprises de transport aérien de passagers pour développer le dialogue social et prévenir les conflits, l'obligation pour les salariés de se déclarer grévistes auprès de leur employeur au plus tard quarante-huit heures avant le début des perturbations et l'obligation pour l'entreprise de transport aérien d'informer les passagers au minimum vingt-quatre heures avant le début des perturbations.

III. Évolutions récentes et en cours en matière de droit de grève des agents publics

A. La limitation du droit de grève dans la fonction publique territoriale par la loi du 6 août 2019 de transformation de la fonction publique

L'article 56 de la loi n° 2019-828 du 6 août 2019 de transformation de la fonction publique a complété le droit en vigueur, s'agissant de la limitation du droit de grève dans la fonction publique territoriale, en complétant le chapitre Ier de la loi n° 84-53 du 26 janvier 1984 portant dispositions statutaires relatives à la fonction publique territoriale par un nouvel article 7-2, codifié aux articles L. 114-7 à L. 114-10 du Code général de la fonction publique depuis l'ordonnance n° 2021-1574 du 24 novembre 2021 portant partie législative du Code général de la fonction publique.

La continuité de certains services territoriaux peut être assurée au moyen de négociations entre l'autorité territoriale et les organisations syndicales. Sont ainsi concernés les services publics locaux de collecte et de traitement des ordures ménagères, de transport, d'aide aux personnes âgées et handicapées, d'accueil des enfants de moins de trois ans (crèches municipales ou familiales), d'accueil périscolaire (centres aérés) et de restauration collective et scolaire, la protection des biens et des personnes, la gestion des équipements sportifs et la délivrance des titres d'état civil.

Une clause de sauvegarde a été introduite en cas d'échec de la négociation collective qui prévoit qu'à défaut de conclusion d'un accord dans un délai de douze mois, une délibération de l'organe délibérant détermine les services, les fonctions et le nombre d'agents indispensables afin de garantir la continuité du service public.

B. Proposition de loi en matière de service minimum dans les services publics du 2 décembre 2019 adoptée en première lecture par le Sénat le 4 février 2020

Une proposition de loi, en matière de service minimum dans les services publics, a été enregistrée à la présidence du Sénat, le 2 décembre 2019, tendant à assurer l'effectivité du droit au transport, à améliorer les droits des usagers et à répondre aux besoins essentiels du pays en cas de grève (texte n° 166 – 2019-2020).

Le texte déposé comprend huit articles qui visent notamment à prévoir l'application du service garanti aux transports maritimes réguliers publics de personnes pour la desserte des îles françaises, ce qui recouvre non seulement les îles métropolitaines, mais aussi d'outre-mer dans la mesure où le Code des transports y est applicable (art. 1er), à instaurer un service garanti afin que les besoins essentiels de la population soient assurés en cas de grève dans les transports publics réguliers de personnes (art. 3 et 4), à imposer à l'entreprise de transport d'informer l'autorité organisatrice de l'évolution des négociations et, s'il apparaît que la grève s'annonce inévitable, de lui indiquer, au moins vingt-quatre heures avant le terme du préavis, les mesures qu'elle envisage de prendre pour se conformer à ses obligations au titre du service garanti ainsi que les éventuelles difficultés qu'elle risque de rencontrer (art. 5), à améliorer les droits des usagers en cas d'annulation d'un voyage. Ainsi, en principe, serait interdit le remboursement d'un titre non utilisé sous la forme d'un avoir ou d'un échange (art. 6). Cette proposition de loi vise, enfin, à instaurer un service minimal garanti applicable aux services de transport aérien public à l'intérieur du territoire français (art. 8).

La proposition a été adoptée en première lecture, avec modifications, par le Sénat le 4 février 2020. Elle vise à établir le principe d'un service garanti en cas de grève dans les transports et prévoit la possibilité de réquisitionner des grévistes. Le dispositif prévoit qu'en cas de grève dans les entreprises de transport, l'autorité organisatrice de transport définit un niveau minimal de service correspondant, compte tenu des autres moyens de transport existant sur le territoire, à la couverture des besoins essentiels de la population. Elle fixe les fréquences et plages horaires correspondant à ce niveau de service. Lorsque le service minimal n'a pas été assuré pendant une durée de trois jours consécutifs, l'autorité organisatrice des transports enjoint l'entreprise de transports de requérir les personnels nécessaires pour assurer ce service. Les personnels requis sont informés au plus tard 24 heures avant leur prise de poste. En cas de refus, le salarié est passible d'une sanction disciplinaire. L'entreprise de transport est considérée comme directement responsable du défaut d'exécution si elle ne s'est pas conformée à l'injonction de l'autorité organisatrice de transports. Le service minimal concerne également les transports maritimes réguliers publics et aériens. Pour le transport aérien, le ministre chargé de l'aviation civile est tenu de prévoir d'une part, les obligations de service normal et d'autre part, le service minimal qui doit être garanti pour couvrir les besoins essentiels de la population. En cas de perturbations de trafic, les usagers qui ont pris leur billet par voie dématérialisée peuvent bénéficier d'un remboursement automatique dans les sept jours. Des amendements adoptés au Sénat en première lecture prévoient que les préavis de grève deviennent caducs s'ils ne sont suivis par aucun salarié pendant cinq jours et que les salariés font grève du début à la fin de leur service.

Cette proposition de loi, adoptée par le Sénat, tendant à assurer l'effectivité du droit au transport, à améliorer les droits des usagers et à répondre aux besoins essentiels du pays en cas de grève, a été déposée et enregistrée à la Présidence de l'Assemblée nationale, le 5 février 2020 puis le 12 juillet 2022 et, à chaque fois, renvoyée à la Commission du développement durable et de l'aménagement du territoire, à défaut de constitution d'une commission spéciale dans les délais prévus par les articles 30 et 31 du Règlement de l'Assemblée nationale.

C. Situation d'un agent non-gréviste

Par une question écrite n° 16831, publiée dans le *JO* Sénat du 18 juin 2020, p. 2795, Mme Christine Herzog a attiré l'attention de la ministre du Travail sur le cas d'un agent non-gréviste qui ne peut pas accéder à son lieu de travail en y étant empêché par ses collègues grévistes. Elle se demande si, dans ce cas, la commune peut procéder à une retenue sur le traitement de l'agent non-gréviste. Par ailleurs, dans ce type de cas, elle lui demande quelles sont les obligations de l'agent non-gréviste auprès de la commune concernée.

Par une réponse, publiée dans le *JO* Sénat du 15 octobre 2020, p. 4735, le ministère de la Transformation et de la fonction publiques précise qu'aux termes de l'article 87 de la loi n° 84-53 du 26 janvier 1984 portant dispositions statutaires relatives à la fonction publique territoriale, les agents territoriaux ont droit après service fait, à une rémunération fixée conformément aux dispositions de l'article 20 de la loi du 13 juillet 1983 portant droits et obligations des fonctionnaires. Il résulte de ces dispositions que l'autorité territoriale est tenue de suspendre jusqu'à la reprise effective de son service par l'intéressé, le versement du traitement d'un fonctionnaire qui, de son fait, n'accomplit pas son service. S'agissant de la situation d'un agent public non-gréviste qui ne peut matériellement pas accéder à son lieu de travail, il est de jurisprudence constante que l'intention de l'agent est déterminante dans l'application de la règle du paiement après service fait (CAA de Nantes, 19 juill. 2016, n° 14NT02034). Il appartient aux agents publics d'apporter la preuve, par tout moyen, de l'exercice effectif de leurs fonctions durant la grève (CE, 31 mai 1974, n° 90478). Ainsi, dès lors que l'impossibilité d'exécuter ses obligations de service ne peut être imputée à l'agent, aucune retenue sur traitement pour fait de grève ne peut être effectuée (TA de Nice, 28 mars 2008, n° 0403817). Le juge considère en effet qu'il revient à l'agent territorial, empêché d'accomplir son service en raison d'un mouvement social au sein de sa collectivité, d'apporter tous les éléments attestant de cette impossibilité et d'informer l'administration de son absence. À défaut, il y a lieu de considérer que l'agent s'est de son propre fait abstenu d'accomplir son service et l'autorité territoriale est tenue de procéder à une retenue sur traitement (CAA de Paris, 6 nov. 2019, n° 17PA22592).

IV. Corpus juridique de référence

– Préambule de la Constitution du 27 oct. 1946, notamment art. 7 : Le droit de grève s'exerce dans le cadre des lois qui le réglementent

– Constitution du 4 oct. 1958, notamment art. 5

– Convention EDH du 4 nov. 1950

– Charte des droits fondamentaux de l'Union européenne du 7 déc. 2000, notamment art. 28

– CEDH, 20 nov. 2018, n° 44873/09, *O. c. Russie*

– Cons. const., 16 juill. 1971, n° 71-44 DC, *Liberté d'association* [Loi complétant les dispositions des art. 5 et 7 de la loi du 1er juillet 1901 relative au contrat d'association]

– Cons. const., 25 juill. 1979, n° 79-105 DC, *Droit de grève à la radio et à la télévision* [Loi modifiant les dispositions de la loi n° 74-696 du 7 août 1974 relatives à la continuité du service public de la radio et de la télévision en cas de cessation concertée du travail]

– Code du travail

– Code général de la fonction publique

– Loi n° 63-777 du 31 juill. 1963 relative à certaines modalités de la grève dans les services publics, désormais codifiée aux art. L. 2512-1 à L. 2512-5 du Code du travail

– Loi n° 2007-1224 du 21 août 2007 sur le dialogue social et la continuité du service public dans les transports terrestres réguliers de voyageurs

– Loi n° 2008-790 du 20 août 2008 instituant un droit d'accueil pour les élèves des écoles maternelles et élémentaires pendant le temps scolaire

– Loi n° 2012-375 du 19 mars 2012 relative à l'organisation du service et à l'information des passagers dans les entreprises de transport aérien de passagers et à diverses dispositions dans le domaine des transports

– Loi n° 2019-828 du 6 août 2019 de transformation de la fonction publique

– CE, 7 août 1909, n° 37317, *Winkell* (Interdiction du droit de grève dans les services publics)

– CE, 22 oct. 1936, *Demoiselle Mimaire et autres* (Interdiction du droit de grève dans les services publics)

– CE, ass., 7 juill. 1950, n° 01645, *Dehaene* (Réglementation du droit de grève dans les services publics : la grève des agents publics est en principe licite sous conditions d'un préavis de grève et de la mise en place d'un service minimum)

– CE, sect., 11 févr. 1966, n° 65509, *Legrand* (Interdiction aux grévistes d'occuper les locaux dès qu'ils cessent le travail)

– CE, 31 mai 1974, n° 90478, *ministre de l'Éducation nationale c. Sieurs A. et autres* (Un agent public peut apporter la preuve, par tout moyen, de l'exercice effectif de ses fonctions durant la grève)

– CE, 21 déc. 1977, n° 04713, *Syndicat national CFDT des Cours et tribunaux* (Interdiction de l'exercice du droit de grève pour les greffiers en chef)

– CE, 13 juin 1980, n° 17995, *Mme Bonjean* (Retenue sur le traitement ou la rémunération des fonctionnaires et agents publics pour absence de service fait)

– CE, ass., 12 avr. 2013, n° 329570, n° 329683, n° 330539, n° 330847, *Fédération Force Ouvrière Énergie et mines et autres* (Une autorité administrative responsable du bon fonctionnement d'un service public est compétente pour réglementer le droit de grève dans les services publics, en l'absence de législation complète)

– CE, 6 juill. 2016, n° 390031, *Syndicat CGT des cadres et techniciens parisiens des services publics territoriaux et autres* (Obligation d'exercer le droit de grève dès la prise de service)

– CE, 22 mai 2017, n° 396453, *Commune de Sète* (Un agent en grève a la possibilité de bénéficier de la protection fonctionnelle de l'art. 11 de la loi n° 83-634 du 13 juillet 1983)

– CE, CHR, 30 déc. 2021, n° 445128, *La Poste* (Exigence de conciliation entre, d'une part, la liberté d'action et d'expression des agents publics exerçant des fonctions syndicales, d'autre part, le respect des règles encadrant l'exercice du droit syndical, de leurs obligations déontologiques et des contraintes liées à la sécurité et au bon fonctionnement du service)

– CE, CHR, 5 avr. 2022, n° 450313, *Syndicat CGT de la société Cofiroute* (L'encadrement du droit de grève dans les concessions de service public relève de la compétence de l'autorité concédante)

V. Exemple de sujet avec son corrigé portant sur le droit de grève des agents publics

Sujet : Soutenez que l'exercice du droit de grève n'est pas libre pour les agents publics

Introduction

Accroche : La durée de la grève des agents publics portant sur la réforme des retraites, de décembre 2019 à février 2020, a relancé le débat sur l'exercice du droit de grève par les agents publics.

Historique : Jusqu'au XIXe siècle, la grève était interdite et constituait un délit pénalement sanctionné. Le 25 mai 1864, une loi dite Ollivier a mis fin à cette pénalisation de la grève. La Constitution de 1946 a autorisé la grève des fonctionnaires, à l'exception de certains agents d'autorité « dans le cadre des lois qui le réglementent ».

Définition : La grève, en tant que liberté collective, est une cessation collective et concertée du travail destinée à appuyer des revendications professionnelles. L'article L. 114-1 du Code général de la fonction publique (CGFP) prévoit que : « Les agents publics exercent le droit de grève dans le cadre des lois qui le réglementent ». L'article L. 114-2 du même Code précise que : « Les dispositions relatives à la cessation concertée du travail mentionnées aux articles L. 2512-2 à L. 2512-4 du Code du travail s'appliquent aux agents publics de l'État, des autorités administratives indépendantes, des autorités publiques indépendantes et des établissements publics de l'État, des collectivités territoriales autres que les communes comptant au plus 10 000 habitants et de leurs établissements publics ainsi que des établissements publics mentionnés à l'article L. 5 (…) [dudit] code ».

Problématique : L'exercice du droit de grève par les agents publics n'est pas libre dès lors qu'il est, dans certains cas, interdit voire limité par le législateur et la jurisprudence.

Annonce du plan

I. Les interdictions et limitations légales à l'exercice du droit de grève pour certaines catégories d'agents publics

Annonce des deux sous-parties :

1.1. Les privations légales à l'exercice du droit de grève

Les démontrer en citant les lois qui interdisent le droit de grève à certaines catégories de fonctionnaires (v. I. C *supra*).

1.2. L'extension légale du service minimum dans les services publics

L'établir en citant et en expliquant l'extension du service minimum dans les services publics par des dispositions législatives entre 2007 et 2012 (v. II. B. *supra*) et la loi n° 2019-828 du 6 août 2019 de transformation de la fonction publique qui tend à garantir la continuité du service public dans la fonction publique territoriale (v. III. A. *supra*).

Transition : Si le droit de grève se concilie avec le principe de continuité du service public dès lors qu'ils ont tous deux la même valeur constitutionnelle, son exercice est également limité par la jurisprudence.

II. Les limitations jurisprudentielles à l'exercice du droit de grève par les agents publics

Annonce des deux sous-parties :

2.1. Les limitations à l'exercice du droit de grève des agents publics par le Conseil constitutionnel

Les démontrer en citant la jurisprudence topique du Conseil constitutionnel (Cons. const., 25 juill. 1979, n° 79-105 DC, *Droit de grève à la radio et à la télévision*) (v. II. A. *supra*).

2.2. Les limitations à l'exercice du droit de grève des agents publics par le Conseil d'État

Les établir en citant et en expliquant la décision d'Assemblée du Conseil d'État du 7 juill. 1950, *Dehaene* qui a reconnu un droit de grève aux agents publics qui s'exerce de façon réglementée avec un préavis de grève et un service minimum sous le contrôle du juge administratif (v. I. A. *supra*).

Conclusion

Synthèse : Si le droit de grève constitue un droit fondamental, toutefois son exercice par les agents publics n'est pas libre dès lors qu'il peut être interdit ou limité par le législateur et la jurisprudence.

Ouvertures possibles :

– Une proposition de loi, en matière de service minimum dans les services publics, a été enregistrée à la présidence du Sénat, le 2 décembre 2019, tendant à assurer l'effectivité du droit au transport, à améliorer les droits des usagers et à répondre aux besoins essentiels du pays en cas de grève (v. III. B. *supra*).

– Possibilité de renforcer le service minimum dans les transports à l'occasion des Jeux olympiques et paralympiques de Paris 2024.

VI. Exemples de questions sur le thème de l'exercice du droit de grève des agents publics

– Le droit de grève et le principe de continuité du service public sont-ils compatibles ?

– Soutenez que si le droit de grève dans le service public est garanti en France aujourd'hui, que son exercice est progressivement limité par le principe de continuité du service public.

– Comment garantir la continuité du service public malgré le droit de grève ?

– Le droit de grève dans la fonction publique vous semble-t-il légitime ?

– Faut-il repenser le droit de grève dans les services publics ?

– L'exercice du droit de grève dans le secteur public est-il restreint en France ?

– Quelles modalités de contestation peuvent être mises en œuvre pour éviter de faire grève ?

– Un agent public peut-il être sanctionné en raison de l'exercice de son droit de grève ?

– Qu'est-ce que l'exercice régulier du droit de grève pour un agent public ?

– Peut-il y avoir une retenue sur la rémunération d'un agent public qui exerce son droit de grève, en l'absence de service fait ? Qu'est-ce que la règle du 1/30e indivisible ?

– Quel est le juge compétent pour annuler une sanction prise par un employeur à l'encontre d'un agent public dans le cadre de l'exercice de son droit de grève ?

– L'administration peut-elle prendre une sanction à l'encontre d'agents publics grévistes si ces derniers n'ont pas respecté un préavis d'une durée de cinq jours francs ?

– Quelles sont les catégories de personnels qui ont l'obligation d'assurer, même en période de grève, un service minimal ?

– Un préfet peut-il réquisitionner des agents publics en cas de grève portant gravement atteinte à la continuité du service public ou aux besoins de la population ?

– Un agent public non-gréviste empêché de rejoindre son travail a-t-il droit à son traitement ?

– Quel était le motif de la grève des magistrats administratifs des 18, 19 et 20 mai 2021 ?

– Qui est compétent pour encadrer le droit de grève dans les concessions de service public ?

– Que pensez-vous d'un éventuel élargissement du service minimum dans les transports en prévision des Jeux olympiques et paralympiques de Paris 2024 ?

17 février 2023 : Décret portant déchéance de la nationalité française

Par décret en date du 17 février 2023, sur l'avis conforme du Conseil d'État, un ressortissant franco-marocain est déchu de la nationalité française ayant été condamné pour un crime ou un délit constituant un acte de terrorisme.

Par un décret du Premier ministre en date du 17 février 2023, publié au *JORF* du 21 février 2023, sur l'avis conforme du Conseil d'État, un ressortissant franco-marocain, qui avait été condamné en 2019 à sept ans d'emprisonnement pour un projet d'attentat déjoué en 2015 à Orléans, a été déchu de la nationalité française.

L'article 25 du Code civil, qui trouve son origine dans la loi du 10 août 1927 sur la nationalité et le décret-loi du 12 novembre 1938 relatif à la situation et à la police des étrangers, permet au Premier ministre de déchoir de la nationalité française certaines personnes qui ont acquis cette nationalité et qui en possèdent une autre. En vertu des articles 25 et 25-1 du Code civil, cette déchéance peut notamment être prononcée lorsque la personne a été condamnée pour un crime ou un délit constituant un acte de terrorisme. Depuis la loi du 23 janvier 2006 relative à la lutte contre le terrorisme, la déchéance est encourue, dans ce cas, lorsque les actes de terrorisme ont été commis avant l'acquisition de la nationalité ou dans les quinze ans suivant cette acquisition ; elle ne peut être prononcée que dans les quinze ans suivant la commission des faits. La déchéance de nationalité prévue par les articles 25 et 25-1 du Code civil pour les personnes condamnées pour crime ou délit constituant un acte de terrorisme a été déclarée conforme à la Constitution par le Conseil constitutionnel par une décision du 16 juillet 1996 (n° 96-377 DC) puis par une décision du 23 janvier 2015 (n° 2014-439 QPC).

La contestation de la sanction de déchéance de nationalité prononcée par décret sur le fondement de l'article 25 du Code civil relève de la compétence du juge administratif et le juge de l'excès de pouvoir exerce un entier contrôle sur la proportionnalité de la sanction de déchéance de nationalité. Un décret portant déchéance de la nationalité française est par lui-même dépourvu d'effet sur la présence sur le territoire français de celui qu'il vise, comme sur ses liens avec les membres de sa famille, et n'affecte pas, dès lors, le droit au respect de sa vie familiale. En revanche, un tel décret affecte un élément constitutif de l'identité de la personne concernée et est ainsi susceptible de porter atteinte au droit au respect de sa vie privée garanti par l'article 8 de la Convention EDH (CE, CHR, 8 juin 2016, n° 394348, *M. Turk*).

À titre d'illustration, depuis 2019, une vingtaine de déchéances de nationalité ont été prononcées pour actes de terrorisme en France.

I. Fondamentaux à connaître sur le droit des étrangers

A. Application de normes supranationales

Le droit des étrangers met en application plusieurs traités internationaux, des accords bilatéraux et des textes régissant l'espace européen.

En ce qui concerne les traités internationaux, le droit des étrangers français applique notamment la Convention de Genève relative aux réfugiés et la Convention de New York relative aux droits de l'enfant, ou Convention internationale des droits de l'enfant (CIDE), qui prévoit à son article 3 que dans toutes les décisions qui concernent les enfants, qu'elles soient le fait des institutions publiques ou privées de protection sociale, des tribunaux, des autorités administratives ou des organes législatifs, l'intérêt supérieur de l'enfant doit être une considération primordiale.

Une personne qui s'est vue reconnaître le statut de réfugié dans un État partie à la Convention de Genève peut, dans le cas où elle a été préalablement admise au séjour en France, déposer une demande tendant à ce que l'OFPRA exerce à son égard la protection qui s'attache au statut de réfugié et le Conseil d'État a jugé qu'une telle demande doit être présentée dans les formes et selon les règles procédurales applicables aux demandes d'asile (CE, CHR, 18 juin 2018, n° 415335, *M. Kadous*).

En ce qui concerne les accords bilatéraux, la France applique notamment l'Accord franco-algérien du 27 décembre 1968 qui régit de manière complète les conditions dans lesquelles les ressortissants algériens peuvent être admis à séjourner en France ainsi que les règles concernant la nature des titres de séjour qui peuvent leur être délivrés et leur durée de validité (CE, SSR, 25 mai 1988, n° 81420, *ministre de l'Intérieur c. Ziani* ; CE, CHR, 30 juin 2016, n° 391489, *Mme Benharrat*). L'accord franco-tunisien du 17 mars 1988 renvoie, sur tous les points qu'il ne traite pas, à la législation nationale, en particulier aux dispositions pertinentes du CESEDA pour autant qu'elles ne sont pas incompatibles avec les stipulations de l'accord ou qu'elles sont nécessaires à sa mise en œuvre (CE, CHR, 22 févr. 2017, n° 393100, *Mme Benzima*). La France applique également l'accord franco-marocain du 9 octobre 1987 (CE, SSR, 24 mai 2006, n° 275087, *Mme El Kird, épouse Margaillan*), ainsi que l'Accord entre la France et le Cap-Vert du 24 novembre 2008 et de nombreux autres accords bilatéraux.

En ce qui concerne l'espace européen, la France applique également, l'ayant ratifiée, la Convention européenne de sauvegarde des droits de l'homme et des libertés fondamentales du 4 novembre 1950, et notamment son article 8 qui porte sur le droit au respect de la vie privée et familiale en prévoyant que toute personne a droit au respect de sa vie privée et familiale, de son domicile et de sa correspondance et qu'il ne peut y avoir ingérence d'une autorité publique dans l'exercice de ce droit que pour autant que cette ingérence est prévue par la loi et qu'elle constitue une mesure qui, dans une société démocratique, est nécessaire à la sécurité nationale, à la sûreté publique, au bien-être économique du pays, à la défense de l'ordre et à la prévention des infractions pénales, à la protection de la santé ou de la morale, ou à la protection des droits et libertés d'autrui.

La CEDH a validé l'expulsion dans son pays d'origine d'un ressortissant algérien condamné pour terrorisme en rejetant, le 29 avril 2019, le recours dirigé contre la France par ce ressortissant condamné pour terrorisme qui alléguait des risques de mauvais traitement en cas de renvoi en Algérie (CEDH, 29 avr. 2019, n° 12148/18, *A. M. c. France*). Pour approfondir : https://echr.coe.int/Documents/Facts_Figures_France_FRA.pdf

Par une décision du 10 octobre 2019 portant sur un mineur migrant isolé, la CEDH a estimé que les autorités françaises ont pris les mesures qui s'imposaient dès la reconnaissance de la minorité du requérant en précisant que si la période au cours de laquelle ce dernier a été reconnu majeur a été difficile pour l'intéressé, elle ne constitue toutefois pas un traitement contraire à l'article 3 de la CEDH portant sur l'interdiction de la torture qui prescrit que : « Nul ne peut être soumis à la torture ni à des peines ou traitements inhumains ou dégradants » (CEDH, 10 oct. 2019, n° 50376/13, *M. D. c. France*).

La Commission européenne a présenté, le 23 septembre 2020, un « Pacte sur la migration et l'asile », qui est un projet de réforme de la politique migratoire européenne mise en place pour l'essentiel avant la crise de 2015. Il intervient après l'échec des négociations du « Paquet asile » initiées en 2016. Les propositions de la Commission s'articulent autour de trois principaux axes : le renforcement des frontières extérieures, un partage plus équitable des responsabilités et de la solidarité, et le renforcement de la coopération avec les pays tiers (v. https://ec.europa.eu/commission/presscorner/detail/fr/ip_20_1706).

Par une décision du 22 octobre 2020 portant sur l'expulsion d'un imam prononcée sur la base de notes blanches, la CEDH a déclaré irrecevable la requête de ce dernier qui invoquait la protection au titre de l'article 8 de la Convention EDH (CEDH, 22 oct. 2020, n° 20871/15, *H. c. France*).

Par une ordonnance n° 2216413 du 5 août 2022, le juge des référés du TA de Paris, par une formation composée de trois juges des référés, en application du troisième alinéa de l'article L. 511-2 du CJA, a suspendu un arrêté d'expulsion d'un iman vers le Maroc. Saisi par le ministère de l'Intérieur et des outre-mer d'un appel contre cette ordonnance, le juge des référés du Conseil d'État, par une ordonnance n° 466554 du 30 août 2022, a estimé que les propos antisémites, tenus par l'intéressé depuis plusieurs années lors de nombreuses conférences largement diffusées, ainsi que son discours sur l'infériorité de la femme et sa soumission à l'homme constituent des actes de provocation explicite et délibérée à la discrimination ou à la haine justifiant la décision d'expulsion. Il a considéré, par ailleurs, que cette décision ne porte pas une atteinte grave et manifestement illégale à la vie privée et familiale du requérant et, pour ces raisons, il a annulé l'ordonnance du juge des référés du tribunal administratif de Paris et a rejeté la demande de suspension de l'expulsion présentée par celui-ci.

B. Le CESEDA

Le droit des étrangers a été codifié dans le CESEDA en 2006 puis recodifié en 2021 et comprend notamment les règles relatives à l'entrée sur le territoire français, avec un visa en particulier, et celles qui concernent le séjour régulier en France avec un titre de séjour.

Le contenu du CESEDA était devenu moins lisible suite à la sédimentation des différents textes intervenus depuis lors, et notamment avec l'insertion de nouvelles dispositions législatives et réglementaires nationales ainsi que l'introduction dans l'ordre juridique interne de normes issues du droit de l'Union européenne.

La loi n° 2018-778 du 10 septembre 2018 pour une immigration maîtrisée, un droit d'asile effectif et une intégration réussie a habilité le gouvernement à procéder à une nouvelle rédaction de la partie législative du code qui a abouti à cette ordonnance du 16 décembre 2020, entrée en vigueur le 1er mai 2021.

La liberté d'aller et venir s'exerce, en ce qui concerne le franchissement des frontières, dans les limites découlant de la souveraineté de l'État et des accords internationaux et n'ouvre pas aux étrangers un droit général et absolu d'accès sur le territoire français (CE, 11 avr. 2018, n° 418027, *ministre d'État, ministre de l'Intérieur c. Mme Kenda Malamba*).

L'article L. 411-1 du CESEDA prévoit, sous réserve des engagements internationaux de la France ou du livre II du CESEDA, que tout étranger âgé de plus de dix-huit ans qui souhaite séjourner en France pour une durée supérieure à trois mois doit être titulaire de l'un des documents de séjour suivants : 1° Un visa de long séjour ; 2° Un visa de long séjour conférant à son titulaire, en application du second alinéa de l'article L. 312-2, les droits attachés à une carte de séjour temporaire ou à la carte de séjour pluriannuelle prévue aux articles L. 421-9 à L. 421-11 ou L. 421-13 à L. 421-24, ou aux articles L. 421-26 et L. 421-28 lorsque le séjour envisagé sur ce fondement est d'une durée inférieure ou égale à un an ; 3° Une carte de séjour temporaire ; 4° Une carte de séjour pluriannuelle ; 5° Une carte de résident ; 6° Une carte de résident portant la mention « résident de longue durée-UE » ; 7° Une carte de séjour portant la mention « retraité » ; 8° L'autorisation provisoire de séjour prévue aux articles L. 425-4, L. 425-10 ou L. 426-21.

Par une décision du 21 janvier 2021, le juge des référés du Conseil d'État a suspendu la décision du gouvernement d'interrompre, en raison de l'épidémie de covid-19, la délivrance de visas de regroupement familial aux conjoints et enfants d'étrangers non-européens résidant en France, estimant que cette décision porte une atteinte disproportionnée au droit à la vie familiale normale et à l'intérêt supérieur de l'enfant.

Le CESEDA contient également toutes les mesures administratives qui peuvent être mises en œuvre par les autorités administratives en cas de non-respect de ces règles comme une décision de refus de titre de séjour et/ou une obligation de quitter le territoire français (OQTF) sans délai ou avec un délai. Ces dernières décisions peuvent être assorties d'autres décisions comme une décision d'interdiction de retour sur le territoire français (IRTF) pour une durée déterminée et une décision fixant un pays de renvoi. Il aborde également la possibilité de placement en rétention ou en assignation en résidence des étrangers ainsi que le droit d'asile.

C. Qualité de réfugié et attribution du droit d'asile par l'OFPRA

Le réfugié est celui qui entre dans le champ d'application de l'article 1 A de la Convention de Genève de juillet 1951 et non celui qui est titulaire d'un certificat délivré par l'Office français de protection des réfugiés et apatrides (OFPRA) qui est un établissement public doté d'une indépendance fonctionnelle, chargé de l'application des textes relatifs à la reconnaissance de la qualité de réfugié.

En application de l'article L. 531-1 du CESEDA, l'OFPRA, dont les missions, le statut et l'organisation sont définis notamment aux articles L. 121-7 à L. 121-16, statue sur les demandes d'asile dont il est saisi. Il n'est toutefois pas compétent pour connaître d'une demande dont l'examen relève de la compétence d'un autre État en application du règlement (UE) n° 604/2013 du Parlement européen et du Conseil, du 26 juin 2013, ou en application d'engagements identiques à ceux prévus par le même règlement avec d'autres États.

À noter que lorsqu'un étranger, présent sur le territoire français, demande à bénéficier de l'asile, l'enregistrement de sa demande relève de l'autorité administrative compétente, à savoir le préfet de département et, à Paris, le préfet de police, en vertu de l'article L. 521-1 du CESEDA, et non de l'OFPRA. Lorsque la demande d'asile est présentée par un étranger qui se trouve en France accompagné de ses enfants mineurs, elle est regardée comme présentée en son nom et en celui de ses enfants.

Le refus de prendre les mesures nécessaires au respect des délais d'enregistrement des demandes d'asile fixés à l'article L. 521-4 du CESEDA constitue une décision susceptible de faire l'objet d'un recours pour excès de pouvoir (CE, 28 déc. 2018, n° 410347, *Association La Cimade*).

Par une décision d'assemblée du 24 décembre 2019, le Conseil d'État a jugé qu'il résulte de l'article 1er de la Convention de New York du 28 septembre 1954 relative au statut des apatrides que cette convention n'est pas applicable à un réfugié palestinien tant qu'il bénéficie effectivement de l'assistance ou de la protection de l'Office de secours et de travaux des Nations unies pour les réfugiés de Palestine dans le Proche-Orient (UNWRA). Dès lors qu'il a perdu le bénéfice effectif d'une telle assistance ou protection et qu'aucun État ne le reconnaît comme l'un de ses ressortissants par application de sa législation, un réfugié palestinien bénéficie, sous réserve des autres clauses d'exclusion prévues à l'article 1er, du régime de la Convention du 28 septembre 1954 et peut solliciter, sur le fondement des dispositions de l'article L. 812-1 du CESEDA, l'octroi du statut d'apatride. Un réfugié palestinien qui se trouve en dehors de la zone d'activité de l'UNWRA ne bénéficie plus effectivement de la protection ou de l'assistance de cet office dans les cas suivants : le premier cas correspond à l'hypothèse où une menace grave pour sa sécurité a contraint un réfugié palestinien à quitter l'État ou le territoire situé dans la zone d'intervention de l'UNWRA dans lequel il avait sa résidence habituelle et fait obstacle à ce qu'il y retourne ; le deuxième cas correspond à l'hypothèse dans laquelle une telle menace, apparue après le départ de l'intéressé, fait pareillement obstacle à son retour sur place ; le troisième cas correspond à l'hypothèse où, pour des motifs indépendants de sa volonté, étrangers à l'existence d'une menace pour sa sécurité, un réfugié palestinien se trouve dans l'impossibilité de regagner l'État ou le territoire dans lequel il avait sa résidence habituelle. En outre, et eu égard aux exigences attachées au respect de l'article 8 de la Convention européenne de sauvegarde des droits de l'homme et des libertés fondamentales qui protège les personnes dépourvues de nationalité des atteintes excessives au droit au respect de la vie privée, doit également être regardé comme ne bénéficiant plus effectivement de l'assistance ou de la protection apportée par l'UNWRA dans sa zone d'intervention, un réfugié palestinien qui possède en France des liens familiaux ou des liens personnels, compte tenu notamment de la durée de sa résidence sur le territoire, tels que le centre de ses intérêts se trouve désormais en France où il est dès lors fondé, à la condition qu'aucun État ne le reconnaisse comme l'un de ses ressortissants par application de sa législation, et sous réserve des autres clauses d'exclusion prévues par la Convention du 28 septembre 1954, à demander que lui soit octroyé le statut d'apatride sur le fondement de l'article L. 812-1 du CESEDA afin de bénéficier de la protection juridique à laquelle il a droit à ce titre (CE, ass., 24 déc. 2019, n° 427017, *OFPRA*).

En cas de refus d'octroi de la protection conventionnelle ou de la protection subsidiaire, le demandeur peut former un recours contre la décision de l'OFPRA devant la Cour nationale du droit d'asile (CNDA).

Par une décision du 2 juillet 2021, le Conseil d'État a annulé la délibération du conseil d'administration de l'OFPRA du 5 novembre 2019, en tant qu'elle a maintenu sur la liste des pays d'origine sûrs les Républiques du Bénin, du Sénégal et du Ghana, en jugeant que l'office ne pouvait légalement se borner à prévoir le réexamen de l'inscription de ce pays à l'issue d'une période de six mois, sans en tirer immédiatement de conséquence, c'est-à-dire sans procéder à un retrait pur et simple. Concernant le Sénégal et le Ghana, le Conseil d'État a jugé que compte tenu de l'existence de dispositions législatives pénalisant les relations homosexuelles et de la persistance de comportements, encouragés, favorisés ou simplement tolérés par les autorités de ces pays, conduisant à ce que des personnes puissent effectivement craindre d'être exposées à des risques de persécutions ou de traitements inhumains et dégradants, l'OFPRA ne pouvait, sans commettre d'erreur d'appréciation, tenir ces États pour des pays d'origine sûrs dans l'examen des demandes présentées par leurs ressortissants. La décision a pour effet immédiat de soustraire les demandeurs d'asile originaires de ces trois pays à la procédure accélérée applicable aux ressortissants des États inscrits sur la liste des pays d'origine sûrs. De ce fait, les requérants béninois, sénégalais et ghanéens sont désormais entendus à la CNDA non plus par un juge unique mais en audience collégiale, à moins d'avoir été placés en procédure accélérée pour d'autres motifs, conformément, notamment, aux dispositions des articles L. 531-24, L. 531-26 et L. 531-27 du CESEDA (CE, 2 juill. 2021, n°s 437141, 437142, 437365, *Association des avocats ELENA France et autres*).

D. CNDA

En vertu des articles L. 532-1 et suivants du CESEDA, la CNDA est une juridiction administrative spécialisée qui est compétente pour statuer sur les décisions de l'OFPRA prises en application des articles L. 511-1 à L. 511-8, L. 512-1 à L. 512-3, L. 513-1 à L. 513-5, L. 531-1 à L. 531-35, L. 531-41 et L. 531-42 du CESEDA. Ces recours doivent être exercés, à peine d'irrecevabilité, dans le délai d'un mois à compter de la notification de la décision de l'office.

Saisie d'un recours contre une décision de l'OFPRA, la CNDA statue, en qualité de juge de plein contentieux, sur le droit du requérant à une protection au titre de l'asile au vu des circonstances de fait dont elle a connaissance au moment où elle se prononce.

En vertu de l'article L. 572-1 du CESEDA, la décision de transfert dont fait l'objet un ressortissant de pays tiers ou un apatride qui a déposé auprès des autorités françaises une demande d'asile dont l'examen relève d'un autre État membre ayant accepté de le prendre ou de le reprendre en charge doit être motivée, c'est-à-dire qu'elle doit comporter l'énoncé des considérations de droit et de fait qui en constituent le fondement (CE, avis, 7 déc. 2018, n° 420900, *Préfet de la Seine-Saint-Denis*).

Un recours contre la décision de transfert d'un demandeur d'asile vers l'État membre responsable a pour effet d'interrompre le délai de six mois fixé par le règlement « Dublin III », qui court à compter de l'acceptation du transfert par l'État requis. Ce délai recommence à courir intégralement à compter de la date à laquelle le tribunal administratif statue au principal (CE, avis, 24 sept. 2018, n° 420708, *Mme Kahsay et M. Teweldebrehan*).

L'article L. 531-42 du CESEDA subordonne la recevabilité d'une demande de réexamen d'une demande d'asile, d'une part, à la présentation de faits nouveaux intervenus ou révélés postérieurement au rejet de la demande antérieure ou d'éléments de preuve nouveaux et, d'autre part, au constat que leur valeur probante est de nature à modifier l'appréciation du bien-fondé de la demande de protection au regard de la situation personnelle du demandeur et de la situation de son pays d'origine (CE, CHR, 26 janv. 2018, n° 397611, *M. et Mme Mjekiqi*).

Aux termes de l'article 1er, A, 2 de la Convention de Genève du 28 juillet 1951 et du protocole signé à New York le 31 janvier 1967, doit être considérée comme réfugiée toute personne qui « craignant avec raison d'être persécutée du fait de sa race, de sa religion, de sa nationalité, de son appartenance à un certain groupe social ou de ses opinions politiques, se trouve hors du pays dont elle a la nationalité et qui ne peut, ou, du fait de cette crainte, ne veut se réclamer de la protection de ce pays ». Aux termes de l'article L. 512-1 du CESEDA : « Le bénéfice de la protection subsidiaire est accordé à toute personne qui ne remplit pas les conditions pour se voir reconnaître la qualité de réfugié mais pour laquelle il existe des motifs sérieux et avérés de croire qu'elle courrait dans son pays un risque réel de subir l'une des atteintes graves suivantes : 1° La peine de mort ou une exécution ; 2° La torture ou des peines ou traitements inhumains ou dégradants ; 3° S'agissant d'un civil, une menace grave et individuelle contre sa vie ou sa personne en raison d'une violence qui peut s'étendre à des personnes sans considération de leur situation personnelle et résultant d'une situation de conflit armé interne ou international ».

Dans une décision n° 431239 du 12 février 2021, *Office français de protection des réfugiés et apatrides*, le Conseil d'État a constaté que l'apologie publique d'actes de terrorisme, définie par l'article 421-2-5 du Code pénal, n'est pas un crime, mais un délit, que ce délit n'est pas puni de dix ans d'emprisonnement et que la loi pénale ne le qualifie pas d'acte de terrorisme. Cette lecture de la loi correspond à celle qu'a adoptée le Conseil constitutionnel dans sa décision du 18 mai 2018 relative à l'apologie du terrorisme. En l'état de la loi, une condamnation pour apologie du terrorisme ne peut donc justifier le retrait du statut de réfugié s'agissant précisément d'une révocation du statut de réfugié d'un ressortissant russe d'origine tchétchène condamné pour apologie du terrorisme. Pour rappel, l'article L. 511-7 du CESEDA permet de priver du statut de réfugié une personne qui entre pourtant dans le champ d'application de la Convention de Genève tel qu'il est défini à son article 1er. En effet, le statut de réfugié est refusé, ou il y est mis fin, lorsqu'il y a des raisons sérieuses de considérer que la présence en France de la personne concernée constitue une menace grave pour la sûreté de l'État ou que la personne concernée a été condamnée en dernier ressort en France, dans un État membre de l'UE ou dans un État tiers figurant sur la liste, fixée par décret en Conseil d'État, des États dont la France reconnaît les législations et juridictions pénales au vu de l'application du droit dans le cadre d'un régime démocratique et des circonstances politiques générales soit pour un crime, soit pour un délit constituant un acte de terrorisme ou une apologie publique d'un acte de terrorisme ou puni de dix ans d'emprisonnement, et que sa présence constitue une menace grave pour la société française.

Dans une décision de la Grande formation de la CNDA n° 21068674, du 20 juillet 2023, *M. I.*, la Cour ouvre la possibilité d'accorder le statut de réfugié aux soldats russes ayant refusé de combattre en Ukraine.

E. Assignation à résidence et placement en rétention des ressortissants étrangers

L'autorité administrative peut placer en rétention dans des locaux ne relevant pas de l'administration pénitentiaire, sous certaines conditions, en vertu des articles L. 741-1 à L. 741-5 du CESEDA, ou assigner à résidence, en application des articles L. 744-1 à L. 744-3 du même code, un ressortissant étranger.

Le Conseil d'État a jugé que le placement en rétention d'un demandeur d'asile pour lequel a été engagée une procédure aux fins de remise à l'État responsable de la demande d'asile n'est pas, en l'état du droit, légalement possible au regard des exigences attachées au règlement « Dublin III », telles qu'interprétées par la CJUE (CE, 5 mars 2018, n° 405474, *La Cimade*).

Il a également jugé qu'une assignation à résidence ordonnée sur le fondement d'une décision de transfert dont la durée, à la date où elle est édictée, excède le terme du délai dans lequel le transfert doit intervenir, est illégale dans cette mesure en précisant que l'interruption du délai d'exécution du transfert postérieurement à l'édiction de l'assignation peut régulariser la décision d'assignation en tant qu'elle avait été prise pour une durée excessive (CE, avis, 26 juill. 2018., n° 417441, *Mme Velupillai*).

Par une décision du 20 mars 2019, le Conseil d'État a jugé que l'assignation à résidence d'un demandeur d'asile en procédure « Dublin » figure bien au nombre des missions pouvant être confiées aux préfets par le ministre de l'Intérieur. En l'espèce, par huit arrêtés, en date des 2 octobre, 25 octobre et 12 décembre 2018 dont l'association La Cimade a demandé l'annulation, le ministre de l'Intérieur avait désigné les préfets du Maine-et-Loire, d'Ille-et-Vilaine, du Bas-Rhin, de la Gironde, de la Seine-Maritime, du Loiret, de la Haute-Garonne et du Rhône comme l'autorité compétente dans le ressort de leurs régions respectives pour ordonner des assignations à résidence. Autrement dit, le Conseil d'État a validé la « régionalisation » des procédures « Dublin » (CE, 20 mars 2019, n° 425826, n° 425827, n° 425828, n° 425829, n° 425830, n° 425831, n° 425846, n° 426490, *La Cimade*). Par une décision du 11 décembre 2020, n° 438833, le Conseil d'État a jugé que les modalités fixées par un arrêté d'assignation à résidence sont divisibles de la décision elle-même et n'ont aucune influence sur sa légalité.

Enfin, dans une affaire qui concernait le placement en rétention administrative durant onze jours d'une ressortissante malienne et de sa fille, alors âgée de quatre mois, en vue de leur transfert en Italie, pays responsable de l'examen de la demande d'asile, la CEDH a conclu à la violation des articles 3 (interdiction des traitements inhumains et dégradants), 5 § 1 (droit à la liberté et à la sûreté), et 5 § 4 (droit de faire statuer à bref délai sur la légalité de la détention) de la Convention EDH (CEDH, 22 juill. 2021, n° 57035/18, *MD et AC c. France*).

II. Corpus juridique de référence

– DDHC de 1789, notamment art. 12

– Convention de Genève du 28 juill. 1951 relative au statut des réfugiés qui a été ratifiée par 145 États parties, dont l'État français, et qui est entrée en vigueur le 22 avril 1954, qui définit le terme « réfugié » et énonce les droits des personnes déracinées ainsi que les obligations juridiques des États pour assurer leur protection

– Convention de New York relative aux droits de l'enfant du 26 janv. 1990

– Convention EDH du 4 nov. 1950

– Charte des droits fondamentaux de l'Union européenne du 7 déc. 2000

– Accord franco-algérien du 22 déc. 1968

– Accord franco-marocain du 9 oct. 1987

– Accord franco-tunisien du 17 mars 1988

– Règlement (UE) n° 604/2013 du 26 juin 2013 (dit « Dublin III »)

– Directive 2013/32/UE du Parlement européen et du Conseil du 26 juin 2013 relative à des procédures communes pour l'octroi et le retrait de la protection internationale

– Directive 2013/33/UE du Parlement européen et du Conseil du 26 juin 2013 établissant des normes pour l'accueil des personnes demandant la protection internationale

– CJUE, GC, 15 avr. 2021, *H.A. c. État belge*, C-194/19 (Le juge nationale doit tenir des circonstances postérieures à l'adoption)

– CEDH, 29 avr. 2019, *A. M. c. France*, n° 12148/18 (La CEDH juge que le renvoi en Algérie d'une personne condamnée pour terrorisme ne constitue pas un traitement inhumain et dégradant)

– CEDH, 10 oct. 2019, *M. D. c. France*, n° 50376/13 (La CEDH juge que les autorités françaises n'ont pas imposé un traitement inhumain ou dégradant à un migrant qui se présentait comme mineur isolé)

– CEDH, gde ch., 21 nov. 2019, *Ilias et Ahmed c. Hongrie*, n° 47297/15 (La CEDH juge que l'expulsion vers un pays tiers présumé sûr implique de contrôler l'accès à une procédure d'asile adéquate dans ce pays au regard du risque de refoulement vers le pays d'origine sans examen de l'article 3 de la Convention et en précise les conditions d'appréciation)

– CEDH, 14 mai 2020, *H. c. France*, n° 24720/13 (Dans une affaire relative à l'expulsion des ressortissants roumains de leur campement en région parisienne, la CEDH juge que les autorités françaises ont violé la Convention, et notamment ses art. 8 et 13 pour ne pas avoir correctement pris en compte les conséquences de l'expulsion d'un campement de roms, ni la situation particulière des requérants)

– CEDH, 2 juill. 2020, *N.H. et autres c. France*, n°s 28820/13, 75547/13 et 13114/15 (La CEDH condamne la France pour violation de l'art. 3 de la Convention EDH, en ce que les autorités françaises ont laissé durant des mois des demandeurs d'asile sans ressources et sans hébergement)

– CEDH, 22 oct. 2020, *H. c. France*, n° 20871/15 (Expulsion d'un imam prononcée sur la base de notes blanches)

– CEDH, 22 juill. 2021, *M.D. et A.C. c. France*, n° 57035/18 (Violation de la Convention EDH pour la rétention administrative d'une mère et de son enfant mineur)

– CEDH, 31 mars 2022, n° 49775/20, *N.B. c. France* (La Cour EDH juge que la rétention administrative d'un enfant étranger accompagné de ses parents pendant une durée de quatorze jours au centre de rétention administrative de Metz-Queuleu est excessive au regard des exigences découlant de l'article 3 de la Convention EDH)

– Cons. const., 25 oct. 2019, n° 2019-810 QPC, *Société Air France* (Responsabilité du transporteur aérien en cas de débarquement d'un étranger dépourvu des titres nécessaires à l'entrée sur le territoire national)

– CESEDA, CJA

– Loi n° 2015-925 du 29 juill. 2015 relative à la réforme du droit d'asile

– Loi n° 2016-274 du 7 mars 2016 relative au droit des étrangers en France

– Loi n° 2018-778 du 10 sept. 2018 pour une immigration maîtrisée, un droit d'asile effectif et une intégration réussie

– Loi n° 2020-734 du 17 juin 2020 relative à diverses dispositions liées à la crise sanitaire, à d'autres mesures urgentes ainsi qu'au retrait du Royaume-Uni de l'Union européenne

– Loi n° 2020-936 du 30 juill. 2020 visant à protéger les victimes de violences conjugales (Chapitre XI : Dispositions relatives aux étrangers victimes de violences familiales ou conjugales)

– Loi n° 2020-1525 du 7 déc. 2020 d'accélération et de simplification de l'action publique

– Ordonnance n° 2020-328 du 25 mars 2020 portant prolongation de la durée de validité des documents de séjour

– Ordonnance n° 2020-1733 du 16 déc. 2020 portant partie législative du CESEDA

– CE, ass., 24 déc. 2019, n° 427017, *OFPRA* (Le Conseil d'État précise les conditions d'admission au statut d'apatride des réfugiés palestiniens)

– CE, 1er juill. 2020, n° 425972, *ministre de l'Intérieur c. M. El A.* (Un étranger résidant habituellement en France avant sa majorité doit demander un titre de séjour dans les deux mois qui suivent sa majorité, à défaut, il s'expose à une OQTF fondée sur le 2° du I de l'art. L. 511-1 du CESEDA)

– CE, 8 juill. 2020, n° 421570, *ministre de l'Intérieur c. M. A.* (La suspension par le JAP d'une interdiction de territoire français fait obstacle à ce que l'intéressé puisse être assigné à résidence en application de l'art. L. 561-1 du CESEDA)

– CE, juge des référés, 25 sept. 2020, n° 444793, *Association Secours Catholique-Caritas France et autres* (confirmation du refus du juge du référé-liberté du TA de Lille de suspendre, en urgence, l'arrêté du préfet du Pas-de-Calais interdisant la distribution gratuite de repas aux migrants en certains lieux du centre-ville de Calais)

– CE, 11 déc. 2020, n° 438833, *ministre de l'Intérieur c. M et Mme H.*

– CE, CHR, 12 janv. 2021, n° 431239, *M. C.* (Refus du retrait du statut de réfugié d'un ressortissant russe d'origine tchétchène condamné pour apologie d'un acte de terrorisme)

– CE, juge des référés, 21 janv. 2021, n°s 447878, 447893, *La Cimade…* (Suspension de l'interruption de la délivrance des visas de regroupement familial décidée par le gouvernement)

– CE, CHR, 2 juill. 2021, n°s 437141, 437142, 437365, *Association des avocats ELENA France et autres*

– CE, sect., 3 juin 2022, n° 452798, *Conseil national des barreaux…* (Décision relative aux demandes dématérialisées de titres de séjour via l'administration numérique des étrangers en France (ANEF) qui annule partiellement les textes relatifs à cette dématérialisation et demande au gouvernement de prévoir à la fois un accompagnement adapté et une voie de substitution non dématérialisée en cas de défaillance technique)

– Cass. 1re civ., 30 sept. 2020, n° 19-19028 (Revirement de jurisprudence : la possession d'état de Français peut être revendiquée après qu'un jugement a conclu à l'extranéité, dès lors qu'elle est déclarée dans un délai raisonnable)

– Cass. 1re civ., 14 oct. 2020, n° 19-19234 (Le juge doit toujours être en mesure de vérifier si les fonctionnaires ayant consulté les fichiers automatisés d'empreintes digitales y étaient habilités)

– CNDA, Gde ch., 20 juill. 2023, n° 21068674, *M. I.*

III. Exemple de sujet avec son corrigé portant sur le droit des étrangers

Sujet : La procédure de « transfert Dublin »

Introduction

Accroche : La Grande Chambre de la Cour de justice de l'Union européenne (CJUE) s'est de nouveau prononcée sur le droit au recours effectif au sens du Règlement Dublin (CJUE, GC, 15 avr. 2021, C-194/19, *H.A. c. État belge*).

Historique : Le règlement (UE) n° 604/2013 du Parlement européen et du Conseil dit « règlement Dublin III », du règlement (UE) n° 603/2013 du Parlement européen et du Conseil, dit « règlement Eurodac », de la directive n° 2013/33/UE dite « Accueil » et de la directive n° 2013/32/UE dite « Procédures », régissent les conditions d'accueil et d'hébergement des demandeurs d'asile en Union européenne, ainsi que les procédures selon lesquelles les États membres statuent sur leurs demandes de protection internationale.

Définition : Les règlements Dublin III et Eurodac, composent l'outil juridique permettant de s'assurer qu'une demande d'asile en zone Schengen, sera examinée par un seul État membre, chargé d'en mener l'instruction jusqu'à son terme, à savoir, la décision d'accorder ou de refuser la protection internationale.

Problématique : Tout l'enjeu de la mise en œuvre d'une mesure de « transfert Dublin » est de s'assurer de l'unicité du traitement de la demande d'asile d'un ressortissant d'un pays tiers, afin de prévenir toute stratégie consistant à déposer plusieurs demandes d'asile dans plusieurs pays de l'Union.

Annonce du plan

I. Le transfert Dublin concourt à la mise en œuvre harmonieuse du droit d'asile en Union européenne

Annonce des deux sous-parties :

1.1. L'objectif de l'examen de la demande d'asile par un seul État membre

1.2. Une procédure juridique et opérationnelle sophistiquée, ayant vocation à être appliquée uniformément dans l'Espace Schengen

Transition : La procédure de transfert Dublin est complexe à mettre en œuvre en raison des pratiques différenciées des États membres concernés par l'application des règlements Dublin et Eurodac.

II. Une procédure dont la mise en œuvre est menacée par sa complexité et par les stratégies non coopératives de certains États membres

Annonce des deux sous-parties :

2.1. La procédure du transfert Dublin, qui passe par la détermination de l'État membre responsable, est compliquée à mettre en œuvre

2.2. Les demandeurs d'asile sont traités de façon très différente par les États membres de l'UE

Conclusion

Synthèse : Si la procédure de transfert Dublin concoure directement à la mise en œuvre effective du droit d'asile dans l'UE, toutefois elle reste complexe et parfois limitée par des stratégies non coopératives de certains États de l'Union européenne.

Ouverture possible : Par un arrêt du 28 mai 2021, le Conseil d'État a jugé qu'un demandeur d'asile peut être transféré contre son gré de la France vers un autre État membre de l'UE, en l'occurrence vers l'État « responsable », à savoir le premier dans lequel il a déposé une demande d'asile, et même s'il craint que cet État ne le renvoie dans son pays d'origine.

IV. Exemples de questions sur le thème du droit des étrangers

– Quels sont les apports de la loi du 7 décembre 2020 d'accélération et de simplification de l'action publique pour améliorer la procédure de délivrance des titres de séjour aux ressortissants étrangers ?

– Que pensez-vous d'une dématérialisation complète des demandes de titre de séjour des ressortissants étrangers ?

– La covid-19 a-t-elle eu un impact sur la durée des titres de séjour des ressortissants étrangers ?

– Pourquoi le Code de l'entrée et du séjour des étrangers et du droit d'asile a-t-il été recodifié ?

– Faut-il rapatrier les ressortissants français détenus en Syrie ? Si oui, pourquoi ?

– Un ressortissant étranger peut-il être interdit d'entrée sur le territoire Français ?

– En quoi consiste la procédure de regroupement familial pour un ressortissant étranger non européen ?

– Qu'est-ce qu'un centre de rétention administrative (CRA) ?

– Quelle différence faites-vous entre « détention » et « rétention » ?

– La France a-t-elle déjà été condamnée par la CEDH pour violation de la Convention EDH pour rétention administrative d'une mère et de son enfant mineur ? Si, oui, quels sont les articles de la Convention EDH qui ont été méconnus ?

– De quelles protections bénéficient les apatrides ?

– Le Défenseur des droits a-t-il un rôle à jouer en matière de discriminations fondées sur la nationalité ?

– Comment obtenir un titre de séjour ?

– Comment obtenir le statut de « réfugié » ?

– Qui peut retirer le statut de « réfugié » ?

– Qu'est-ce que la protection subsidiaire ?

– Faut-il accorder le droit d'asile aux lanceurs d'alerte étrangers ?

– Que préconise la décision de section du Conseil d'État, du 3 juin 2022, relative aux demandes dématérialisées de titres de séjour via l'Administration numérique des étrangers en France (ANEF) ?

– Donnez des exemples de faits qui permettraient d'expulser un représentant d'un culte du territoire français.

– Quelle est la procédure en matière de déchéance de nationalité française pour un ressortissant français ayant été condamné pour un crime ou un délit constituant un acte de terrorisme ?

– Comment doit précéder un ressortissant étranger pour obtenir le renouvellement de son titre de séjour ?

– Que peut faire un ressortissant étranger qui n'obtiendrait pas un rendez-vous des services de la préfecture dont il dépend pour déposer son dossier de renouvellement de titre de séjour ?

– Que peut faire un ressortissant étranger qui n'obtiendrait pas un rendez-vous des services de la préfecture dont il dépend pour retirer son titre de séjour ?

30 mars 2023 : Publication du guide du lanceur d'alerte par la Défenseure des droits

La Défenseure des droits a publié un guide du lanceur d'alerte pour accompagner les lanceurs d'alerte et ceux qui les soutiennent dans leurs démarches.

La loi du 9 décembre 2016 relative à la transparence, à la lutte contre la corruption et à la modernisation de la vie économique a créé un régime unifié du lanceur d'alerte. Inspiré notamment des propositions de l'étude adoptée par l'assemblée générale du Conseil d'État en février 2016 (*Le droit d'alerte : signaler, traiter, protéger* du 25 février 2016), ce régime donne une définition du lanceur d'alerte, organise des canaux et des procédures de signalement des alertes et prévoit des mesures de protection des lanceurs d'alerte contre d'éventuelles représailles.

Le constat réalisé notamment par le rapport d'information du 7 juillet 2021 sur l'évaluation de l'impact de la loi du 9 décembre 2016, est qu'en dépit des garanties élevées pour les lanceurs d'alerte que contient le régime créé par la loi du 9 décembre 2016, la protection et l'accompagnement des auteurs de signalement restent faibles en pratique, exposant parfois ceux-ci à de grandes difficultés. Ce rapport a proposé en conséquence de consolider le régime des lanceurs d'alerte à l'occasion de la transposition de la directive (UE) 2019/1937 du Parlement européen et du Conseil du 23 octobre 2019 sur la protection des personnes qui signalent des violations du droit de l'Union. Cette directive souligne « le rôle clé des lanceurs d'alerte dans la révélation et la prévention des violations du droit de l'Union et dans la préservation du bien-être de la société » et prévoit des normes minimales communes pour garantir une protection efficace des personnes qui, ayant obtenu dans un contexte professionnel des informations sur des violations du droit de l'Union dans des domaines spécifiques, signalent ou divulguent publiquement celles-ci selon les procédures et dans les conditions qu'elle prévoit.

C'est la loi du 21 mars 2022 visant à améliorer la protection des lanceurs d'alerte qui a transposé la directive (UE) 2019/1937 du 23 octobre 2019 et a mis en place un environnement clair et protecteur pour les lanceurs d'alerte, à l'aune des constats réalisés sur l'application du cadre juridique existant.

Le Défenseur des droits est l'autorité en charge de l'accompagnement des lanceurs d'alerte depuis 2016 et son rôle a été renforcé par la loi organique n° 2022-400 du 21 mars 2022 visant à renforcer le rôle du Défenseur des droits en matière de signalement d'alerte. Le guide du lanceur d'alerte publié par la Défenseure des droits, en mars 2023, a pour objectif d'accompagner les lanceurs d'alerte aux différentes étapes de leur parcours et ceux qui les soutiennent dans leurs démarches : https://www.defenseurdesdroits.fr/fr/a-la-une/2023/03/lanceurs-dalerte-le-nouveau-guide-pratique-du-defenseur-des-droits

I. Fondamentaux à connaître sur la protection des lanceurs d'alerte

Dans le langage courant, on appelle « lanceur d'alerte » la personne qui porte à la connaissance du public l'existence de ce qui lui semble être une menace grave pour l'intérêt général, le cas échéant en commettant, à cette fin, une action illégale.

En tentant une définition juridique, le lanceur d'alerte est celui qui, en violation d'un secret auquel il est juridiquement tenu en temps ordinaire, divulgue, auprès d'un supérieur, d'une autorité publique ou des médias, un fait dont il a connaissance dans l'exercice de sa profession et qui constitue un acte notablement attentatoire à l'intérêt général ou un danger pour celui-ci.

Dès lors, se trouvent en balance l'acte du lanceur d'alerte qui peut parfois constituer une infraction pénale (corruption, fraude aux règles sanitaires…) et la dénonciation de celui-ci qui informe de l'existence d'un fait illicite. En conséquence, si la légitimité de l'alerte est constituée, il est alors légitime de protéger la personne physique qui le réalise. Le droit de l'Union et le droit français ont ainsi progressivement protégé les lanceurs d'alerte.

L'article 10 de la Convention EDH prévoit que toute personne a droit à la liberté d'expression. Ce droit comprend la liberté d'opinion et la liberté de recevoir ou de communiquer des informations ou des idées sans qu'il puisse y avoir ingérence d'autorités publiques et sans considération de frontière. Cet article n'empêche pas les États de soumettre les entreprises de radiodiffusion, de cinéma ou de télévision à un régime d'autorisation. L'exercice de ces libertés comportant des devoirs et des responsabilités, il peut être soumis à certaines formalités, conditions, restrictions ou sanctions prévues par la loi qui constituent des mesures nécessaires, dans une société démocratique, à la sécurité nationale, à l'intégrité territoriale ou à la sûreté publique, à la défense de l'ordre et à la prévention du crime, à la protection de la santé ou de la morale, à la protection de la réputation ou des droits d'autrui, pour empêcher la divulgation d'informations confidentielles ou pour garantir l'autorité et l'impartialité du pouvoir judiciaire.

Dans sa décision *G. c. Moldavie*, n° 14277/04, du 12 février 2008, la CEDH a conclu que consciente de l'importance du droit à la liberté d'expression sur des questions d'intérêt général, du droit des fonctionnaires et des autres salariés de signaler les conduites ou actes illicites constatés par eux sur leur lieu de travail, des devoirs et responsabilités des salariés envers leurs employeurs et du droit de ceux-ci de gérer leur personnel, et après avoir pesé les divers autres intérêts ici en jeu, que l'atteinte portée au droit à la liberté d'expression du requérant, en particulier à son droit de communiquer des informations, n'était pas « nécessaire dans une société démocratique ». Partant, il y a eu violation de l'article 10 de la Convention EDH.

Dans l'affaire *Luxleaks, H. c. Luxembourg*, n° 21884/18, du 11 mai 2021, la CEDH a jugé qu'eu égard à la marge nationale d'appréciation, le

Luxembourg pouvait, sans enfreindre la Convention EDH, condamner un lanceur d'alerte à 1 000 euros d'amende pour avoir révélé des informations attentatoires à la réputation de son employeur au motif que les documents divulgués n'avaient apporté aucune information essentielle, nouvelle et inconnue jusqu'alors.

La directive 2019/1937 du Parlement européen et du Conseil de l'Union européenne sur la protection des personnes qui signalent des violations du droit de l'Union a été définitivement adoptée par le Conseil le 7 octobre 2019. Elle considère les lanceurs d'alerte comme des acteurs permettant le respect de la légalité et l'application du droit de l'Union car les signalements et les divulgations publiques des lanceurs d'alerte constituent une composante en amont de l'application du droit et des politiques de l'Union. Elle insiste sur leur utilité non seulement pour les citoyens de l'Union, pour les consommateurs mais aussi pour les entreprises.

La loi du 16 avril 2013 relative à l'indépendance de l'expertise en matière de santé et d'environnement et à la protection des lanceurs d'alerte a instauré un droit d'alerte en matière de santé publique et d'environnement et a mis en place des mécanismes de protection pour son exercice. Elle a poursuivi la démarche entreprise par la loi du 29 janvier 1993 relative à la prévention de la corruption et à la transparence de la vie économique et des procédures publiques, dite « Loi Sapin I ».

Après quoi, la loi du 9 décembre 2016 relative à la transparence, à la lutte contre la corruption et à la modernisation de la vie économique, dite « Loi Sapin II », a établi un régime de portée générale pour les lanceurs d'alerte et a prévu des garanties pour ces derniers, et notamment en droit pénal et en droit du travail.

La chambre sociale de la Cour de cassation a jugé, le 30 juin 2016, que la rupture du contrat de travail d'un salarié de bonne foi qui dénonce des conduites ou actes illicites qui ont lieu sur son lieu de travail, dont il a eu connaissance dans ses fonctions et qui pourraient caractériser des infractions pénales, est nulle.

II. Les apports de la loi du 21 mars 2022 visant à améliorer la protection des lanceurs d'alerte

La loi n° 2022-401 du 21 mars 2022 visant à améliorer la protection des lanceurs d'alerte modifie le dispositif général de protection des lanceurs d'alerte instauré par la loi n° 2016-1691 du 9 décembre 2016 relative à la transparence, à la lutte contre la corruption et à la modernisation de la vie économique.

Par une décision n° 2022-839 DC du 17 mars 2022, le Conseil constitutionnel a déclaré contraire à la Constitution l'article 11 de la loi visant à améliorer la protection des lanceurs d'alerte qui modifiait l'article 392-1 du CPP afin de permettre au tribunal correctionnel, en cas de relaxe, de condamner la partie civile à une amende civile lorsqu'il était saisi à l'issue d'une information ouverte sur plainte avec constitution de partie civile et qu'il estimait que cette plainte était abusive ou dilatoire. Introduites en première lecture, le Conseil constitutionnel a estimé que ces dispositions ne présentent pas de lien, même indirect, avec celles de l'article 5 de la proposition de loi initiale visant à renforcer la protection des lanceurs d'alerte contre des mesures de représailles. Ces dispositions ne présentent pas non plus de lien, même indirect, avec aucune autre des dispositions qui figuraient dans la proposition de loi déposée sur le bureau de l'Assemblée nationale. Sans que le Conseil constitutionnel ne préjuge de la conformité du contenu de ces dispositions aux autres exigences constitutionnelles, il constate que, adoptées selon une procédure contraire à la Constitution, elles lui sont donc contraires.

Il y a lieu de rappeler que la dernière phrase du premier alinéa de l'article 45 de la Constitution prévoit que sans préjudice de l'application des articles 40 et 41, tout amendement est recevable en première lecture dès lors qu'il présente un lien, même indirect, avec le texte déposé ou transmis. Il appartient alors au Conseil constitutionnel de déclarer contraires à la Constitution les dispositions introduites en méconnaissance de cette règle de procédure. Dans ce cas, le Conseil constitutionnel ne préjuge pas de la conformité du contenu de ces dispositions aux autres exigences constitutionnelles.

Par ailleurs, la loi organique n° 2022-400 du 21 mars 2022 visant à renforcer le rôle du Défenseur des droits en matière de signalement d'alerte, déclarée conforme à la Constitution par le Conseil constitutionnel (Cons. const., 17 mars 2022, n° 2022-839 DC), crée un nouvel adjoint au Défenseur des droits chargé des lanceurs d'alerte et transpose également les exigences de la directive européenne du 23 octobre 2019 sur la protection des personnes qui signalent des violations du droit de l'Union.

A. Élargissement de la définition des lanceurs d'alerte et précisions sur le champ des informations considérées comme une alerte

L'article premier de la loi du 21 mars 2022 a modifié l'article 6 de la loi n° 2016-1691 du 9 décembre 2016 relative à la transparence, à la lutte contre la corruption et à la modernisation de la vie économique en définissant un lanceur d'alerte comme une personne physique qui signale ou divulgue, sans contrepartie financière directe et de bonne foi, des informations portant sur un crime, un délit, une menace ou un préjudice pour l'intérêt général, une violation ou une tentative de dissimulation d'une violation d'un engagement international régulièrement ratifié ou approuvé par la France, d'un acte unilatéral d'une organisation internationale pris sur le fondement d'un tel engagement, du droit de l'Union européenne, de la loi ou du règlement. Lorsque les informations n'ont pas été obtenues dans le cadre des activités professionnelles mentionnées au I de l'article 8, le lanceur d'alerte doit en avoir eu personnellement connaissance (art. 6-I).

B. La loi complète la liste des secrets applicables

Le II de l'article 6 de la loi du 9 décembre 2016 modifiée précise le champ des informations considérées comme une alerte en prévoyant que les faits, informations et documents, quel que soit leur forme ou leur support, dont la révélation ou la divulgation est interdite par les dispositions relatives au secret de la défense nationale, au secret médical, au secret des délibérations judiciaires, au secret de l'enquête ou de l'instruction judiciaires ou au secret professionnel de l'avocat sont exclus du régime de l'alerte défini au chapitre II de la même loi portant sur la protection des lanceurs d'alerte.

C. Un nouveau statut pour l'entourage des lanceurs d'alerte

Alors que la loi du 9 décembre 2016, dite « Loi Sapin II », ne prévoyait rien relativement à la protection de l'entourage du lanceur d'alerte, l'article 2 de la loi du 21 mars 2022, suivant la directive du 23 octobre 2019 sur la protection des personnes qui signalent des violations du droit de l'Union, étend certaines protections offertes aux lanceurs d'alerte, notamment la protection contre les représailles, aux personnes physiques et aux personnes morales à but non lucratif (syndicats et associations) qui sont en lien avec le lanceur d'alerte, à savoir : aux facilitateurs, entendus comme toute personne physique ou toute personne morale de droit privé à but non lucratif qui aide un lanceur d'alerte à effectuer un signalement ou une divulgation dans le respect des articles 6 et 8 de la loi du 9 décembre 2016 ; aux personnes physiques en lien avec un lanceur d'alerte, au sens des mêmes articles 6 et 8, qui risquent de faire l'objet de l'une des mesures mentionnées au II de l'article 10-1 de la même loi dans le cadre de leurs activités professionnelles de la part de leur employeur, de leur client ou du destinataire de leurs services ; et aux entités juridiques contrôlées, au sens de l'article L. 233-3 du Code de commerce, par un lanceur d'alerte au sens des articles 6 et 8 de la même loi, pour lesquelles il travaille ou avec lesquelles il est en lien dans un contexte professionnel.

D. La simplification des canaux de signalement

À la différence de la loi du 9 décembre 2016 qui hiérarchisait les canaux d'alerte en trois temps (d'abord obligatoirement un signalement interne par l'intéressé dans son entreprise ou son administration ; ensuite en l'absence de traitement, un signalement externe – à l'autorité administrative ou judiciaire ou à un ordre professionnel – ; et en dernier recours une divulgation publique), les articles 3 à 5 de la loi du 21 mars 2022 prévoient que désormais le lanceur d'alerte pourra choisir entre le signalement interne et le signalement externe à l'autorité compétente, au Défenseur des droits, à la justice ou à un organe européen, étant précisé que la divulgation publique ne sera possible que dans certaines situations (absence de traitement à la suite d'un signalement externe dans un certain délai ; ou risque de représailles ou si le signalement n'a aucune chance d'aboutir ; ou « danger grave et imminent » ou, pour les informations obtenues dans un cadre professionnel en cas de « danger imminent ou manifeste pour l'intérêt général »).

E. Le renforcement des mesures de protection des lanceurs d'alerte

Pour faciliter les alertes, le titre III de la loi du 21 mars 2022 renforce les garanties de confidentialité qui entourent un signalement et complète la liste des représailles interdites (intimidation, atteinte à la réputation notamment sur les réseaux sociaux, orientation abusive vers des soins, inscription sur une liste noire...).

Par ailleurs, la loi du 21 mars 2022 étend l'irresponsabilité des lanceurs d'alerte du fait de leur signalement et entend également limiter le coût financier, parfois considérable, des procédures que doivent engager les lanceurs d'alerte.

L'article 9 de la loi du 21 mars 2022 précise que lors d'une procédure dirigée contre un lanceur d'alerte en raison des informations signalées ou divulguées, le montant de l'amende civile qui peut être prononcée dans les conditions prévues aux articles 177-2 et 212-2 et au dernier alinéa de l'article 392-1 du CPP ou par les juridictions civiles en cas d'action abusive ou dilatoire est porté à 60 000 euros.

Enfin, les lanceurs d'alerte pourront bénéficier de mesures de soutien psychologique et financier par les autorités externes, qu'elles aient été saisies directement ou via le Défenseur des droits, selon l'article 12 de la loi du 21 mars 2022.

III. Avis de la CNCDH sur la transposition de la directive relative aux lanceurs d'alerte

Par un avis portant sur la transposition de la directive relative aux lanceurs d'alerte, rendu en assemblée plénière, le 24 septembre 2020, et adopté à 37 voix « pour », une voix « contre », publié au *JORF* n° 0242 du 4 octobre 2020, texte n° 77, la Commission nationale consultative des droits de l'homme (CNCDH) a recommandé au législateur français d'assurer une transposition de la directive qui, d'une part, élargisse le champ de l'alerte aux personnes morales, notamment à des organisations syndicales et des associations, et d'autre part, s'applique à l'ensemble des faits visés par la loi dite « Sapin II », y compris les menaces graves pour l'intérêt général.

La directive 2019/1937 du Parlement européen et du Conseil de l'Union européenne sur la protection des personnes qui signalent des violations du droit de l'Union réservant aux États membres une marge d'appréciation pour certains aspects, la CNCDH invite le législateur français à retenir des options favorables à la protection effective des lanceurs d'alerte, et notamment l'octroi d'une assistance financière et psychologique. Bien que la directive ne l'évoque pas, la CNCDH estime que les lanceurs d'alerte de nationalité étrangère devraient également bénéficier du droit d'asile.

Les nombreuses auditions menées par la CNCDH ont permis de dresser un bilan mitigé de la loi dite « Sapin II ». Cette loi a incontestablement représenté un progrès pour la protection des lanceurs d'alerte, en retenant une définition large des faits susceptibles d'être signalés, qui inclut notamment les menaces pour l'intérêt général aux côtés des violations de la loi, en imposant aux grandes entreprises et aux administrations la mise en place d'une procédure de signalement, et en améliorant les mesures de protection auxquelles le lanceur d'alerte peut prétendre. Cependant, l'obligation de signaler au préalable les faits à l'employeur, cumulée à la protection incertaine contre des mesures de représailles à l'issue d'une procédure judiciaire longue et coûteuse, n'ont pas permis de garantir une protection effective des lanceurs d'alerte.

IV. Corpus juridique de référence

– Constitution du 4 oct. 1958

– Convention EDH, notamment son art. 10

– Directive (UE) 2019/1937 du Parlement européen et du Conseil du 23 oct. 2019 sur la protection des personnes qui signalent des violations du droit de l'Union

– CEDH, 12 févr. 2008, n° 14277/04, *G. c. Moldavie* (La CEDH encadre pour la première fois la protection des lanceurs d'alerte)

– CEDH, 21 juill. 2011, n° 28274/08, *H. c. Allemagne*

– CEDH, 21 juin 2016, n° 79972/12, *S. c. Portugal*

– CEDH, 21 juin 2017, n° 28274/08, *MIZB et A. c. Bosnie-Herzégovine*

– CEDH, 11 mai 2021, n° 17224/11, *H. c. Luxembourg, affaire Luxleaks*

– Cons. const., 17 mars 2022, n° 2022-839 DC, Loi visant à renforcer le rôle du Défenseur des droits en matière de signalement d'alerte

– Cons. const., 17 mars 2022, n° 2022-839 DC, Loi visant à améliorer la protection des lanceurs d'alerte

– Loi organique n° 2022-400 du 21 mars 2022 visant à renforcer le rôle du Défenseur des droits en matière de signalement d'alerte

– Loi n° 93-122 du 29 janv. 1993 relative à la prévention de la corruption et à la transparence de la vie économique et des procédures publiques

– Loi n° 2007-1598 du 13 nov. 2007 relative à la lutte contre la corruption

– Loi n° 2013-316 du 16 avr. 2013 relative à l'indépendance de l'expertise en matière de santé et d'environnement et à la protection des lanceurs d'alerte

– Loi n° 2016-1691 du 9 déc. 2016 relative à la transparence, à la lutte contre la corruption et à la modernisation de la vie économique dite « Loi Sapin II »

– Loi organique n° 2022-400 du 21 mars 2022 visant à renforcer le rôle du Défenseur des droits en matière de signalement d'alerte

– Loi n° 2022-401 du 21 mars 2022 visant à améliorer la protection des lanceurs d'alerte

– Cass. soc., 30 juin 2016, n° 15-10557, publié au *Bulletin*

– Guide du lanceur d'alerte, Défenseure des droits, 30 mars 2023

V. Exemple de sujet avec son corrigé portant sur les lanceurs d'alerte

Sujet : Les lanceurs d'alerte

Introduction

Accroche : La loi du 21 mars 2022 visant à améliorer la protection des lanceurs d'alerte et la publication du Guide du lanceur d'alerte par la Défenseure des droits le 30 mars 2023

Définition : Un lanceur d'alerte est une personne physique qui signale ou divulgue, sans contrepartie financière directe et de bonne foi, des informations portant sur un crime, un délit, une menace ou un préjudice pour l'intérêt général, une violation ou une tentative de dissimulation d'une violation d'un engagement international régulièrement ratifié ou approuvé par la France, d'un acte unilatéral d'une organisation internationale pris sur le fondement d'un tel engagement, du droit de l'Union européenne, de la loi ou du règlement, selon le I de l'art. 6 de la loi du 9 décembre 2016 dite « Loi Sapin II » modifiée par la loi du 21 mars 2022.

Intérêt du sujet : Les lanceurs d'alerte sont-ils des héros, des sauveurs de l'intérêt général ou des traîtres déloyaux ?

Annonce du plan

I. La reconnaissance des lanceurs d'alerte

Annonce des deux sous-parties :

1.1. La reconnaissance de la particularité des lanceurs d'alerte par la loi

1.2. La reconnaissance de la légitimité des lanceurs d'alerte par la loi

Transition : De la reconnaissance à la protection…

II. La protection des lanceurs d'alerte

Annonce des deux sous-parties :

2.1. La protection légale des lanceurs d'alerte contre la loi

2.2. La protection légale des lanceurs d'alerte contre autrui

Conclusion

Synthèse : Depuis la loi du 9 décembre 2016, dite loi « Sapin II », les lanceurs d'alerte bénéficient d'un statut protecteur contre les risques encourus par leurs révélations qui a été renforcé par la loi du 21 mars 2022 qui transpose la directive (UE) 2019/1937 du Parlement européen et du Conseil du 23 octobre 2019 sur la protection des personnes qui signalent des violations du droit de l'Union.

Ouverture possible : La CNCDH estime que les lanceurs d'alerte doivent pouvoir bénéficier du droit d'asile sur la base de l'alinéa 4 du Préambule de la Constitution de 1946 et de la Convention de Genève de 1951 et recommande, à cette fin, que les lanceurs d'alerte puissent présenter la demande depuis leur lieu de séjour à l'étranger.

VI. Exemples de questions sur le thème des lanceurs d'alerte

– Quels sont les apports de la loi du 21 mars 2022 visant à améliorer la protection des lanceurs d'alerte ?

– Quels sont les apports de la loi du 21 mars 2022 découlant de la transposition de la directive (UE) 2019/1937 du Parlement européen et du Conseil du 23 octobre 2019 sur la protection des personnes qui signalent des violations du droit de l'Union ?

– Définissez juridiquement un lanceur d'alerte.

– Qu'est-ce qu'une alerte ?

– Quels sont les faits qui peuvent être concernés par une alerte ?

– De simples dysfonctionnements dans une entité publique ou privée peuvent-ils fonder une alerte ?

– Quelles sont les conditions qui doivent être remplies pour pouvoir bénéficier de la qualité de lanceur d'alerte au sens de la loi ?

– De quelle protection bénéficient les lanceurs d'alerte ?

– L'entourage des lanceurs d'alerte bénéficie-t-il d'une protection ?

Si, tel est le cas, qui en bénéficie et de quelle façon ?

– Précisez quels sont les canaux de signalement dont dispose le lanceur d'alerte pour signaler des faits, s'il veut bénéficier d'une protection ?

– Le Défenseur des droits participe-t-il à la protection des lanceurs d'alerte ? Si oui, de quelle façon ?

– Les lanceurs d'alerte peuvent-ils choisir entre le signalement interne et le signalement externe à l'autorité compétente ?

– Dans quelle situation les lanceurs d'alerte peuvent-ils choisir la divulgation publique ?

– La loi du 21 mars 2022 a-t-elle créé un référé-liberté « droit d'alerte » au profit des agents publics ?

– Les lanceurs d'alerte sont-ils irresponsables du fait de leur signalement ?

– Les lanceurs d'alerte peuvent-ils bénéficier de mesures de soutien psychologique et financier par les autorités externes ?

– Pouvez-vous rappeler quelques recommandations formulées par la Commission nationale consultative des droits de l'homme dans son avis sur la transposition de la directive relative aux lanceurs d'alerte ?

– Quelle différence faites-vous entre un lanceur d'alerte et un aviseur fiscal ?

– Quel est le rôle du nouvel adjoint au Défenseur des droits chargé des lanceurs d'alerte créé par la loi du 21 mars 2022 visant à renforcer le rôle du Défenseur des droits en matière de signalement d'alerte ?

– La protection des lanceurs d'alerte est-elle un enjeu pour la démocratie ?

19 avril 2023 : Décret relatif à la mise en œuvre de traitements d'images au moyen de dispositifs de captation installés sur des aéronefs pour des missions de police administrative

Ce décret du 19 avril 2023 encadre la captation et l'utilisation d'images de drones par les forces de l'ordre à des fins de sécurité publique.

La loi du 24 janvier 2022 relative à la responsabilité pénale et à la sécurité intérieure autorise les services de la police et de la gendarmerie nationales à recourir à la captation d'images au moyen de caméras installées sur des aéronefs, drones, hélicoptères, ballons captifs. Saisi de quatre articles de cette loi relative, le Conseil constitutionnel a censuré partiellement les dispositions relatives au recours aux drones dans le cadre de la police administrative et a assorti de cinq réserves d'interprétation le reste des dispositions contestées, dans sa décision n° 2021-834 DC du 20 janvier 2022.

L'emploi des caméras installées sur des aéronefs doit être autorisé par une décision écrite et motivée du préfet, délivrée pour une durée de trois mois maximum, renouvelable, sauf pour ce qui concerne les rassemblements de personnes sur la voie publique, pour lesquelles l'autorisation ne peut excéder la durée du rassemblement. Il doit être strictement nécessaire à l'exercice des missions concernées et adapté au regard des circonstances de chaque intervention. De plus, la captation d'images ne peut pas être permanente ; il demeure interdit de capter du son, de recourir à de la reconnaissance faciale et de procéder à des rapprochements automatisés avec d'autres traitements de données personnelles. La captation par voie aérienne ne peut viser l'intérieur des domiciles. Les enregistrements ne peuvent être conservés que pendant une durée maximale de sept jours à compter de la fin du déploiement du dispositif, sauf procédure pénale, administrative ou disciplinaire. Le public est informé par tout moyen approprié de l'emploi de dispositifs aéroportés, sauf lorsque les circonstances l'interdisent ou que cette information entrerait en contradiction avec les objectifs poursuivis. Le nombre maximal de caméras pouvant être simultanément utilisées dans chaque département est plafonné par l'arrêté du 19 avril 2023 relatif au nombre maximal de caméras installées sur des aéronefs pouvant être simultanément utilisées dans chaque département et collectivité d'outre-mer.

Le décret n° 2023-283 du 19 avril 2023, pris en Conseil d'État et après avis du 16 mars 2023 de la Commission nationale de l'informatique et des libertés (CNIL), modifie le chapitre II du titre IV du livre II de la partie réglementaire du Code de la sécurité intérieure (CSI). Il autorise la mise en œuvre des traitements de données à caractère personnel issues des enregistrements et précise leurs finalités, les données enregistrées, les modalités et la durée de leur conservation, les conditions d'accès aux enregistrements ainsi que les droits des personnes concernées.

I. Fondamentaux à connaître en matière de liberté de manifestation sur la voie publique

A. Reconnaissance progressive de la liberté de manifestation

La DDHC de 1789 ne fait pas directement référence à la liberté de manifestation mais celle-ci découle en partie de son article 11 selon lequel la libre communication des pensées et des opinions est un des droits les plus précieux de l'homme.

Les textes antérieurs à 1881 mêlaient association, réunion et manifestation sans bien les différencier. Aussi la conception d'une législation garante de la liberté de manifestation supposait-elle, outre la volonté d'instaurer un tel régime de liberté, une clarification de ces différentes notions.

La manifestation est une forme de réunion qui présente la double particularité, d'une part, d'être organisée sur la voie publique et, d'autre part, d'avoir pour objectif d'exprimer un sentiment collectif. Elle peut être fixe ou se combiner avec un déplacement en cortège et se distingue de l'attroupement qui se définit, quant à lui, comme un rassemblement inorganisé et susceptible d'entraîner des troubles pour l'ordre public.

B. Garanties législatives puis constitutionnelles de la liberté de manifestation

La loi du 30 juin 1881 sur la liberté de réunion, toujours en vigueur, n'aborde pas directement la liberté de manifestation tout en interdisant les réunions sur la voie publique à son article 6 en précisant que : « Les réunions ne peuvent être tenues sur la voie publique ; elles ne peuvent se prolonger au-delà de onze heures du soir ; cependant, dans les localités où la fermeture des établissements publics a lieu plus tard, elles pourront se prolonger jusqu'à l'heure fixée pour la fermeture de ces établissements ».

C'est un décret-loi du 23 octobre 1935 portant réglementation des mesures relatives au renforcement du maintien de l'ordre public qui a déterminé le régime des manifestations. Ce texte a été abrogé le 1er mai 2012 par l'ordonnance n° 2012-351 du 12 mars 2012 relative à la partie législative du Code de la sécurité intérieure (CSI). L'article L. 211-1 du CSI prévoit, depuis lors, que sont soumis à l'obligation d'une déclaration préalable tous cortèges, défilés et rassemblements de personnes et, d'une façon plus générale, toutes manifestations sur la voie publique. L'article L. 211-2 du même code, modifié par la loi n° 2019-290 du 10 avril 2019 visant à renforcer et à garantir le maintien de l'ordre public lors des manifestations, précise que la déclaration est faite à la mairie de la commune ou aux maires des différentes communes sur le territoire desquelles la manifestation doit avoir lieu, trois jours francs au moins et quinze jours francs au plus avant la date de la manifestation. La déclaration fait connaître les noms, prénoms et domiciles des organisateurs et est signée par au moins l'un d'entre eux. Elle doit, par ailleurs, indiquer le but de la manifestation, le lieu, la date et l'heure du rassemblement des groupements invités à y prendre part et, s'il y a lieu, l'itinéraire projeté.

Les attroupements sont depuis longtemps sévèrement réprimés par des dispositions de nature pénale. Les prescriptions aujourd'hui en vigueur sont celles de l'article 431-3 du Code pénal et celles de l'article L. 211-9 du CSI.

La loi a ainsi établi un régime de déclaration préalable pour les manifestations et l'interdiction des attroupements avec la possibilité de dispersion par la force et des sanctions pénales.

La liberté de manifestation est ainsi non seulement protégée par le législateur mais aussi constitutionnellement garantie. Voir en ce sens la décision n° 94-352 DC du 18 janvier 1995, Loi d'orientation et de programmation relative à la sécurité. Son exercice quotidien s'effectue en conséquence sous le contrôle du juge.

C. Étendue des pouvoirs des autorités de police administrative en matière de liberté de manifestation

L'article L. 211-3 du CSI prévoit que si les circonstances font craindre des troubles graves à l'ordre public et à compter du jour de déclaration d'une manifestation sur la voie publique ou si la manifestation n'a pas été déclarée, dès qu'il en a connaissance, le représentant de l'État dans le département ou, à Paris, le préfet de police, peut interdire, pendant les vingt-quatre heures qui la précèdent et jusqu'à dispersion, le port et le transport, sans motif légitime, d'objets pouvant constituer une arme au sens de l'article 132-75 du Code pénal. L'aire géographique où s'applique cette interdiction se limite aux lieux de la manifestation, aux lieux avoisinants et à leurs accès, son étendue devant demeurer proportionnée aux nécessités que font apparaître les circonstances.

L'article L. 211-4 du CSI prévoit que si l'autorité investie des pouvoirs de police estime que la manifestation projetée est de nature à troubler l'ordre public, elle l'interdit par un arrêté qu'elle notifie immédiatement aux signataires de la déclaration au domicile élu. Le maire transmet, dans les vingt-quatre heures, la déclaration au représentant de l'État dans le département. Il y joint, le cas échéant, une copie de son arrêté d'interdiction. Si le maire, compétent pour prendre un arrêté d'interdiction, s'est abstenu de le faire, le représentant de l'État dans le département peut y pourvoir dans les conditions prévues à l'article L. 2215-1 du CGCT.

À cet article s'ajoute les mesures de police administrative prévues en matière de liberté de manifestation dans la loi du 10 avril 2019 visant à renforcer et garantir le maintien de l'ordre public lors des manifestations.

À noter qu'en matière d'incrimination de dissimulation illicite du visage à l'occasion de manifestation sur la voie publique, le Conseil d'État a jugé, le 23 février 2011, dans l'affaire *Syndicat national des enseignements de second degré, fédération syndicale unitaire, H. et syndicat des avocats de France et B. et L.*, n° 329477, n° 329538, n° 329990, n° 330890, qu'en édictant une mesure de police visant à traiter les comportements violents en marge des manifestations et en rendant passible de contravention la dissimulation volontaire du visage afin d'échapper à l'identification en cas de risque de perturbation de l'ordre public, le pouvoir réglementaire n'a pas excédé ses compétences, dans la mesure, d'une part, où le décret n° 2009-724 du 19 juin 2009 relatif à l'incrimination de dissimulation illicite du visage à l'occasion de manifestation sur la voie publique attaqué n'avait pas pour objet de réglementer la liberté de manifestation, et notamment pas d'interdire de manifester en dissimulant son visage, et, d'autre part, où il n'avait pas pour effet d'y porter atteinte, dès lors que ses dispositions ne peuvent régir le comportement des manifestants participant dans le respect de l'ordre public à une manifestation.

D. Liberté de manifestation exercée sous le contrôle du juge administratif

Les pouvoirs de police sont étroitement délimités, comme l'indiquait déjà le commissaire du gouvernement Corneille, dans ses conclusions sur l'affaire *Baldy*, jugée le 17 août 1917 : « (…) la liberté est la règle et la restriction de police l'exception ». Cette formule a directement inspiré la jurisprudence ultérieure, en particulier dans le domaine des libertés de manifestation, et elle conserve une pleine actualité. Elle fonde le raisonnement selon lequel une mesure d'interdiction n'est légale que si elle est nécessaire. Ainsi, des impératifs d'ordre public sont exigés pour justifier l'interdiction d'une manifestation.

Le juge administratif veille avec vigilance au respect des règles qu'il a ainsi tracées. Toute interdiction trop générale est illégale mais le risque de troubles graves tout comme des menaces pour l'ordre public permettent d'interdire une manifestation qui s'accompagne du port d'emblèmes ou d'insignes autres que le drapeau tricolore (CE, 26 juin 1933, *Storez*) et eu égard aux « circonstances du moment ». Le Conseil d'État a aussi jugé que le respect de la liberté de manifestation ne fait pas obstacle à ce que l'autorité investie du pouvoir de police interdise une activité si une telle mesure est seule de nature à prévenir un trouble à l'ordre public et qu'en interdisant plusieurs rassemblements liés à la distribution sur la voie publique d'aliments contenant du porc, le préfet de police n'a pas, eu égard au fondement et au but de la manifestation et à ses motifs portés à la connaissance du public par le site internet de l'association, porté une atteinte grave et manifestement illégale à la liberté de manifestation (CE, juge des référés, 5 janv. 2007, n° 300311, *ministre d'État, ministre de l'Intérieur et de l'Aménagement du territoire c. L'association « Solidarité des français »*).

Le juge administratif a la possibilité de faire cesser rapidement toute illégalité en la matière depuis la mise en place du référé-liberté de l'article L. 521-2 du CJA et du référé-suspension de l'article L. 521-1 du même code, depuis la loi n° 2000-597 du 30 juin 2000 modifiée relative au référé devant les juridictions administratives.

Les manifestations qui touchent à la liberté des cultes sont particulièrement protégées. Le Conseil d'État exerce ainsi un contrôle très étroit sur les mesures concernant les processions et, de façon générale, les manifestations extérieures de la religion. Seules des menaces sérieuses et précises pour l'ordre public peuvent justifier l'interdiction des cérémonies traditionnelles. Pour les manifestations dont l'organisation est un élément de la liberté religieuse et, plus largement, de la liberté de conscience, le cadre juridique tracé par le juge se rapproche de celui de la liberté de réunion. En effet, l'autorité de police doit chercher d'abord à permettre, par des mesures de prévention, l'exercice de la liberté, elle ne peut prononcer une interdiction que dans le cas où elle ne dispose pas des moyens de permettre avec efficacité de telles mesures.

Dans sa décision n° 446155 du 22 décembre 2020, *Association « La Quadrature du Net »*, le Conseil d'État a jugé qu'il résulte de l'article 3 de la directive (UE) 2016/680 du 27 avril 2016 qu'un dispositif de surveillance qui consiste à collecter des données, grâce à la captation d'images par drone, afin de les transmettre, après application d'un procédé de floutage, au centre de commandement de la préfecture de police pour un visionnage en temps réel, constitue un traitement au sens de cette directive. Si ce dispositif permet de ne renvoyer à la direction opérationnelle que des images ayant fait l'objet d'un floutage, il ne constitue que l'une des opérations d'un traitement d'ensemble des données, qui va de la collecte des images par le drone à leur envoi vers la salle de commandement, après transmission des flux vers le serveur de floutage, décomposition de ces flux image par image aux fins d'identifier celles qui correspondent à des données à caractère personnel pour procéder à l'opération de floutage, puis à la recomposition du flux vidéo comportant les éléments floutés. Dès lors que les images collectées par les appareils sont susceptibles de comporter des données identifiantes, la circonstance que seules les données traitées par le logiciel de floutage parviennent au centre de commandement n'est pas de nature à modifier la nature des données faisant l'objet du traitement, qui doivent être regardées comme des données à caractère personnel.

Par une décision n° 444849, n° 445063, n° 445355, n° 445365 du 10 juin 2021, *Syndicat national des journalistes et autres*, le Conseil d'État a annulé plusieurs mots et points du schéma national du maintien de l'ordre, affirmant ainsi l'importance particulière de la présence des journalistes lors des manifestations.

E. L'utilisation de drones pour la surveillance de rassemblements de personnes sur la voie publique sous le contrôle du juge administratif

Par une décision n° 446155 du 22 décembre 2020, *Association « La Quadrature du Net »*, le Conseil d'État a suspendu la décision du préfet de police de Paris de procéder à l'utilisation de drones pour la surveillance de rassemblements de personnes sur la voie publique.

L'association « La Quadrature du Net » a d'abord demandé au juge des référés du tribunal administratif de Paris, statuant sur le fondement de l'article L. 521-1 du CJA, de suspendre l'exécution de la décision du préfet de police de Paris, révélée par des témoignages, des clichés photographiques et des vidéos diffusés par la presse et par des particuliers sur les réseaux sociaux, montrant que la police utilise toujours des drones à des fins de police administrative, notamment lors de manifestations sur la voie publique, et d'enjoindre au préfet de police de cesser immédiatement, à compter du prononcé de l'ordonnance à intervenir, de capter des images par drones, de les enregistrer, de les transmettre ou de les exploiter et de détruire toute image déjà captée dans ce contexte sous astreinte de 1 024 euros par jour de retard. Par une ordonnance n° 2017540 du 4 novembre 2020, le juge des référés du tribunal administratif de Paris a rejeté cette demande.

Après quoi, l'association « La Quadrature du Net » a présenté un pourvoi au secrétariat du contentieux du Conseil d'État en demandant au juge des référés du Conseil d'État, statuant sur le fondement de l'article L. 521-1 du CJA, notamment d'annuler cette ordonnance et de faire droit à ses demandes de première instance. Le Conseil d'État a suspendu la décision du préfet de police de Paris de procéder à l'utilisation de drones pour la surveillance de rassemblements de personnes sur la voie publique et enjoint au préfet de police de cesser, sans délai, de procéder aux mesures de surveillance par drone des rassemblements de personnes sur la voie publique.

À noter la position de la CNIL, diffusée le 19 juillet 2022, sur le déploiement de caméras « augmentées » dans les espaces publics au sein de laquelle elle précise notamment le cadre juridique applicable pour fixer des lignes rouges et apporter de la sécurité juridique aux acteurs. En l'état, la CNIL estime que la loi française n'autorise pas l'usage, par la puissance publique, des caméras « augmentées » pour la détection et la poursuite d'infractions, qu'il s'agisse de dispositifs dédiés ou couplés à des caméras de vidéoprotection préexistantes. Les dispositifs qui sont visés ici ont pour objet de permettre aux services de police et de gendarmerie de détecter des comportements considérés comme « suspects » (attroupements ou mouvements rapides d'individus, présence « anormalement » longue d'une personne dans un lieu, etc.) car ils laisseraient présumer une infraction passée ou imminente (vol, atteintes aux biens ou aux personnes, etc.). Elle ajoute que si l'efficacité de ces caméras augmentées était prouvée et leur utilisation nécessaire, celle-ci devrait être autorisée par une loi spécifique qui, à l'issue d'un débat démocratique, fixerait des cas d'usages précis avec des garanties au bénéfice des personnes. Certains usages des caméras « augmentées » peuvent paraître légitimes : dispositifs comptabilisant les piétons, les voitures ou les cyclistes sur la voie publique afin de l'aménager, adaptation des capacités des transports en commun selon leur fréquentation, analyse de la fréquentation et de l'occupation d'un bâtiment pour en adapter la consommation énergétique, etc. Toutefois, dans la mesure où il n'est généralement pas possible pour les personnes d'exercer les droits qui leur sont reconnus par le règlement général sur la protection des données (RGPD) (droit d'opposition à être analysé par la caméra), ces usages ne seront licites que lorsqu'ils auront été autorisés par les pouvoirs publics, qui doivent prendre un texte (réglementaire ou législatif) pour écarter le droit d'opposition.

II. Encadrement de la liberté de manifestation sur la voie publique sous l'empire de l'état d'urgence sanitaire

A. Loi du 23 mars 2020 d'urgence pour faire face à l'épidémie de covid-19 et sa prorogation

L'article 4 de la loi n° 2020-290 du 23 mars 2020 d'urgence pour faire face à l'épidémie de covid-19 a prévu, par dérogation aux dispositions de l'article L. 3131-13 du CSP, que l'état d'urgence sanitaire était déclaré pour une durée de deux mois à compter de l'entrée en vigueur de cette loi, soit le 24 mars 2020, et sur l'ensemble du territoire national. Toutefois, un décret en conseil des ministres pris sur le rapport du ministre chargé de la Santé pouvait en limiter l'application à certaines des circonscriptions territoriales.

La prorogation de l'état d'urgence sanitaire au-delà du 24 mars 2020 ne pouvait être autorisée que par la loi et il pouvait y être mis fin par un décret en conseil des ministres avant le 24 mars 2020.

Tel n'a pas été le cas dès lors que l'état d'urgence sanitaire déclaré par l'article 4 de la loi du 23 mars 2020 d'urgence pour faire face à l'épidémie de covid-19 a été prorogé jusqu'au 10 juillet 2020 inclus par le I de l'article 1er de la loi n° 2020-546 du 11 mai 2020 prorogeant l'état d'urgence sanitaire et complétant ses dispositions.

Enfin, la loi n° 2020-856 du 9 juillet 2020 a organisé la sortie de l'état d'urgence sanitaire, à compter du 11 juillet 2020 et jusqu'au 30 octobre 2020 inclus, hors les territoires de la Guyane et de Mayotte. À noter que le Premier ministre peut notamment, dans ce cadre, par décret pris sur le rapport du ministre chargé de la santé, dans l'intérêt de la santé publique et aux seules fins de lutter contre la propagation de l'épidémie de covid-19, et sans préjudice des articles L. 211-2 et L. 211-4 du CSI, réglementer les rassemblements de personnes, les réunions et les activités sur la voie publique et dans les lieux ouverts au public.

B. Limitations réglementaires au droit de manifestation

Le décret n° 2020-260 du 16 mars 2020 portant réglementation des déplacements dans le cadre de la lutte contre la propagation du virus covid-19 a, d'abord, interdit jusqu'au 31 mars 2020 le déplacement de toute personne hors de son domicile à l'exception des déplacements pour certains motifs (trajets entre le domicile et le ou les lieux d'exercice de l'activité professionnelle et déplacements professionnels insusceptibles d'être différés, déplacements pour effectuer des achats de fournitures nécessaires à l'activité professionnelle et des achats de première nécessité, déplacements pour motif de santé, déplacements pour motif familial impérieux, pour l'assistance des personnes vulnérables ou pour la garde d'enfants et déplacements brefs, à proximité du domicile, liés à l'activité physique individuelle des personnes, à l'exclusion de toute pratique sportive collective, et aux besoins des animaux de compagnie), dans le respect des mesures générales de prévention de la propagation du virus et en évitant tout regroupement de personnes.

Le décret n° 2020-293 du 23 mars 2020 prescrivant les mesures générales nécessaires pour faire face à l'épidémie de covid-19 dans le cadre de l'état d'urgence sanitaire a, ensuite, maintenu l'interdiction jusqu'au 31 mars 2020 de déplacement de toute personne hors de son domicile à l'exception des déplacements pour certains motifs (auxquels sont ajoutés les déplacements brefs, dans la limite d'une heure quotidienne et dans un rayon maximal d'un kilomètre autour du domicile, liés soit à l'activité physique individuelle des personnes, à l'exclusion de toute pratique sportive collective et de toute proximité avec d'autres personnes, soit à la promenade avec les seules personnes regroupées dans un même domicile, soit aux besoins des animaux de compagnie, les déplacements résultant d'une obligation de présentation aux services de police ou de gendarmerie nationales ou à tout autre service ou professionnel, imposée par l'autorité de police administrative ou l'autorité judiciaire, les déplacements résultant d'une convocation émanant d'une juridiction administrative ou de l'autorité judiciaire ainsi que les déplacements aux seules fins de participer à des missions d'intérêt général sur demande de l'autorité administrative et dans les conditions qu'elle précise) en évitant tout regroupement de personnes. L'article 7 de ce même décret prévoit que tout rassemblement, réunion ou activité mettant en présence de manière simultanée plus de 100 personnes en milieu clos ou ouvert, est interdit sur le territoire de la République jusqu'au 15 avril 2020. Les rassemblements, réunions ou activités indispensables à la continuité de la vie de la Nation peuvent être maintenus à titre dérogatoire par le représentant de l'État dans le département, par des mesures réglementaires ou individuelles, sauf lorsque les circonstances locales s'y opposent. Le représentant de l'État dans le département est habilité aux mêmes fins à interdire ou à restreindre, par des mesures réglementaires ou individuelles, les rassemblements, réunions ou activités ne relevant pas du premier alinéa lorsque les circonstances locales l'exigent.

Le décret n° 2020-548 du 11 mai 2020 prescrivant les mesures générales nécessaires pour faire face à l'épidémie de covid-19 dans le cadre de l'état d'urgence sanitaire prévoit que tout déplacement de personne la conduisant à la fois à sortir d'un périmètre défini par un rayon de 100 kilomètres de son lieu de résidence et à sortir du département dans lequel ce dernier est situé est interdit à l'exception des déplacements pour les motifs précédemment évoqués. L'article 7 de ce décret prévoit que tout rassemblement, réunion ou activité à un titre autre que professionnel sur la voie publique ou dans un lieu public, mettant en présence de manière simultanée plus de dix personnes, est interdit sur l'ensemble du territoire de la République. Lorsqu'il n'est pas interdit par l'effet de ces dispositions, il est organisé dans les conditions permettant la distanciation physique d'au moins un mètre entre deux personnes, dites « barrières », définies au niveau national, qui doivent être observées en tout lieu et en toutes circonstances. Par ailleurs, l'article 8 du décret prévoit qu'aucun évènement réunissant plus de 5 000 personnes ne peut se dérouler sur le territoire de la République jusqu'au 31 août 2020.

Le II de l'article 3 du décret n° 2020-663 du 31 mai 2020 prescrivant les mesures générales nécessaires pour faire face à l'épidémie de covid-19 dans le cadre de l'état d'urgence sanitaire a toutefois étendu l'exception à l'interdiction, reprise à son I, des rassemblements, réunions ou activités sur la voie publique ou dans un lieu ouvert au public mettant en présence simultanée plus de dix personnes, aux services de transport de voyageurs, aux établissements recevant du public dans lesquels l'accueil du public n'est pas interdit et aux cérémonies funéraires organisées hors de tels établissements, en plus des rassemblements, réunions ou activités à caractère professionnel pour lesquels cette exception était déjà prévue par le décret du 11 mai 2020.

Enfin, le décret n° 2021-932 du 13 juillet 2021 modifiant le décret n° 2021-699 du 1er juin 2021 a prescrit les mesures générales nécessaires à la gestion de la sortie de crise sanitaire.

C. Conciliation du droit de manifestation avec la protection de la santé et maintien de l'ordre public

La liberté d'expression et de communication, garantie par la Constitution du 4 octobre 1958 et par les articles 10 et 11 de la Convention EDH et dont découle le droit d'expression collective des idées et des opinions, constitue une liberté fondamentale au sens de l'article L. 521-2 du CJA.

Son exercice, notamment par la liberté de manifester ou de se réunir, est une condition de la démocratie et l'une des garanties du respect d'autres droits et libertés constituant également des libertés fondamentales au sens de cet article, tels que la liberté syndicale.

Il doit cependant être concilié avec le respect de l'objectif de valeur constitutionnelle de protection de la santé et avec le maintien de l'ordre public.

III. Décision n° 2021-834 DC du 20 janvier 2022

Par une décision n° 2021-834 DC du 20 janvier 2022, le Conseil constitutionnel marque sa grande vigilance quant au recours aux drones dans le cadre d'opérations de police administrative et refuse l'expérimentation de leur usage par les polices municipales. Saisi de quatre articles de la loi n° 2022-52 du 24 janvier 2022 relative à la responsabilité pénale et à la sécurité intérieure, le Conseil constitutionnel a censuré partiellement les dispositions relatives au recours aux drones dans le cadre d'opérations de police administrative et assorti de cinq réserves d'interprétation le reste des dispositions contestées. En ce qui concerne le recours à ces dispositifs dans le cadre des missions de police administrative incombant aux services de l'État, le Conseil constitutionnel a jugé que les dispositions de l'article 15 de la loi déférée permettent le recours à des aéronefs circulant sans personne à bord qui sont susceptibles de capter et transmettre des images concernant un nombre très important de personnes, y compris en suivant leurs déplacements, dans de nombreux lieux et, le cas échéant, sans qu'elles en soient informées et qu'elles portent donc atteinte au droit au respect de la vie privée.

Après avoir relevé qu'en adoptant les dispositions contestées, le législateur a poursuivi l'objectif de valeur constitutionnelle de prévention des atteintes à l'ordre public, le Conseil constitutionnel a jugé que les services de police nationale et de gendarmerie nationale ainsi que les militaires déployés sur le territoire national ne peuvent être autorisés à faire usage de ces dispositifs qu'aux fins d'assurer la prévention des atteintes à la sécurité des personnes et des biens dans des lieux particulièrement exposés à des risques de commission de certaines infractions, la protection des bâtiments et installations publics et de leurs abords immédiats particulièrement exposés à des risques d'intrusion ou de dégradation, la sécurité des rassemblements de personnes sur la voie publique ou dans des lieux ouverts au public lorsque ces rassemblements sont susceptibles d'entraîner des troubles graves à l'ordre public, la prévention d'actes de terrorisme, la régulation des flux de transport aux seules fins du maintien de l'ordre et de la sécurité publics, la surveillance des frontières et le secours aux personnes. Le recours à ces dispositifs ne peut être autorisé par le préfet que s'il est proportionné au regard de la finalité poursuivie. À cet égard, la demande des services compétents doit préciser cette finalité et justifier, au regard de celle-ci, la nécessité de recourir aux dispositifs aéroportés.

S'agissant des dispositions de l'article 15 de la loi déférée relatives aux recours à ces dispositifs par les services de police municipale, le Conseil constitutionnel a jugé, en premier lieu, que le législateur a permis à ces services de recourir à ces dispositifs aéroportés aux fins non seulement d'assurer la régulation des flux de transport et les mesures d'assistance et de secours aux personnes, mais également la sécurité des manifestations sportives, récréatives ou culturelles, sans limiter cette dernière finalité aux manifestations particulièrement exposées à des risques de troubles graves à l'ordre public. En deuxième lieu, si le législateur a prévu que le recours à ces dispositifs aéroportés devait être autorisé par le préfet, il n'a pas prévu que ce dernier puisse y mettre fin à tout moment, dès lors qu'il constate que les conditions ayant justifié sa délivrance ne sont plus réunies. En dernier lieu, les dispositions contestées prévoient que, en cas d'urgence résultant d'« une exposition particulière et imprévisible à un risque d'atteinte caractérisée aux personnes ou aux biens », ces mêmes services peuvent recourir immédiatement à ces dispositifs aéroportés, pour une durée pouvant atteindre quatre heures et à la seule condition d'en avoir préalablement informé le préfet. Ainsi, ces dispositions permettent le déploiement de caméras aéroportées, pendant une telle durée, sans autorisation du préfet, sans le réserver à des cas précis et d'une particulière gravité, et sans définir les informations qui doivent être portées à la connaissance de ce dernier.

IV. Ordonnances des 13 juin et 6 juillet 2020 du juge des référés du Conseil d'État

A. Le juge des référés du Conseil d'État suspend l'interdiction générale et absolue de manifester sur la voie publique

Dans le cadre de l'état d'urgence sanitaire instauré pour faire face à l'épidémie de covid-19 par les lois du 23 mars 2020 et du 11 mai 2020 prorogeant l'état d'urgence sanitaire et complétant ses dispositions, l'article 3 du décret du 31 mai 2020 prescrivant les mesures générales nécessaires pour faire face à l'épidémie de covid-19 a interdit les rassemblements, réunions ou activités sur la voie publique ou dans un lieu ouvert au public mettant en présence simultanée plus de dix personnes.

Des associations et des syndicats ont demandé au juge des référés du Conseil d'État, sur le fondement de l'article L. 521-2 du CJA (référé-liberté), de suspendre l'application de cette interdiction pour les manifestations dans l'espace public. Le juge des référés du Conseil d'État constate que les recommandations du Haut Conseil de la santé publique, du 24 avril 2020, ne préconisent aucune restriction de principe à la circulation dans l'espace public tant que les « mesures barrières » sont respectées et qu'aucune reprise de l'épidémie de covid-19 n'est constatée. Étant précisé que la liberté de manifester est une liberté fondamentale, il en déduit, d'une part, que, sauf circonstances particulières, l'interdiction de manifestation sur la voie publique n'est justifiée par les risques sanitaires seulement si les « mesures barrières » ne pourraient être respectées ou si la manifestation sur la voie publique risque de réunir plus de 5 000 personnes et, d'autre part, que l'interdiction posée au I de l'article 3 du décret du 31 mai 2020 doit être regardée comme présentant un caractère général et absolu à l'égard des manifestations sur la voie publique, ne peut, à ce jour, être regardée comme une mesure nécessaire et adaptée, et, ce faisant, proportionnée à l'objectif de préservation de la santé publique qu'elle poursuit en ce qu'elle s'applique à ces rassemblements soumis par ailleurs à l'obligation d'une déclaration préalable en vertu de l'article L. 211-1 du CSI, que l'autorité investie des pouvoirs de police et le représentant de l'État demeurent en droit d'interdire, sous le contrôle du juge administratif, y compris le cas échéant saisi sur le fondement du livre V du CJA. En conséquence, le juge des référés du Conseil d'État suspend l'exécution de l'article 3 du décret du 31 mai 2020 pour les manifestations sur la voie publique soumises à l'obligation d'une déclaration préalable.

B. Le juge des référés du Conseil d'État suspend l'obligation d'obtenir une autorisation avant d'organiser une manifestation

À la suite de la suspension de l'article 3 du décret du 31 mai 2020 pour les manifestations sur la voie publique soumises à l'obligation d'une déclaration préalable par une ordonnance juge des référés du Conseil d'État du 13 juin 2020, le Premier ministre a modifié le décret afin de prévoir que l'interdiction des rassemblements de plus de dix personnes ne s'appliquerait pas aux manifestations autorisées par le préfet, dont l'autorisation est soumise à la condition que l'organisation de la manifestation permette le respect par les participants des mesures dites « barrières ».

Le juge des référés du Conseil d'État juge alors que l'obligation d'obtenir une autorisation avant d'organiser une manifestation sur la voie publique ainsi créée est excessive, étant rappelé, qu'en temps normal, les manifestations sur la voie publique sont seulement soumises à une obligation de déclaration préalable auprès des autorités préfectorales.

Or, la nouvelle version du décret du 31 mai 2020, d'une part, inverse cette logique en instituant que toute manifestation demeure interdite tant que le préfet ne l'a pas autorisée et, d'autre part, ne prévoit pas de délai pour que le préfet rende sa décision risquant ainsi d'empêcher les organisateurs de la manifestation sur la voie publique de pouvoir saisir le juge administratif en temps utile.

En conséquence, le juge des référés du Conseil d'État estime qu'il existe un doute sérieux sur le fait que cette nouvelle procédure instituée par la nouvelle version du décret du 31 mai 2020 ne porte pas une atteinte disproportionnée au droit de manifester et suspend les dispositions du décret du 31 mai 2020 prévoyant cette procédure. Précisément, il suspend l'exécution des dispositions du I et du II bis de l'article 3 du décret du 31 mai 2020 en tant qu'elles s'appliquent aux manifestations sur la voie publique soumises à l'obligation d'une déclaration préalable en vertu de l'article L. 211-1 du CSI. Enfin, il estime que l'interdiction des rassemblements de plus de 5 000 personnes, qui demeure inchangée dans le décret du 31 mai 2020, reste justifiée au regard de la situation sanitaire du moment.

V. Corpus juridique de référence

– Constitution française du 4 oct. 1958

– Convention EDH

– Code pénal, CPP, CSP, CSI, CJA

– Cons. const., 18 janv. 1995, n° 94-352 DC, Loi d'orientation et de programmation relative à la sécurité

– Cons. const., 26 mars 2020, n° 2020-799 DC, Loi organique d'urgence pour faire face à l'épidémie de covid-19

– Cons. const., 11 mai 2020, n° 2020-800 DC, Loi prorogeant l'état d'urgence sanitaire et complétant ses dispositions

– Cons. const., 9 juill. 2020, n° 2020-803 DC, Loi organisant la sortie de l'état d'urgence sanitaire

– Cons. const., 20 janv. 2022, n° 2021-834 DC, Loi relative à la responsabilité pénale et à la sécurité intérieure

– Loi n° 2000-597 du 30 juin 2000 relative au référé devant les juridictions administratives

– Loi n° 2010-201 du 2 mars 2010 renforçant la lutte contre les violences de groupes et la protection des personnes chargées d'une mission de service public

– Loi n° 2010-1192 du 11 oct. 2010 interdisant la dissimulation du visage dans l'espace public.

– Loi n° 2016-564 du 10 mai 2016 renforçant le dialogue avec les supporters et la lutte contre le hooliganisme

– Loi n° 2017-1510 du 30 oct. 2017 renforçant la sécurité intérieure et la lutte contre le terrorisme

– Loi n° 2019-290 du 10 avr. 2019 visant à renforcer et garantir le maintien de l'ordre public lors des manifestations

– Loi n° 2020-290 du 23 mars 2020 d'urgence pour faire face à l'épidémie de covid-19

– Loi n° 2020-546 du 11 mai 2020 prorogeant l'état d'urgence sanitaire et complétant ses dispositions

– Loi n° 2020-856 du 9 juill. 2020 organisant la sortie de l'état d'urgence sanitaire

– Loi n° 2020-1379 du 14 nov. 2020 autorisant la prorogation de l'état d'urgence sanitaire et portant diverses mesures de gestion de la crise sanitaire

– Loi n° 2021-646 du 25 mai 2021 pour une sécurité globale préservant les libertés

– Loi n° 2021-689 du 31 mai 2021 relative à la gestion de la sortie de crise sanitaire

– Loi n° 2021-1040 du 5 août 2021 relative à la gestion de la crise sanitaire

– Loi n° 2022-52 du 24 janv. 2022 relative à la responsabilité pénale et à la sécurité intérieure

– Décret n° 2019-208 du 20 mars 2019 instituant une contravention pour participation à une manifestation interdite sur la voie publique

– Décret n° 2020-260 du 16 mars 2020 portant réglementation des déplacements dans le cadre de la lutte contre la propagation du virus covid-19

– Décret n° 2020-293 du 23 mars 2020 prescrivant les mesures générales nécessaires pour faire face à l'épidémie de covid-19 dans le cadre de l'état d'urgence sanitaire

– Décret n° 2020-548 du 11 mai 2020 prescrivant les mesures générales nécessaires pour faire face à l'épidémie de covid-19 dans le cadre de l'état d'urgence sanitaire

– Décret n° 2020-663 du 31 mai 2020 prescrivant les mesures générales nécessaires pour faire face à l'épidémie de covid-19 dans le cadre de l'état d'urgence sanitaire

– Décret n° 2020-1257 du 14 oct. 2020 déclarant l'état d'urgence sanitaire

– Décret n° 2021-932 du 13 juill. 2021 modifiant le décret n° 2021-699 du 1er juin 2021 prescrivant les mesures générales nécessaires à la gestion de la sortie de crise sanitaire

– Décret n° 2023-283 du 19 avr. 2023 relatif à la mise en œuvre de traitements d'images au moyen de dispositifs de captation installés sur des aéronefs pour des missions de police administrative

– Arrêté du 19 avr. 2023 relatif au nombre maximal de caméras installées sur des aéronefs pouvant être simultanément utilisées dans chaque département et collectivité d'outre-mer

– Décision du Défenseur des droits n° 2020-131 du 9 juill. 2020

– CE, 22 déc. 2020, n° 446155, *Association « La Quadrature du Net »* (Suspension de la décision du préfet de police de Paris de procéder à l'utilisation de drones pour la surveillance de rassemblements de personnes sur la voie publique)

– CE, 10 juin 2021, n° 444849, n° 445063, n° 445355, n° 445365, *Syndicat national des journalistes et autres* (Importance particulière de la présence des journalistes lors des manifestations)

– Cass. 1re civ., 2 juin 2021, n° 20-13753, FS-P (Il résulte des articles 9 du Code civil et 8 de la Convention EDH que le droit dont la personne dispose sur son image porte sur sa captation, sa conservation, sa reproduction et son utilisation et que la seule constatation d'une atteinte ouvre droit à réparation)

VI. Exemple de sujet avec son corrigé portant sur la liberté de manifestation

Sujet : Soutenez que la liberté de manifestation est garantie en France

Introduction

Accroche : Par une décision n° 2020-131 du 9 juillet 2020, le Défenseur des droits a adopté une décision-cadre portant recommandations générales sur les pratiques du maintien de l'ordre au regard des règles de déontologie. Il a ainsi rappelé, eu égard à la place croissante de la « judiciarisation » du maintien de l'ordre, l'importance de la mission administrative de prévention et d'encadrement de l'exercice du droit de manifester par les forces de l'ordre. Il a également rappelé la rigueur dont les forces de l'ordre doivent faire preuve s'agissant des motifs du contrôle et de l'interpellation d'une personne, la garde à vue étant une mesure privative de liberté contraignante, qui a également pour conséquence dans le contexte particulier du maintien de l'ordre, de priver un individu de son droit de manifester.

Historique : La place de la liberté de manifestation dans notre patrimoine juridique semble aujourd'hui aller de soi. Elle n'a pourtant été que progressivement consacrée par le législateur et il a fallu attendre la IIIe République pour qu'elle soit assurée de façon définitive.

Définition : La liberté de manifestation, tout comme la liberté d'association, constitue une illustration des libertés publiques de la « première génération ». Elle relève de ces droits fondamentaux reconnus aux citoyens conformément à l'esprit de la DDHC de 1789.

Problématique : La liberté de manifestation est aujourd'hui garantie en France et s'exerce sous le contrôle du juge administratif.

Annonce du plan

I. La reconnaissance progressive de la liberté de manifestation

Annonce des deux sous-parties :

1.1. Tentative de définition de la manifestation (v. I. A. *supra*)

1.2. Les garanties législatives puis constitutionnelles de la liberté de manifestation (v. I. B. *supra*)

Transition : La liberté de manifestation est ainsi non seulement protégée par le législateur mais aussi constitutionnellement garantie (décision n° 94-352 DC du 18 janvier 1995, Loi d'orientation et de programmation relative à la sécurité). Son exercice quotidien s'effectue en conséquence sous le contrôle du juge.

II. La pratique de la liberté de manifestation sous le contrôle du juge

Annonce des deux sous-parties :

2.1. Les pouvoirs des autorités de police administrative en matière de liberté de manifestation (v. I. C. *supra*)

2.2. Le contrôle des décisions administratives restreignant la liberté de manifestation par le juge administratif (v. I. D. *supra*)

Conclusion

Synthèse : La liberté de manifestation est aujourd'hui garantie en France dès lors qu'elle est protégée par le législateur et constitutionnellement garantie et que son exercice quotidien s'effectue sous le contrôle du juge.

Ouverture possible : Le décret n° 2023-283 du 19 avril 2023 relatif à la mise en œuvre de traitements d'images au moyen de dispositifs de captation installés sur des aéronefs pour des missions de police administrative.

VII. Exemples de questions sur le thème de la liberté de manifestation

– La liberté de manifestation a-t-elle été récemment restreinte en France ?

– La liberté de réunion a-t-elle été récemment réduite sur le territoire français ?

– La liberté d'aller et de venir a-t-elle été récemment limitée en France ?

– Était-il possible de manifester en état d'urgence sanitaire ? Si, oui dans quelles conditions ?

– Comment concilier le droit de manifestation avec la protection de la santé et le maintien de l'ordre public ?

– Est-il possible d'interdire de façon générale et absolue le droit de manifester ?

– Faut-il faire payer la casse aux casseurs lors des manifestations ?

– Que risque un manifestant qui participe à une manifestation interdite sur la voie publique ?

– Que risque une personne physique qui appelle à manifester pour manifestement troubler l'ordre public ?

– Quel est le régime de responsabilité à raison des dommages résultant d'attroupements et rassemblements ?

– Les lycéens ont-ils le droit de manifester aux abords de leur lycée en bloquant les accès et pourquoi ?

– Les services de police municipale peuvent-ils avoir recours aux drones dans le cadre de la police administrative et pourquoi ?

– Le législateur peut-il autoriser la captation, l'enregistrement et la transmission d'images par des aéronefs circulant sans personne à bord aux fins de recherche, de constatation ou de poursuite des infractions pénales ou aux fins de maintien de l'ordre et de la sécurité publics et dans quel cadre ?

– L'utilisation des drones de surveillance de la voie publique est-elle conciliable avec le droit au respect de la vie privée ?

– Que pensez-vous des « convois de la liberté » qui ont tenté de bloquer Paris, en février 2022, et des libertés fondamentales qui auraient été méconnues si tel avait été le cas ?

– À votre avis, quels sont les dispositifs ou moyens juridiques à la disposition des autorités de police administrative pour restreindre la liberté de manifestation dans une situation telle que celle engendrée par les « convois de la liberté », en février 2022 ?

– Quelles sont les observations émises par la CNIL dans son avis du 16 mars 2023 portant sur le décret du 19 avril 2023 encadrant les conditions de mise en œuvre des caméras aéroportées ?

– Qu'est-ce que pour vous des caméras aéroportées ?

– Les forces de l'ordre peuvent-elles être autorisées à utiliser des caméras aéroportées à des fins de prévention d'actes de terrorisme ? Si, oui, dans quelles conditions ?

13 mai 2023 : Décret relatif à la suspension de l'obligation de vaccination contre la covid-19 des professionnels et étudiants

Conformément aux recommandations de la Haute Autorité de santé du 29 mars 2023, le décret n° 2023-368 du 13 mai 2023 suspend l'obligation de vaccination des professionnels et étudiants.

Ce décret du 13 mai 2023 publié au JORF du 14 mai 2023, suspend donc l'obligation de vaccination contre la covid-19 des professionnels et étudiants, à compter du 15 mai 2023. Il a été pris en application du IV de l'article 12 de la loi n° 2021-1040 du 5 août 2021 relative à la gestion de la crise sanitaire, dans sa rédaction résultant de l'article 4 de la loi n° 2022-1089 du 30 juillet 2022 mettant fin aux régimes d'exception créés pour lutter contre l'épidémie liée à la covid-19.

En conséquence, l'obligation vaccinale cesse d'être une condition d'interdiction de recrutement ou de maintien des professionnels de santé pour les employeurs et les dispositions du décret du 13 mai 2023 devraient entraîner la réintégration des personnels concernés suspendus.

Une proposition de loi n° 991 portant obligation vaccinale contre la covid 19 dans les secteurs médicaux, paramédicaux et d'aide à la personne et visant à la réintégration des professionnels et étudiants suspendus a été enregistrée, le 31 mars 2023, à la présidence de l'Assemblée nationale et adoptée par cette dernière en première lecture avec des amendements, le 4 mai 2023, puis transmise au Sénat.

Cette suspension de l'obligation de vaccination contre la covid-19 des professionnels et étudiants par voie réglementaire pourrait donc être suivie d'une abrogation législative.

I. Rappels des fondamentaux en matière de vaccination

A. Les dispositions législatives du CSP qui imposent des vaccinations

L'article L. 3111-1 du Code de la santé publique (CSP) prévoit que la politique de vaccination est élaborée par le ministre chargé de la santé qui fixe les conditions d'immunisation, énonce les recommandations nécessaires et rend public le calendrier des vaccinations après avis du Haut Conseil de la santé publique (HCSP). Compte tenu de l'évolution de la situation épidémiologique et des connaissances médicales et scientifiques, un décret peut suspendre, pour tout ou partie de la population, les obligations prévues aux articles L. 3111-2 à L. 3111-4 et L. 3112-1 du même code. Par ailleurs, dans le cadre de leurs missions, les médecins du travail, les médecins des infirmeries des établissements publics locaux d'enseignement et des services de médecine préventive et de promotion de la santé dans les établissements d'enseignement supérieur, les médecins des services de protection maternelle et infantile et des autres services de santé dépendant des conseils généraux ou des communes participent à la mise en œuvre de la politique vaccinale.

L'article L. 3111-2 du CSP fixe les vaccinations antidiphtérique et antitétanique par l'anatoxine obligatoires, sauf contre-indication médicale reconnue en précisant qu'elles doivent être pratiquées simultanément. Les personnes titulaires de l'autorité parentale ou qui ont la charge de la tutelle des mineurs sont tenues personnellement responsables de l'exécution de cette mesure, dont la justification doit être fournie lors de l'admission dans toute école, garderie, colonie de vacances ou autre collectivité d'enfants. Les conditions dans lesquelles sont pratiquées la vaccination antidiphtérique et la vaccination antitétanique sont déterminées par décret. Par une décision n° 419242 du 6 mai 2019, *Ligue nationale pour la liberté des vaccinations*, le Conseil d'État a jugé que l'association requérante n'était pas fondée à soutenir que les dispositions du I de l'article L. 3111-2 du CSP, résultant de la loi du 30 décembre 2017, seraient incompatibles avec les stipulations de l'article 8 de la Conv. EDH.

L'article L. 3111-3 du CSP rend obligatoire la vaccination antipoliomyélitique, sauf contre-indication médicale reconnue, à l'âge et dans les conditions déterminées par décret en Conseil d'État, pris après avis de l'Académie nationale de médecine et du Haut Conseil de la santé publique. Les personnes titulaires de l'autorité parentale ou qui ont la charge de la tutelle des mineurs sont tenues personnellement de l'exécution de cette obligation.

L'article L. 3111-4 du CSP prévoit notamment qu'une personne qui, dans un établissement ou organisme public ou privé de prévention de soins ou hébergeant des personnes âgées, exerce une activité professionnelle l'exposant à des risques de contamination doit être immunisée contre l'hépatite B, la diphtérie, le tétanos, la poliomyélite et la grippe. Les personnes qui exercent une activité professionnelle dans un laboratoire de biologie médicale doivent être immunisées contre la fièvre typhoïde.

À noter que le ministre chargé de la santé peut instituer par arrêté l'obligation, d'une part, de la vaccination antityphoparatyphoïdique pour toutes les personnes de dix à trente ans résidant dans les zones de territoires menacées par une épidémie de fièvres typhoïdes et paratyphoïdes, en application de l'article L. 3111-6 du CSP, et d'autre part, l'obligation de la vaccination contre le typhus exanthématique pour tous les sujets de dix à cinquante ans et pour toutes catégories de personnes qui résident dans une région contaminée ou qui, du fait de leur profession, se trouvent particulièrement menacées, en vertu de l'article L. 3111-7 du CSP.

Par ailleurs, en cas de guerre, de calamité publique, d'épidémie ou de menace d'épidémie, la vaccination ou la revaccination antivariolique peut être rendue obligatoire par décret ou par arrêtés préfectoraux pour toute personne, quel que soit son âge (CSP, art. L. 3111-8).

B. Les obligations vaccinales des enfants

Il existe un calendrier des vaccins obligatoires pour les enfants. Depuis le 1er janvier 2018, 11 vaccinations sont obligatoires dans les 18 premiers mois des enfants nés à compter de cette date qui sont les vaccinations contre la diphtérie, le tétanos, la poliomyélite, la coqueluche, l'haemophilius influenzae B (bactérie provoquant notamment des pneumopathies et des méningites), l'hépatite B, le méningocoque C (bactérie provoquant des méningites), le pneumocoque (bactérie provoquant notamment des pneumopathies et des méningites), la rougeole, les oreillons et la rubéole.

Depuis le 1er janvier 2021, la vaccination contre les infections à papillomavirus humains (HPV) est étendue et recommandée aux garçons de 11 à 14 ans révolus avec un rattrapage vaccinal pour ceux âgés entre 15 et 19 ans révolus.

En cas de voyages et de séjours à l'étranger, les recommandations vaccinales liées à des voyages et des séjours à l'étranger font l'objet d'un avis spécifique du Haut Conseil de la santé publique et ne sont pas incluses dans le calendrier des vaccinations mais publiées dans le *Bulletin épidémiologique hebdomadaire* du 19 mai 2020, n° Hors-série « Recommandations sanitaires pour les voyageurs ».

C. Les obligations vaccinales des militaires

La particularité de l'obligation vaccinale applicable aux militaires est fixée par une instruction du ministre de la Défense, selon l'article D. 4122-13 du Code de la défense.

L'instruction n° 3200/DEF/DCSSA/AST/TEC/EPID du 18 février 2005 relative à la pratique des vaccinations dans les armées fixe les vaccinations obligatoires et réglementaires inscrites au calendrier vaccinal des armées. À cette liste s'ajoute la vaccination contre la covid-19 imposée par l'instruction n° 509040/ARM/DCSSA/ESSD relative à la vaccination contre la covid-19 dans les armées du 29 juillet 2021.

Par une décision d'assemblée n° 222918 du 3 mars 2004, *Association « liberté, information, santé »*, le Conseil d'État a jugé, en ce qui concerne l'instruction rendant obligatoires, pour l'ensemble des militaires, la vaccination contre la méningite et, pour certains militaires, la vaccination contre la typhoïde, l'hépatite A et l'hépatite B, que c'est sans méconnaître sa compétence que le ministre de la Défense, responsable de l'emploi des militaires placés sous son autorité et du maintien de l'aptitude de ces derniers aux missions qui peuvent à tout moment leur être confiées, a édicté ces dispositions qui sont directement liées aux risques et exigences spécifiques à l'exercice de la fonction militaire. En revanche, si, en vertu de l'article L. 3111-4 du CSP, les personnes exerçant, dans un établissement ou organisme public ou privé de prévention ou de soins, une activité professionnelle les exposant à des risques de contamination, ainsi que les élèves et étudiants se préparant à l'exercice des professions médicales et des autres professions de santé dont la liste est déterminée par arrêté du ministre chargé de la santé, doivent être immunisés contre l'hépatite B, seul un arrêté des ministres chargés de la santé et du travail, pris après avis du Conseil supérieur d'hygiène publique de France, peut déterminer les catégories d'établissements et organismes intéressés. Dès lors, le ministre de la Défense n'était pas compétent pour prescrire une mesure identique dans les établissements de prévention ou de soins relevant de son administration.

À retenir que le refus de se soumettre aux immunisations prévues dans le calendrier vaccinal des armées, qui conditionnent l'aptitude à servir, est incompatible avec l'engagement ou le réengagement de tout militaire.

D. La réparation intégrale des préjudices directement imputables à une vaccination obligatoire

La réparation intégrale des préjudices directement imputables à une vaccination obligatoire pratiquée dans les conditions mentionnées au chapitre 1er du titre 1er du livre 1er de la troisième partie de la partie législative du CSP, sans préjudice des actions qui pourraient être exercées conformément au droit commun, est assurée par l'Office national d'indemnisation des accidents médicaux, des affections iatrogènes et des infections nosocomiales (ONIAM), institué à l'article L. 1142-22 du même code, au titre de la solidarité nationale, en vertu de l'article L. 3111-9 du CSP.

En 2017, le Conseil d'État a jugé que les litiges nés des décisions mentionnées à l'article R. 3111-31 du CSP, par lesquelles l'ONIAM se prononce sur le caractère obligatoire d'une vaccination, sur l'existence d'un lien de causalité entre cette vaccination et un dommage et sur l'étendue des préjudices indemnisables, dont la juridiction administrative est compétente pour connaître, ressortissent par nature au plein contentieux indemnitaire (CE, CHR, 7 févr. 2017, n° 391912, *Mme C.*).

II. La vaccination obligatoire contre la covid-19

A. L'obligation vaccinale découlant de la loi du 5 août 2021 relative à la gestion de la crise sanitaire concernant le « passe sanitaire »

Le chapitre II (art. 12 à 19) de la loi n° 2021-1040 du 5 août 2021 relative à la gestion de la crise sanitaire porte sur la vaccination obligatoire contre la covid-19 et son article 12 fixe trois critères non cumulatifs définissant le périmètre d'application de l'obligation vaccinale.

L'article 14 de cette loi prévoit les différentes échéances et les modalités progressives d'application de la vaccination obligatoire contre la covid-19 par les personnes concernées, essentiellement les soignants, du 7 août 2021 jusqu'au 15 octobre 2021.

Plus précisément, du 7 août 2021 jusqu'au 14 septembre 2021 inclus, les personnes mentionnées au I de l'article 12 ne peuvent plus exercer leur activité si elles n'ont pas présenté les documents mentionnés au I de l'article 13 ou, à défaut, le justificatif de l'administration des doses de vaccins requises par le décret mentionné au II de l'article 12 ou le résultat, pour sa durée de validité, de l'examen de dépistage virologique ne concluant pas à une contamination par la covid-19 prévu par le même décret.

À compter du 15 septembre 2021, les personnes mentionnées au I de l'article 12 ne peuvent plus exercer leur activité si elles n'ont pas présenté les documents mentionnés au I de l'article 13 ou, à défaut, le justificatif de l'administration des doses de vaccins requises par le décret mentionné au II de l'article 12. Par dérogation, à compter du 15 septembre 2021 et jusqu'au 15 octobre 2021 inclus, sont autorisées à exercer leur activité les personnes mentionnées au I de l'article 12 qui, dans le cadre d'un schéma vaccinal comprenant plusieurs doses, justifient de l'administration d'au moins une des doses requises par le décret mentionné au II du même article 12, sous réserve de présenter le résultat, pour sa durée de validité, de l'examen de dépistage virologique ne concluant pas à une contamination par la covid-19 prévu par le même décret.

L'article 12 de la loi du 5 août 2021 prévoit la liste des personnes qui doivent être vaccinées, sauf contre-indication médicale reconnue, contre la covid-19.

En revanche, ne sont pas concernés par l'obligation vaccinale les professionnels des crèches, des établissements ou services de soutien à la parentalité ou d'établissements et des services de protection de l'enfance.

Enfin, les personnes justifiant d'une contre-indication à la vaccination seront exemptées de l'obligation vaccinale. Les personnels non vaccinés ont eu jusqu'au 15 septembre 2021 pour le faire, voire jusqu'au 15 octobre 2021 s'ils ont déjà reçu une première dose de vaccin, et sous réserve de présenter un test négatif. Un certificat de statut vaccinal leur sera alors délivré.

Conformément aux avis des autorités scientifiques, les femmes enceintes peuvent se faire vacciner dès le début de la grossesse. Toutefois, leur vaccination ne peut être requise dans le cas de l'obligation faite aux professionnels avant le début du deuxième trimestre.

B. Les modalités de contrôle de l'obligation vaccinale

Du 9 août au 14 septembre 2021 inclus, les agents et personnes concernés devaient, à défaut d'être vaccinés, présenter *a minima* un justificatif de résultat négatif d'un examen de dépistage virologique de moins de 72 heures. L'application « TousAntiCovid », téléchargeable sur smartphone, permettait de contrôler les preuves (papier ou dématérialisées) reconnues dans le cadre du « passe sanitaire ».

Les employeurs étaient chargés de contrôler le respect de l'obligation vaccinale par les personnes placées sous leur responsabilité, y compris pour les agents publics. Celles-ci devaient présenter le certificat de statut vaccinal ou le certificat de contre-indication lorsqu'elles ne pouvaient, par dérogation, être soumises à l'obligation vaccinale. Le non-respect du contrôle de l'obligation vaccinale par l'employeur est puni d'une amende pouvant atteindre 1 500 euros voire plus en cas de récidives.

Pour les autres personnes concernées par l'obligation vaccinale mais qui ne sont pas placées sous la responsabilité d'un employeur, les agences régionales de santé, en lien avec les organismes locaux d'assurance maladie, contrôlaient le respect de cette obligation.

Pour les agents publics et salariés : l'employeur peut déléguer le contrôle de l'obligation vaccinale à la médecine du travail. En effet, l'obligation vaccinale induit un contrôle de la part des établissements employeurs, juridiquement responsables de sa mise en œuvre. Toutefois, le certificat de statut vaccinal, le certificat de contre-indication ou de rétablissement peut être transmis au médecin du travail compétent qui informe l'employeur, sans délai, de la satisfaction à l'obligation vaccinale. Les services de médecine du travail sont alors en charge de collecter lesdits certificats, en se tenant aux règles de conservation sécurisée et de destruction applicables.

Pour les autres personnes concernées par l'obligation vaccinale mais qui ne sont pas placées sous la responsabilité d'un employeur, les agences régionales de santé (ARS) accèdent aux données relatives à leur statut vaccinal avec le concours des organismes locaux d'assurance maladie afin de contrôler le respect de cette obligation.

C. Les conséquences du non-respect de l'obligation vaccinale

L'obligation vaccinale prévoyait deux périodes transitoires.

Du 9 août au 14 septembre 2021 inclus, les agents et personnes concernés devaient, à défaut d'être vaccinés, présenter *a minima* un justificatif de résultat négatif d'un examen de dépistage virologique de moins de 72 heures. Du 15 septembre au 15 octobre 2021 inclus, une tolérance était appliquée pour les agents et personnes ayant un schéma vaccinal partiel (au moins une dose pour un schéma vaccinal à plusieurs doses), et qui pouvaient présenter un justificatif de résultat négatif d'un examen de dépistage virologique de moins de 72 heures.

À compter du 16 octobre 2021, tous devaient présenter le justificatif d'un schéma vaccinal complet. Lorsque l'employeur constatait qu'un professionnel de santé ne pouvait plus exercer son activité du fait d'un défaut d'obligation vaccinale, il en informait, le cas échéant, le Conseil national de l'ordre dont il relève.

La méconnaissance de l'interdiction d'exercer en cas de non-respect de l'obligation vaccinale est sanctionnée :

– Selon le 3e alinéa de l'article L. 3136-1 du CSP, d'une amende prévue pour les contraventions de la quatrième classe, (amende forfaitaire, en principe, de 135 euros, pouvant être minorée à 90 euros ou majorée à 375 euros) ;

– Selon le 4e alinéa de l'article L. 3136-1 du CSP, de six mois d'emprisonnement, de 3 750 euros d'amende et de la peine complémentaire de travail d'intérêt général (selon les modalités prévues à l'article 131-8 du Code pénal et les conditions prévues aux articles 131-22 à 131-24 du même Code) si ces violations sont verbalisées à plus de trois reprises dans un délai de trente jours.

La suspension dure tant que l'agent ne remplit pas les conditions nécessaires à l'exercice de son activité. Le législateur a en effet créé une obligation vaccinale qui rend incompatible l'exercice de l'activité professionnelle par les personnes concernées tant qu'elles ne satisferont pas à cette obligation.

La suspension prononcée par l'employeur est applicable à compter de sa notification à l'agent et prend effet le jour même. La notification peut se faire par tout moyen. Elle peut prendre la forme d'une remise en main propre, contre émargement ou devant témoins, d'un document écrit officialisant la suspension et constatant l'absence de présentation des justificatifs requis ou par une lettre recommandée avec accusé de réception.

La décision faisant grief à l'agent, elle peut être contestée devant le juge administratif dans les conditions de droit commun.

La suspension peut intervenir dès la promulgation de la loi si l'agent sans schéma vaccinal complet ne peut présenter un test négatif de moins de 72 heures, un certificat de rétablissement ou un certificat de contre-indication à la vaccination.

La suspension prend fin dès que le salarié ou l'agent public remplit les conditions nécessaires à l'exercice de son activité. Ce rétablissement ne donne toutefois pas lieu au rappel de rémunération pour la période correspondant à la durée de la suspension.

La suspension ne produit aucun effet sur la durée du contrat à durée déterminée d'un agent contractuel de droit public. Lorsque le contrat arrive à son terme pendant la suspension, le contrat prend fin au terme initialement prévu.

Le fonctionnaire suspendu pour défaut de respect de l'obligation vaccinale demeure en position d'activité. Sauf en matière de rémunération, il continue de bénéficier de l'ensemble des droits reconnus par son statut, notamment des droits à congé de maladie, des droits à avancement d'échelon et de grade. De même, la suspension n'a pas pour effet de rendre l'emploi vacant.

Toutefois, les périodes de suspension ne génèrent pas de droit à congé, subordonné à l'exercice effectif des fonctions au cours de l'année de référence. Leur durée doit donc être calculée au *prorata* de la durée des services accomplis. Les périodes de suspension n'entrent pas en compte pour l'ouverture des droits à certains congés des agents contractuels de droit public soumis à une condition d'ancienneté.

Enfin, la période de suspension constituant une période pendant laquelle l'agent n'accomplit pas son service, l'absence de « service fait » implique l'interruption de la rémunération et donc de prélèvement des cotisations. La période de suspension ne peut dès lors être prise en compte pour la constitution des droits à pension.

La situation est la même pour les agents contractuels de droit public à l'exception des dispositions qui ne s'appliquent qu'à la carrière des fonctionnaires.

D. L'obligation vaccinale en Nouvelle-Calédonie

La vaccination contre la covid-19 est obligatoire pour toutes les personnes majeures en Nouvelle-Calédonie après le vote, à l'unanimité, de la commission permanente du Congrès calédonien, le 3 septembre 2021.

Plus précisément, l'obligation vaccinale s'applique à toutes les personnes majeures vivant en Nouvelle-Calédonie et vaudra aussi pour tous les voyageurs souhaitant s'y rendre. Les personnes non-vaccinées se verront par conséquent refuser l'entrée du territoire. En revanche, l'obligation vaccinale ne concerne ni les mineurs ni les personnes présentant une contre-indication médicale.

Aucune sanction n'a été prévue, dans un premier temps, en cas de refus de se plier à cette obligation. Il est seulement envisagé de sanctionner d'une amende, dont le montant n'est pas encore fixé, certaines personnes relevant du secteur de la santé, les professions portuaires, ou les agents aéroportuaires et autres professions « relevant des secteurs sensibles dont l'interruption entraînerait des conséquences néfastes sur le fonctionnement du pays ».

E. Les évolutions de la loi du 30 juillet 2022 en matière d'obligation vaccinale

Sur saisine du ministre de la Santé et de la prévention, en date du 18 juillet 2022, la Haute Autorité de santé (HAS) a rendu un avis n° 2022.0044/AC/SESPEV du 21 juillet 2022 dans lequel elle recommande de maintenir l'obligation vaccinale des personnels des secteurs sanitaire et médico-social :

> « Au vu du contexte épidémique dynamique, des incertitudes sur l'évolution de l'épidémie dans les prochains mois, et de l'efficacité d'un schéma vaccinal complet à réduire le risque d'être infecté et de transmettre la maladie, la HAS considère que les données ne sont pas de nature à remettre en cause l'obligation vaccinale des personnels des secteurs sanitaire et médico-social qui concourt à une meilleure protection des personnes soignées ou accompagnées, au premier rang desquelles les plus vulnérables ».

La loi n° 2022-1089 du 30 juillet 2022 mettant fin aux régimes d'exception créés pour lutter contre l'épidémie liée à la covid-19 abroge formellement, à compter du 1er août 2022, la partie du Code de la santé publique relative à l'état d'urgence sanitaire ainsi que le régime de gestion de la crise sanitaire instauré par la loi n° 2021-689 du 31 mai 2021 relative à la gestion de la sortie de crise sanitaire. Les mesures qu'autorisait ce dernier, et notamment le confinement, le couvre-feu ou le passe sanitaire, ne pourront être instaurées de nouveau qu'avec une nouvelle loi.

La loi du 30 juillet 2022 prévoit également la possibilité de réintégrer les personnels de santé suspendus en l'absence de vaccination dès lors que l'obligation vaccinale ne sera plus justifiée médicalement. Ainsi, l'obligation vaccinale pourra être suspendue par décret pour une partie ou tous les personnels qui y sont soumis après avis favorable de la HAS, qui pourra être saisie par le gouvernement, par le nouveau comité médical, par l'une des deux commissions des affaires sociales du Parlement. Si la HAS conclut que l'obligation vaccinale n'a plus lieu d'être, ces personnels seront réintégrés.

F. La jurisprudence du Conseil d'État en la matière

Lors de la séance du 17 janvier 2022, le Conseil d'État a appelé huit affaires relatives à la situation d'agents publics suspendus de leurs fonctions pour avoir refusé de se soumettre à l'obligation vaccinale posée par la loi n° 2021-1040 du 5 août 2021 relative à la gestion de la crise sanitaire. Cette dernière a complété les mesures de lutte contre la propagation de l'épidémie d'une obligation vaccinale pour les personnes exerçant leur activité dans certains secteurs du domaine médical, en qualité d'agent public ou privé.

Comparable au passe sanitaire jusqu'au 14 septembre 2021, dès lors qu'il était possible de satisfaire à l'obligation par la présence d'un test négatif, l'obligation de présentation d'un passe sanitaire est devenue plus radicalement une obligation vaccinale à compter de cette date. Faute de satisfaire à cette obligation, et sous les seules réserves d'une contre-indication médicale ou d'un certificat de rétablissement, la loi prévoit que les agents sont interdits par leur employeur d'exercer leur emploi et voient leur contrat de travail suspendu jusqu'à ce qu'ils remplissent les conditions nécessaires, soit, qu'ils soient à jour de leur schéma vaccinal. Cette suspension s'accompagne de l'arrêt du versement de la rémunération.

Plusieurs milliers d'agents ont refusé de se faire vacciner et ont été suspendus de leurs fonctions par leur employeur. Ces derniers, agents publics, ont saisi les juges des référés des tribunaux administratifs compétents d'une demande de suspension de la mesure prise à leur encontre, par l'intermédiaire de référés liberté ou suspension.

En l'espèce, la requérante a demandé au juge des référés du tribunal administratif de Versailles, d'ordonner, sur le fondement de l'article L. 521-1 du CJA, la suspension de l'exécution de la décision du 9 septembre 2021 par laquelle le directeur du centre hospitalier d'Arpajon l'a suspendue de ses fonctions. Par une ordonnance n° 2108352 du 13 octobre 2021, prise sur le fondement de l'article L. 522-3 du CJA, le juge des référés a rejeté sa demande. Par une décision n° 457987 du 28 janvier 2022, le Conseil d'État n'a pas admis son pourvoi et n'a pas renvoyé au Conseil constitutionnel la question prioritaire de constitutionnalité soulevée par celle-ci.

III. Corpus juridique de référence

– Constitution française du 4 oct. 1958

– CSP, notamment art. L. 3111-1 et s.

– CEDH, 8 avr. 2021, n° 47621 et cinq autres, V. et a. c. République tchèque

– Cons. const., 20 mars 2015, n° 2015-458 QPC, Époux L. (Obligation de vaccination)

– Cons. const., 5 août 2021, n° 2021-824 DC, Loi relative à la gestion de la crise sanitaire

– Loi n° 2000-597 du 30 juin 2000 relative auie référé devant les juridictions administratives

– Loi n° 2021-689 du 31 mai 2021 relative à la gestion de la sortie de crise sanitaire

– Loi n° 2021-1040 du 5 août 2021 relative à la gestion de la crise sanitaire

– Loi n° 2022-1089 du 30 juillet 2022 mettant fin aux régimes d'exception créés pour lutter contre l'épidémie liée à la covid-19

– Décret n° 2021-699 du 1er juin 2021 prescrivant les mesures générales nécessaires à la gestion de la sortie de crise sanitaire

– Décret n° 2021-955 du 19 juill. 2021 modifiant le décret n° 2021-699 du 1er juin 2021 prescrivant les mesures générales nécessaires à la gestion de la sortie de crise sanitaire (Élargissement du passe sanitaire)

– Décret n° 2021-1059 du 7 août 2021 modifiant le décret n° 2021-699 du 1er juin 2021 prescrivant les mesures générales nécessaires à la gestion de la sortie de crise sanitaire

– Décret n° 2022-1097 du 30 juill. 2022 relatif aux mesures de veille et de sécurité sanitaire maintenues en matière de lutte contre la covid-19

– Décret n° 2023-368 du 13 mai 2023 relatif à la suspension de l'obligation de vaccination contre la covid-19 des professionnels et étudiants

– CE, SSR, 28 nov. 2001, n° 222741, *Association « Liberté information, santé* (Si des dispositions ont pour effet de porter une atteinte limitée aux principes d'inviolabilité et d'intégrité du corps humain (...), elles sont mises en œuvre dans le but d'assurer la protection de la santé, qui est un principe garanti par le préambule de la Constitution de 1958, et sont proportionnées à cet objectif ; que dès lors, elles ne connaissent pas le principe constitutionnel de sauvegarde de la dignité de la personne humaine ; que, pour les mêmes raisons, elles ne portent pas une atteinte illégale au principe constitutionnel de la liberté de conscience)

– CE, ass., 3 mars 2004, n° 222918, *Association « Liberté, information, santé »* (Dispositions rendant certaines vaccinations obligatoires – Militaires placés sous l'autorité du ministre de la Défense)

– CE, CHR, 7 févr. 2017, n° 391912, *Mme C.* (Les litiges nés des décisions mentionnées à l'art. R. 3111-31 du CSP, par lesquelles l'ONIAM se prononce sur le caractère obligatoire d'une vaccination, sur l'existence d'un lien de causalité entre cette vaccination et un dommage et sur l'étendue des préjudices indemnisables, dont la juridiction administrative est compétente pour connaître, ressortissent par nature au plein contentieux indemnitaire)

– CE, CHR, 6 mai 2019, n° 419242, *Ligue nationale pour la liberté des vaccinations* (Compatibilité de l'obligation vaccinale étendue à onze affections, art. L. 3111-2 du CSP, aux modalités d'appréciation de la compatibilité avec l'art. 8 de la Conv. EDH)

– CE, juge des référés, 1er sept. 2021, ord. n° 455637, *Mme T.* (Rejet de la demande au juge des référés du Conseil d'État, statuant sur le fondement des art. L. 521-1 et L. 521-2 du CJA, de suspendre tous les décrets du Premier ministre pris dans l'intérêt de la santé publique et aux seules fins de lutter contre la propagation de l'épidémie de covid-19 sur le fondement du II de l'art. 1, des III, IV et V de l'art. 3, du 1er alinéa de l'art. 4 et du 1er alinéa de l'art. 11 de la loi n° 2021-689 du 31 mai 2021 relative à la gestion de la sortie de crise sanitaire ; de suspendre tous les décrets du Premier ministre pris dans l'intérêt de la santé publique et aux seules fins de lutter contre la propagation de l'épidémie de covid-19 sur le fondement de l'art. 4 de la loi n° 2021-1040 du 5 août 2021 relative à la gestion de la crise sanitaire…)

– CE, juge des référés, 10 sept. 2021, ord. n° 456233, *Mme G.* (Rejet de la demande au juge des référés du Conseil d'État, statuant sur le fondement de l'art. L. 521-2 du CJA, de suspendre l'exécution du décret n° 2021-1089 du 7 août 2021 en tant qu'il prescrit les mesures générales relatives à l'obligation vaccinale des soignants et autres professionnels de santé)

– CE, juge des référés, 6 juin 2023, ord. n° 473718, *Association de défense des libertés fondamentales et autre*

– Avis n° 2022.0044/AC/SESPEV du 21 juill. 2022 du collège de la Haute Autorité de santé relatif à l'obligation de vaccination contre la Covid-19 des professionnels des secteurs sanitaire et médico-social

– Décision n° 2023.0142/DC/SESPEV du 29 mars 2023 du collège de la HAS adoptant le volet 1 de la recommandation vaccinale relative aux obligations et recommandations vaccinales des étudiants et professionnels des secteurs sanitaire, médicosocial et en contacts étroits avec de jeunes enfants (diphtérie, tétanos, poliomyélite, hépatite B, covid 19)

IV. Exemple de sujet avec un plan détaillé portant sur l'obligation vaccinale

Sujet : L'obligation vaccinale en France

Introduction

Accroche : La loi n° 2021-1040 du 5 août 2021 relative à la gestion de la crise sanitaire, ensemble la décision n° 2021-824 DC du 5 août 2021 du Conseil constitutionnel

Historique : Louis Pasteur a mis au point un vaccin contre la rage au cours du XIXe siècle.

Définition : La vaccination est l'administration d'un agent antigénique, le vaccin, dans le but de stimuler le système immunitaire d'un organisme vivant afin d'y développer une immunité adaptative contre un agent infectieux. En France, seul le législateur peut rendre un vaccin obligatoire pour l'ensemble de la population ou pour une catégorie de celle-ci.

Intérêt du sujet : Outre le débat de société actuel portant sur l'obligation vaccinale contre la covid-19, la Cour européenne des droits de l'Homme (CEDH) a jugé en avril 2021 que l'obligation vaccinale imposée par un État relevait de mesures « nécessaires dans une société démocratique » à propos de la vaccination contre les maladies graves prescrite pour la protection de tout enfant (CEDH, 8 avr. 2021, n° 47621 et cinq autres, *V. et a. c. République tchèque*).

Annonce du plan

I. Le cadre et l'intérêt de la vaccination

Annonce des deux sous-parties

1.1. Les bénéfices de la vaccination

– La protection individuelle : La dimension individuelle consiste en l'induction d'une protection chez la personne vaccinée grâce au déclenchement par le vaccin d'une réaction immunitaire spécifique contre l'agent infectieux concerné.

– La protection collective : La personne vaccinée agit, vis-à-vis du reste de la population, comme une barrière contre l'agent pathogène, en interrompant la chaîne de transmission.

– La vaccination représente l'un des plus grands succès de la santé publique et selon l'Organisation mondiale de la santé (OMS) dès lors qu'elle estime que 2 à 3 millions de vies sont sauvées chaque année grâce à cet acte de prévention.

1.2. Le cadre légal et réglementaire de l'obligation de vaccination en France

– Les dispositions générales du Code la santé publique (art. L. 3111-1 et s.)

– Les dispositifs spécifiques appliqués aux enfants et aux militaires

– L'obligation vaccinale contre la covid-19 depuis la loi n° 2021-1040 du 5 août 2021 et le décret n° 2021-1059 du 7 août 2021 pour les soignants, notamment

Transition : Le caractère obligatoire de certaines vaccinations induit des conséquences en cas de non-respect voire des préjudices causés par ces mêmes vaccinations.

II. Les conséquences de l'obligation vaccinale

Annonce des deux sous-parties

2.1. Les conséquences du non-respect de l'obligation vaccinale

– Une sanction d'une amende relevant des contraventions de la quatrième classe prévue par le 3e alinéa de l'art. L. 3136-1 du CSP [amende forfaitaire, en principe, de 135 euros, pouvant être minorée à 90 euros ou majorée à 375 euros] ;

– Une sanction de six mois d'emprisonnement, de 3 750 euros d'amende et de la peine complémentaire de travail d'intérêt général (selon les modalités prévues à l'art. 131-8 du Code pénal et les conditions prévues aux art. 131-22 à 131-24 du même code) si ces violations sont verbalisées à plus de trois reprises dans un délai de trente jours, selon le 4e alinéa de l'art. L. 3136-1 du CSP ;

– Une suspension de l'agent qui ne remplit pas les conditions nécessaires à l'exercice de son activité. Le législateur a en effet créé une obligation vaccinale qui rend incompatible l'exercice de l'activité professionnelle par les personnes concernées tant qu'elles ne satisferont pas à cette obligation.

2.2. La réparation intégrale des préjudices directement imputables à une vaccination obligatoire

– La procédure de l'art. L. 3111-9 du CSP qui prévoit la réparation intégrale des préjudices directement imputables à une vaccination obligatoire.

– La jurisprudence administrative catégorise la réparation intégrale des préjudices directement imputables à une vaccination obligatoire comme par nature un plein contentieux indemnitaire (CE, CHR, 7 févr. 2017, n° 391912, Mme C.).

Conclusion

Synthèse : Le débat actuel au sein de la société française portant sur l'obligation vaccinale contre la covid-19 permet d'aborder les raisons de l'obligation vaccinale ainsi que les modalités qui peuvent accompagner cette obligation afin de la rendre effective.

Ouverture possible :

– Décret n° 2023-368 du 13 mai 2023 relatif à la suspension de l'obligation de vaccination contre la covid-19 des professionnels et étudiants

V. Exemples de questions portant sur le thème de l'obligation vaccinale contre la covid-19

– Qu'est-ce que le « passe sanitaire » ?

– Êtes-vous pour ou contre une obligation vaccinale contre la covid-19 ?

– À qui s'applique l'obligation vaccinale contre la covid-19 ?

– À partir de quelle date les soignants ont-ils l'obligation de se vacciner contre la covid-19 ?

– Les professionnels des crèches sont-ils concernés par l'obligation vaccinale contre la covid-19 ?

– Qui peut être exempté de l'obligation vaccinale contre la covid-19 ?

– Y a-t-il une différence de périmètre d'obligation vaccinale entre la métropole et l'outre-mer ?

– Quelles sont les conséquences du non-respect de l'obligation vaccinale ?

– Quel est l'impact d'un non-respect de l'obligation vaccinale pour les étudiants concernés, étudiants en santé par exemple ?

– Combien de temps l'agent sera-t-il suspendu s'il ne remplit pas l'obligation de vaccination prévue par la loi du 5 août 2021 relative à la gestion de la crise sanitaire ?

– Quelle démarche l'employeur doit-il suivre lorsqu'un professionnel de santé sous sa responsabilité ne peut plus exercer son activité du fait d'un défaut d'obligation vaccinale ?

– De quelle manière est-il mis fin à la suspension d'une personne qui ne respecterait pas l'obligation vaccinale contre la covid-19 ?

– Que se passe-t-il en cas de suspension d'un contrat à durée déterminée arrivé à échéance durant la période de suspension ?

– Des autorisations spéciales d'absence sont-elles prévues pour se faire vacciner ?

– Y a-t-il une obligation vaccinale contre la covid-19 sur le territoire de la Nouvelle-Calédonie ?

– Les mineurs peuvent-ils ou doivent-ils se faire vacciner contre la covid-19 ?

– Y a-t-il une obligation vaccinale contre la covid-19 pour les enseignants ?

– Un agent en arrêt maladie peut-il être suspendu dans le cadre de l'obligation vaccinale ?

– Qu'est-ce qu'un schéma vaccinal complet ?

– Quelles ont été les préconisations de la CNIL concernant la protection des données personnelles pour les passes vaccinal et sanitaire et la vérification du respect de l'obligation vaccinale ?

– La loi du 30 juillet 2022 mettant fin aux régimes d'exception créés pour lutter contre l'épidémie liée à la covid-19 a-t-elle suspendu ou abrogé les régimes sanitaires d'exception, à compter du 1er août 2022 ?

– Que pensez-vous des conséquences sur la liberté d'aller et de venir de la possibilité permise par la loi du 30 juillet 2022 mettant fin aux régimes d'exception créés pour lutter contre l'épidémie liée à la covid-19 d'imposer aux personnes de plus de 12 ans la présentation d'un test Covid négatif lorsqu'elles voyagent, soit vers la France depuis l'étranger ou vers la métropole depuis les Outre-mer, soit vers l'Outre-mer depuis la métropole, sous certaines conditions ?

– Faites-nous un point sur la situation juridique concernant la réintégration des soignants non vaccinés.

– Quelles sont les garanties mises en place pour s'assurer que le fichier SI-DEP (service intégré de dépistage et de prévention), qui doit centraliser les informations sur les tests Covid-19 afin de les partager avec les acteurs sanitaires, et le fichier « Contact Covid » de l'assurance maladie, pour suivre les patients et identifier les cas contacts, respectent les libertés fondamentales ?

– Le décret n° 2023-368 du 13 mai 2023 relatif à la suspension de l'obligation de vaccination contre la covid-19 des professionnels et étudiants s'applique-t-il aux sapeurs-pompiers ?

15 juin 2023 : Une assignation à résidence peut être fondée sur des notes blanches quand leur contenu a pu être discuté devant un juge

Par un arrêt du 15 juin 2023, la CEDH a jugé qu'une assignation à résidence prononcée dans le cadre de l'état d'urgence après des actes terroristes peut s'appuyer sur des notes blanches dès que leur contenu a été soumis devant un juge à un débat contradictoire.

En l'espèce, le ressortissant français concerné avait été assigné à résidence dans le cadre de l'état d'urgence par arrêté préfectoral et avait été obligé à se présenter quatre fois par jour aux forces de l'ordre, en l'astreignant à domicile entre 20 heures et 6 heures.

Après avoir épuisé ses recours devant l'ordre administratif, l'intéressé a saisi la CEDH en soutenant que sa liberté de circulation avait été méconnue. Il a également contesté la prévisibilité de l'article 6 de la loi du 3 avril 1955 sur l'état d'urgence, ainsi que l'appréciation des faits effectuée par les juridictions internes, sur la foi d'une note blanche produite par le ministre de l'Intérieur.

La Cour reconnaît dans cette affaire l'existence d'une restriction à la liberté de circulation du requérant et recherche, dès lors, si celle-ci était prévue par la loi, si elle poursuivant un but légitime et si elle était nécessaire dans une société démocratique. La CEDH a déjà jugé dans l'affaire *P. c. France* que l'article 6 de la loi du 3 avril 1955, dans sa rédaction issue de la loi du 20 novembre 2015, répondait aux exigences de prévisibilité de la loi. Aucun élément ne la conduit à retenir une solution différente en l'espèce.

En ce qui concerne la base factuelle de la mesure, la Cour relève que l'autorité administrative s'est fondée sur des informations précises, fournies par les services de renseignement et relatées dans une note blanche, en particulier relatives au fait que des armes et des munitions interdites avaient été découvertes en nombre au domicile du requérant. Elle constate aussi que ces éléments ont été soumis au contrôle d'un juge national dans le cadre d'un débat contradictoire.

Dans ces conditions, la Cour considère que la production de la note blanche a été accompagnée de garanties procédurales suffisantes et que la conclusion à laquelle sont parvenues les juridictions internes ne saurait passer ni pour arbitraire ni pour manifestement déraisonnable. Ainsi, compte tenu du besoin impérieux que constitue la prévention d'actes terroristes, du comportement du requérant, et des garanties procédurales dont il a effectivement bénéficié, la Cour a conclu que l'assignation à résidence litigieuse appliquée au requérant n'était pas disproportionnée aux buts poursuivis. Il n'y a donc pas eu violation de l'article 2 du Protocole n° 4 [liberté de circulation] à la convention EDH.

I. Rappels des fondamentaux en matière d'état d'urgence

A. Un état des lieux des déclarations d'état d'urgence en France

L'état d'urgence a d'abord eu pour rôle de lutter contre les troubles à l'ordre public jusqu'en 2015, puis a été étendu, d'une part, au terrorisme et, d'autre part, aux épidémies en 2020.

En premier lieu, c'est la loi n° 55-385 du 3 avril 1955 qui a permis d'instaurer un état d'urgence. L'article 1 de cette loi prévoit que l'état d'urgence peut être déclaré sur tout ou partie du territoire métropolitain, des départements d'outre-mer, des collectivités d'outre-mer régies par l'article 74 de la Constitution et en Nouvelle-Calédonie, **soit en cas de péril imminent résultant d'atteintes graves à l'ordre public, soit en cas d'événements présentant, par leur nature et leur gravité, le caractère de calamité publique**.

Dans ce cadre, bien que déclaré dans des contextes différents, l'état d'urgence a été principalement utilisé dans des zones circonscrites, pour faire face à des troubles à l'ordre public. Tel a été le cas : en 1955, à la suite d'attentats perpétrés par le Front de libération nationale (FLN) algérien, à partir du mois de novembre 1954 ; en 1958, après le coup d'État d'Alger du 13 mai ; de 1961 à 1963, après le putsch des généraux à Alger ; en 1984, après les événements en Nouvelle-Calédonie qui ont opposé les partisans et opposants à l'indépendance vis-à-vis de la France ; en 2005, pour mettre fin aux émeutes dans les banlieues permettant ainsi aux préfets des zones concernées de déclarer des couvre-feux.

En deuxième lieu, la loi n° 55-385 du 3 avril 1955 a été révisée à plusieurs reprises et notamment à la suite des attentats de Paris du 13 novembre 2015.

Dans ce cadre, l'état d'urgence a été déclaré du 14 novembre 2015 au 31 octobre 2017, en étant prorogé à six reprises, pour lutter contre la menace terroriste.

En troisième et dernier lieu, avec l'émergence d'un nouveau coronavirus (covid-19), qui a entraîné des circonstances sanitaires exceptionnelles, le Parlement a adopté, après la procédure accélérée engagée par le gouvernement le 18 mars 2020, la loi n° 2020-290 du 23 mars 2020 d'urgence pour faire face à l'épidémie de covid-19 qui a instauré un dispositif d'état d'urgence sanitaire.

B. Les autres régimes d'exception qui existent en droit français

D'abord, la théorie des circonstances exceptionnelles qui est une création prétorienne du juge administratif a permis au droit administratif de s'adapter à des situations ou circonstances exceptionnelles.

Ensuite, l'article 16 de la Constitution française du 4 octobre 1958, inspiré par cette même théorie des circonstances exceptionnelles, prévoit que lorsque les institutions de la République, l'indépendance de la nation, l'intégrité de son territoire ou l'exécution de ses engagements internationaux sont menacées d'une manière grave et immédiate et que le fonctionnement régulier des pouvoirs publics constitutionnels est interrompu, le président de la République prend les mesures exigées par ces circonstances, après consultation officielle du Premier ministre, des présidents des assemblées ainsi que du Conseil constitutionnel. Il en informe la nation par un message. Ces mesures doivent être inspirées par la volonté d'assurer aux pouvoirs publics constitutionnels, dans les moindres délais, les moyens d'accomplir leur mission. Le Conseil constitutionnel est consulté à leur sujet. Le Parlement se réunit de plein droit. L'Assemblée nationale ne peut être dissoute pendant l'exercice des pouvoirs exceptionnels. Après trente jours d'exercice des pouvoirs exceptionnels, le Conseil constitutionnel peut être saisi par le président de l'Assemblée nationale, le président du Sénat, soixante députés ou soixante sénateurs, aux fins d'examiner si les conditions énoncées au premier alinéa demeurent réunies. Il se prononce dans les délais les plus brefs par un avis public. Il procède de plein droit à cet examen et se prononce dans les mêmes conditions au terme de soixante jours d'exercice des pouvoirs exceptionnels et à tout moment au-delà de cette durée.

Enfin, l'article 36 de la Constitution prévoit un état de siège qui est décrété en conseil des ministres et autorisé par le Parlement en cas de prorogation au-delà de douze jours. C'est un régime sous lequel les libertés publiques sont restreintes et les pouvoirs de police sont exercés par les autorités militaires avec des compétences accrues.

II. La mise en œuvre des régimes d'exception de l'état d'urgence

A. L'état d'urgence pour des raisons sécuritaires

La version en vigueur de la loi n° 55-385 du 3 avril 1955 prévoit que l'état d'urgence est déclaré par décret en conseil des ministres et que ce dernier détermine la ou les circonscriptions territoriales à l'intérieur desquelles il entre en vigueur. Dans la limite de ces circonscriptions, les zones où l'état d'urgence est mis en œuvre sont fixées par décret. La prorogation de l'état d'urgence au-delà de douze jours ne peut être autorisée que par la loi et celle-ci doit fixer sa durée définitive, étant précisé que la loi portant prorogation de l'état d'urgence est caduque à l'issue d'un délai de quinze jours francs suivant la date de démission du gouvernement ou de dissolution de l'Assemblée nationale.

La loi du 3 avril 1955 précise que l'Assemblée nationale et le Sénat sont informés sans délai des mesures prises par le gouvernement pendant l'état d'urgence, que les autorités administratives leur transmettent sans délai, copie de tous les actes qu'elles prennent en application de cette loi et que l'Assemblée nationale et le Sénat peuvent requérir toute information complémentaire dans le cadre du contrôle et de l'évaluation de ces mesures.

À la suite de la décision du Conseil constitutionnel n° 2017-684 QPC du 11 janvier 2018, la déclaration de l'état d'urgence donne pouvoir au préfet dont le département se trouve en tout ou partie compris dans la ou les circonscriptions territoriales à l'intérieur desquelles le décret en conseil des ministres déclarant l'état d'urgence est entré en vigueur, dans le but de prévenir des troubles à la sécurité et à l'ordre publics, d'interdire la circulation des personnes ou des véhicules dans les lieux et aux heures fixés par arrêté et d'interdire le séjour dans tout ou partie du département à toute personne à l'égard de laquelle **il existe des raisons sérieuses de penser que son comportement constitue une menace pour la sécurité et l'ordre publics**. L'arrêté évoqué énonce la durée, limitée dans le temps, de la mesure, les circonstances précises de fait et de lieu qui la motivent, ainsi que le territoire sur lequel elle s'applique, qui ne peut inclure le domicile de la personne intéressée. Ces mesures tiennent compte de la vie familiale et professionnelle des personnes susceptibles d'être concernées.

Par ailleurs, le ministre de l'Intérieur peut prononcer l'assignation à résidence, dans le lieu qu'il fixe, de toute personne résidant dans la zone fixée par le décret mentionné à l'article 2 de la loi n° 55-385 du 3 avril 1955 à l'égard de laquelle il existe des raisons sérieuses de penser que son comportement constitue une menace pour la sécurité et l'ordre publics dans les circonscriptions territoriales mentionnées au même article 2.

Le ministre de l'Intérieur peut la faire conduire sur le lieu de l'assignation à résidence par les services de police ou les unités de gendarmerie.

Cette loi l'autorise aussi à prendre toute mesure pour bloquer des sites internet faisant l'apologie du terrorisme ou incitant à des actes terroristes.

Elle permet au ministre de l'Intérieur et aux préfets d'ordonner des perquisitions en tout lieu, y compris un domicile, de jour et de nuit, sauf dans un lieu affecté à l'exercice d'un mandat parlementaire ou à l'activité professionnelle des avocats, des magistrats ou des journalistes, **lorsqu'il existe des raisons sérieuses de penser que ce lieu est fréquenté par une personne dont le comportement constitue une menace pour la sécurité et l'ordre publics**. Elle permet aux autorités administratives d'ordonner la remise des armes et des munitions, détenues ou acquises légalement par leur propriétaire.

La loi du 3 avril 1955 modifiée autorise également la dissolution, en conseil des ministres, d'associations ou groupements de fait qui participent, facilitent ou incitent à des actes portant une atteinte grave à l'ordre public, étant précisé que les mesures prises perdurent à l'issue de l'état d'urgence. À titre d'illustration, par décret du 21 juin 2023 portant dissolution d'un groupement de fait, le président de la République a dissous le collectif « Les Soulèvements de la Terre ». Ce même décret a été attaqué par ce collectif et par plusieurs associations, partis politiques et particuliers qui ont également demandé au Conseil d'État de suspendre en référé cette dissolution. Par une ordonnance n°s 476385, 476396, 476409, 476948 du 11 août 2023, le juge des référés du Conseil d'État, statuant dans les conditions prévues à l'article L. 511-2 du CJA, dans une formation collégiale à trois juges des référés, a suspendu l'exécution de ce décret jusqu'à ce qu'il soit statué sur les recours pour excès de pouvoir formés contre le décret du 21 juin 2023 portant dissolution d'un groupement de fait. Les juges des référés du Conseil d'État ont observé tout d'abord que la dissolution des « Soulèvements de la Terre » porte atteinte à la liberté d'association et crée pour les requérants une situation d'urgence. Ils estiment donc que la première condition nécessaire pour ordonner la suspension est remplie. Ils ont ensuite relevé que, au stade du référé, les éléments apportés par le ministre de l'Intérieur et des Outre-mer pour justifier la légalité du décret de dissolution des

« Soulèvements de la Terre » n'apparaissent pas suffisants au regard des conditions posées par l'article L. 212-1 du CSI ».

Enfin, le contrôle de la presse, de la radio, des projections cinématographiques ou des représentations théâtrales, prévu par la loi de 1955, a été supprimé par la loi n° 2015-1501 du 20 novembre 2015 prorogeant l'application de la loi n° 55-385 du 3 avril 1955 relative à l'état d'urgence et renforçant l'efficacité de ses dispositions.

B. L'état d'urgence pour des raisons sanitaires

Par l'article 4 de la loi du 23 mars 2020 d'urgence pour faire face à l'épidémie de Covid-19, le législateur a déclaré l'état d'urgence sanitaire pour une durée de deux mois à compter du 24 mars 2020, puis, par l'article 1er de la loi du 11 mai 2020 prorogeant l'état d'urgence sanitaire et complétant ses dispositions, a prorogé cet état d'urgence sanitaire jusqu'au 10 juillet 2020 inclus. L'état d'urgence sanitaire a de nouveau été déclaré, à compter du 17 octobre 2020 à 0 heure, sur l'ensemble du territoire de la République.

La loi n° 2021-689 du 31 mai 2021 relative à la gestion de la sortie de crise sanitaire a mis fin à l'état d'urgence sanitaire le 1er juin 2021, sauf en Guyane où il a été prolongé jusqu'au 30 septembre 2021 inclus.

L'état d'urgence sanitaire a pu être déclaré pour une période donnée dans certains territoires d'outre-mer, en application de la loi n° 2021-1040 du 5 août 2021 relative à la gestion de la crise sanitaire et de la loi n° 2021-1172 du 11 septembre 2021 autorisant la prorogation de l'état d'urgence sanitaire dans les Outre-mer, à l'instar du décret n° 2021-931 du 13 juillet 2021 déclarant l'état d'urgence sanitaire dans certains territoires de la République. Pour mémoire, le décret n° 2021-1328 du 13 octobre 2021 a mis fin à l'état d'urgence sanitaire à La Réunion, à compter du 15 octobre 2021 et le décret n° 2021-1354 du 16 octobre 2021 est relatif à la procédure de traitement de sortie de crise.

La loi du 23 mars 2020 d'urgence pour faire face à l'épidémie de Covid-19 a institué un état d'urgence sanitaire en ajoutant au titre III du livre Ier de la troisième partie du CSP, dorénavant dénommé « Menaces et crises sanitaires graves », un chapitre Ier *bis* intitulé « État d'urgence sanitaire » qui comprend les articles L. 3131-12 à L. 3131-20. Conformément à l'article 7 de la loi n° 2020-290 du 23 mars 2020, dans sa rédaction issue du I de l'article 1er de la loi n° 2021-1465 du 10 novembre 2021, le chapitre Ier bis du titre III du livre Ier de la troisième partie du Code de la santé publique était applicable jusqu'au 31 juillet 2022. Par conséquent, il y a lieu de retenir que la loi n° 2022-1089 du 30 juillet 2022 mettant fin aux régimes d'exception créés pour lutter contre l'épidémie liée à la covid-19 a abrogé les articles qui suivent, à compter du 1er août 2022.

L'ancien article L. 3131-12 du CSP, créé par l'article 2 de la loi du 23 mars 2020, prévoyait que **l'état d'urgence sanitaire peut être déclaré sur tout ou partie du territoire métropolitain ainsi que sur le territoire des collectivités régies par les articles 73 et 74 de la Constitution et de la Nouvelle-Calédonie en cas de catastrophe sanitaire mettant en péril, par sa nature et sa gravité, la santé de la population**.

L'ancien article L. 3131-13 du CSP, également créé par l'article 2 de la loi du 23 mars 2020, disposait que l'état d'urgence sanitaire est déclaré par décret en conseil des ministres pris sur le rapport du ministre chargé de la Santé et qu'un décret motivé détermine la ou les circonscriptions territoriales à l'intérieur desquelles il entre en vigueur, reçoit application et comprend les données scientifiques disponibles sur la situation sanitaire qui ont motivé la décision et qui sont rendues publiques. L'Assemblée nationale et le Sénat sont informés sans délai des mesures prises par le gouvernement au titre de l'état d'urgence sanitaire. L'Assemblée nationale et le Sénat peuvent requérir toute information complémentaire dans le cadre du contrôle et de l'évaluation de ces mesures. La prorogation de l'état d'urgence sanitaire au-delà d'un mois ne peut être autorisée que par la loi, après avis du comité de scientifiques prévu à l'article L. 3131-19 du CSP.

L'ancien article L. 3131-14, créé par l'article 2 de la loi du 23 mars 2020, prévoyait que la loi autorisant la prorogation au-delà d'un mois de l'état d'urgence sanitaire fixe sa durée, qu'il peut être mis fin à l'état d'urgence sanitaire par décret en conseil des ministres avant l'expiration du délai fixé par la loi le prorogeant après avis du comité de scientifiques prévu à l'article L. 3131-19 du CSP et que les mesures prises en application du chapitre Ier *bis* portant sur l'état d'urgence sanitaire cessent d'avoir effet en même temps que prend fin l'état d'urgence sanitaire.

L'ancien article L. 3131-15, créé par l'article 2 de la loi du 23 mars 2020, prévoyait, d'abord, que dans les circonscriptions territoriales où l'état d'urgence sanitaire est déclaré, le Premier ministre peut, par décret réglementaire pris sur le rapport du ministre chargé de la Santé, aux seules fins de garantir la santé publique, prendre différentes mesures, à savoir : réglementer ou interdire la circulation des personnes et des véhicules et réglementer l'accès aux moyens de transport et les conditions de leur usage ; interdire aux personnes de sortir de leur domicile, sous réserve des déplacements strictement indispensables aux besoins familiaux ou de santé ; ordonner des mesures ayant pour objet la mise en quarantaine, au sens de l'article 1er du règlement sanitaire international de 2005, des personnes susceptibles d'être affectées ; ordonner des mesures de placement et de maintien en isolement, au sens du même article 1er, à leur domicile ou tout autre lieu d'hébergement adapté, des personnes affectées ; ordonner la fermeture provisoire et réglementer l'ouverture, y compris les conditions d'accès et de présence, d'une ou plusieurs catégories d'établissements recevant du public ainsi que des lieux de réunion, en garantissant l'accès des personnes aux biens et services de première nécessité ; limiter ou interdire les rassemblements sur la voie publique ainsi que les réunions de toute nature ; ordonner la réquisition de toute personne et de tous biens et services nécessaires à la lutte contre la catastrophe sanitaire et l'indemnisation de ces réquisitions régie par le Code de la défense ; en tant que de besoin, prendre toute mesure permettant la mise à la disposition des patients de médicaments appropriés pour l'éradication de la catastrophe sanitaire ; en tant que de besoin, prendre par décret toute autre mesure réglementaire limitant la liberté d'entreprendre, dans la seule finalité de mettre fin à la catastrophe sanitaire mentionnée à l'article L. 3131-12 du CSP.

Ensuite, les mesures prévues dans ce cadre ayant pour objet la mise en quarantaine, le placement et le maintien en isolement ne peuvent viser que les personnes qui, ayant séjourné au cours du mois précédent dans une zone de circulation de l'infection, entrent sur le territoire hexagonal, arrivent en Corse ou dans l'une des collectivités mentionnées à l'article 72-3 de la Constitution. La liste des zones de circulation de l'infection est fixée par arrêté du ministre chargé de la Santé et elle fait l'objet d'une information publique régulière pendant toute la durée de l'état d'urgence sanitaire. Afin d'assurer la mise en œuvre de ces mesures, les entreprises de transport ferroviaire, maritime ou aérien communiquent au représentant de l'État dans le département qui en fait la demande les données relatives aux passagers concernant les déplacements précédemment évoqués, dans les conditions prévues à l'article L. 232-4 du CSI. Étant précisé que ces mesures de mise en quarantaine, de placement et de maintien en isolement peuvent se dérouler, au choix des personnes qui en font l'objet, à leur domicile ou dans les lieux d'hébergement adaptés et que leur durée initiale ne peut excéder quatorze jours. Les mesures peuvent être renouvelées, dans les conditions prévues au III de l'article L. 3131-17 du CSP, dans la limite d'une durée maximale d'un mois et il est mis fin aux mesures de placement et de maintien en isolement avant leur terme lorsque l'état de santé de l'intéressé le permet. Dans le cadre des mesures de mise en quarantaine, de placement et de maintien en isolement, il peut être fait obligation à la personne qui en fait l'objet, d'une part, de ne pas sortir de son domicile ou du lieu d'hébergement où elle exécute la mesure, sous réserve des déplacements qui lui sont spécifiquement autorisés par l'autorité administrative et dans le cas où un isolement complet de la personne est prononcé, il lui est garanti un accès aux biens et services de première nécessité ainsi qu'à des moyens de communication téléphonique et électronique lui permettant de communiquer librement avec l'extérieur et, d'autre part, de ne pas fréquenter certains lieux ou catégories de lieux. À noter, par ailleurs, que les personnes et enfants victimes des violences mentionnées à l'article 515-9 du Code civil ne peuvent être mis en quarantaine, placés et maintenus en isolement dans le même logement ou lieu d'hébergement que l'auteur des violences, ou être amenés à cohabiter lorsque celui-ci est mis en quarantaine, placé ou maintenu en isolement, y compris si les violences sont alléguées. Lorsqu'il ne peut être procédé à l'éviction de l'auteur des violences du logement conjugal ou dans l'attente d'une décision judiciaire statuant sur les faits de violence allégués et, le cas échéant, prévoyant cette éviction, il est assuré leur relogement dans un lieu d'hébergement adapté. Lorsqu'une décision de mise en quarantaine, de placement et de maintien en isolement est susceptible de mettre en danger une ou plusieurs personnes, le préfet en informe sans délai le procureur de la République.

Enfin, les mesures prescrites en application de l'ancien article L. 3131-15 du CSP devaient être strictement proportionnées aux risques sanitaires encourus et appropriées aux circonstances de temps et de lieu et il y avait lieu d'y mettre fin sans délai lorsqu'elles n'étaient plus nécessaires.

III. Les 15 propositions dégagées par l'étude du Conseil d'État pour mieux définir et organiser les états d'urgence

L'étude annuelle 2021 du Conseil d'État propose une doctrine d'emploi de l'état d'urgence ainsi que quinze propositions d'amélioration réparties en trois axes principaux.

A. Premier axe : Mieux définir et circonscrire les états d'urgence

Depuis 2015, la France aura été durant la moitié de la période en état d'urgence, antiterroriste ou sanitaire et il est hautement probable que de futures crises de diverses natures conduisent à la mise en œuvre de nouveaux états d'urgence.

Le Conseil d'État recommande de préparer cette éventualité par l'élaboration d'un cadre global, à la fois juridique et opérationnel, destiné à renforcer l'efficacité de l'action des pouvoirs publics confrontés à des crises majeures tout en préservant les principes républicains. Il est notamment nécessaire de sortir de la confusion qui s'est installée entre état d'urgence et gestion de crise.

– Réserver l'état d'urgence aux crises majeures auxquelles la puissance publique ne peut pas répondre avec des outils prédéterminés.

– Constituer un cadre global du droit et de la gestion des crises majeures.

> **Des états d'urgence mieux définis et circonscrits**
>
> Proposition n° 1 – Ne concevoir le déclenchement d'un état d'urgence que face à une crise de haute intensité (« crise majeure ») à laquelle la puissance publique ne peut pas répondre dans le cadre de dispositifs d'action et de régimes juridiques prédéterminés.
>
> Proposition n° 2 – Procéder à une évaluation approfondie des deux états d'urgence mis en œuvre depuis 2015, en s'attachant tout particulièrement à analyser l'articulation entre les dispositifs de gestion de crise préexistants

et les cadres d'action élaborés dans l'urgence pour permettre aux autorités publiques d'affronter les périls concernés.

Proposition n° 3 – Procéder, secteur par secteur, à un inventaire des dispositifs juridiques et opérationnels de gestion des crises de grande ampleur donnant aux autorités publiques des outils permettant de faire face aux crises susceptibles d'être anticipées. Assurer la centralisation, la diffusion et l'actualisation de ces dispositifs afin de constituer un cadre global du droit et de la gestion de crise.

Proposition n° 4 – Passer d'une approche réactive à une approche proactive en conduisant, sous l'autorité du gouvernement, des travaux d'anticipation et de prospective sur l'ensemble des champs susceptibles de donner lieu à des crises majeures afin de construire, en amont des événements dramatiques, les schémas d'action de la puissance publique.

B. Deuxième axe : Mieux organiser la puissance publique

L'état d'urgence sanitaire a révélé que notre organisation de gestion des crises majeures était perfectible. Les faiblesses résultent, pour partie, d'une insuffisante capacité d'anticipation, d'une inadéquation des structures de pilotage interministériel et d'un émiettement des compétences. Les crises majeures donnent lieu à des modalités de pilotage très centralisées, au sommet de l'État, alors que nos dispositifs actuels de pilotage continuent à reposer principalement sur des logiques ministérielles.

– Confier au secrétariat général de la défense et de la sécurité nationale (SGDSN) les compétences et les moyens lui permettant de piloter la gestion de crise lorsque le président de la République ou le Premier ministre prennent les commandes des opérations.

– Clarifier les responsabilités et l'articulation entre l'État et les collectivités territoriales avec l'élaboration de schémas d'interventions pour chaque grand type de crise.

Une puissance publique mieux organisée pour la mise en œuvre des états d'urgence

Proposition n° 5 – Donner au SGDSN les compétences et les moyens lui permettant d'être l'administration interministérielle en charge du pilotage de la gestion de crise lorsque le Premier ministre ou le président de la République prennent le commandement direct des opérations.

Proposition n° 6 – Définir et formaliser, pour l'ensemble des crises majeures susceptibles d'être anticipées, des schémas d'intervention définissant des cadres types d'articulation entre les différents niveaux de responsabilité de l'État (central et déconcentré) ainsi qu'entre les compétences de l'État et celles des différentes collectivités territoriales concernées.

Proposition n° 7 – Renforcer la culture étatique de la gestion de crise majeure.

– Structurer, pour la mise en œuvre des plans opérationnels de gestion de crises majeures, des états-majors susceptibles d'être installés en urgence et disposant de l'ensemble des moyens matériels nécessaires à leurs missions.

– Préparer, dans une logique de réserves opérationnelles, des plans de relève ou de remplacement pour ces états-majors et l'ensemble des postes opérationnels prioritaires.

– Assurer la formation des cadres et de l'ensemble des opérateurs concernés de l'État et des collectivités territoriales.

– Définir, en appui de ces plans, des schémas prédéterminés de concours d'opérateurs privés.

– Préparer l'ensemble des acteurs concernés par les crises majeures dans le cadre d'exercices réguliers.

– Procéder à une amélioration et une sécurisation permanentes des outils technologiques nécessaires aux communications opérationnelles de l'État.

Proposition n° 8 – Structurer, sous l'égide du SGDSN et des hauts fonctionnaires de défense et de sécurité des ministères, dans le champ de chaque domaine potentiel de crise majeure, un dispositif de partenariats et de coordination avec les organismes de recherche pertinents permettant de faire remonter rapidement les expertises utiles aux décideurs politiques et administratifs. Doter chaque instance nationale d'expertise d'une organisation permettant d'appréhender les situations de crise. Ajouter au programme de pilotage des politiques publiques par la donnée un volet dédié au pilotage des situations d'urgence.

Proposition n° 9 – Confier à l'Office parlementaire d'évaluation des choix scientifiques et techniques (OPECST) une fonction de recueil, de confrontation et de présentation pédagogique des expertises susceptibles d'être prises en considération en période de crise majeure comportant une ou plusieurs dimensions scientifiques.

Proposition n° 10 – Intégrer à la présidence française de l'Union européenne, au 1er semestre 2022, un plan d'action tirant les enseignements de la crise terroriste et de la crise sanitaire et comportant, parmi ses points principaux :

– la proposition d'une déclaration politique ou d'un code d'engagements ayant vocation à être pris par les chefs d'État et de gouvernement sur la réaffirmation des libertés fondamentales dans le contexte des crises majeures ;

– l'élaboration d'une coopération renforcée autour des enjeux des travailleurs frontaliers ;

– la signature de conventions bilatérales ou multilatérales de coopération administrative entre les administrations de pays frontaliers dans les domaines utiles à la gestion des crises majeures.

– Accélérer par ailleurs et faire aboutir le chantier de réforme du code frontières Schengen.

C. Troisième axe : Adapter les contrôles aux enjeux spécifiques des états d'urgence

Même s'il ne dégrade pas l'État de droit et concourt à sa préservation face à des périls graves, l'état d'urgence se traduit par un renforcement considérable des prérogatives du pouvoir exécutif, tout particulièrement en matière de police administrative. Légitime et temporaire, ce renforcement appelle malgré tout un équilibrage par les contrôles parlementaires et juridictionnels.

– Inscrire dans la Constitution des règles procédurales fixant le cadre de mise en œuvre des états d'urgence : modalités de déclenchement, de prorogation et de contrôle de constitutionnalité.

– Consolider le contrôle parlementaire en période d'état d'urgence, qu'il s'agisse des habilitations à légiférer par ordonnance, des pouvoirs exceptionnels conférés à l'exécutif ou des prérogatives d'enquête des commissions parlementaires.

– Activer, dès le déclenchement d'un état d'urgence, un comité de liaison entre le Conseil d'État et la Cour de cassation permettant d'examiner les questions de droit susceptibles de justifier un regard croisé des deux ordres de juridiction.

Des contrôles adaptés aux enjeux spécifiques des états d'urgence

– Un Parlement garant des équilibres démocratiques

Proposition n° 11 – Inscrire dans la Constitution des règles procédurales fixant le cadre de mise en œuvre des états d'urgence, s'agissant de leurs modalités de déclenchement, de prorogation et de contrôle de constitutionnalité. Fixer un cadre adapté à la délégation du pouvoir de légiférer par voie d'ordonnances sous l'empire d'un état d'urgence et confier à une commission permanente de chacune des assemblées parlementaires les prérogatives attribuées aux commissions d'enquête pour la durée d'un tel état d'urgence.

Proposition n° 12 – Prévoir, dans les lois conférant des pouvoirs d'exception aux autorités exécutives sous l'empire d'un état d'urgence, une procédure de confirmation parlementaire, au terme d'une période d'application déterminée, des mesures sur lesquelles le Parlement estime devoir exercer un contrôle renforcé.

– Des juges garants de la préservation de l'État de droit

Proposition n° 13 – Aménager la procédure de demande d'avis transmise à la Cour de cassation par les juges du fond confrontés à une difficulté d'interprétation de règles de droit édictées sous l'empire d'un état d'urgence, afin d'assurer une homogénéité rapide de l'application de ces règles dans l'ensemble des ressorts judiciaires. Accélérer le programme de transformation numérique des juridictions judiciaires et les doter, de façon plus générale, des moyens leur permettant d'assurer la continuité de l'activité juridictionnelle en période de crise majeure.

Proposition n° 14 – Activer, dès le déclenchement d'un état d'urgence, un comité de liaison entre le Conseil d'État et la Cour de cassation permettant d'examiner les questions de droit susceptibles de justifier un regard croisé des deux ordres de juridiction.

Proposition n° 15 – Aménager le régime de responsabilité pénale selon les orientations suivantes :

– Mettre en place un outil statistique permettant de mesurer le « risque » pénal pour les agents publics, afin de disposer de données permettant d'apprécier le risque pénal de façon objective et fiable.

– Réduire la durée de la phase d'enquête et d'instruction, selon les trois voies suggérées par le Conseil d'État en 2018 (simplification des règles procédurales, renforcement des moyens judiciaires, accélération des expertises judiciaires).

– Modifier le cadre de la responsabilité pénale en disposant que celle-ci ne peut être mise en cause, à raison de l'inaction de la personne concernée, que si le choix de ne pas agir lui est directement et personnellement imputable.

– Offrir aux plaignants un espace de dialogue préalable à un éventuel dépôt de plainte pénale, sous l'égide de la personne morale concernée ou d'une autre autorité.

IV. Corpus juridique de référence

– Constitution française, notamment ses art. 16, 36 et 74

– CEDH, 15 juin 2023, n° 31185/18, *F. c. France* (la CEDH juge, à l'unanimité, qu'il y a eu non-violation de l'article 2 du Protocole n° 4 [liberté de circulation] à la Convention EDH)

– Règlement sanitaire international (RSI) de 2005

– T. confl., 7 juin 1951, n° 01187, *Dame N.*

– Cons. const., 17 janv. 1959, n° 58-198/202, A.N., Algérie (13e circ.) (Dans les circonstances particulières des élections en Algérie)

– Cons. const., 20 janv. 1981, n° 80-127 DC, Loi renforçant la sécurité et protégeant la liberté des personnes

– Cons. const., 17 janv. 1989, n° 88-248 DC, Loi modifiant la loi n° 86-1067 du 30 septembre 1986 relative à la liberté de communication (Circonstances particulières)

– Cons. const., 21 déc. 2017, n° 2017-756 DC, Loi de financement de la sécurité sociale pour 2018

– Cons. const., 26 mars 2020, n° 2020-365 DC, Loi organique d'urgence pour faire face à l'épidémie de Covid-19

– Cons. const., 9 juill. 2020, n° 2020-803 DC, Loi organisant la sortie de l'état d'urgence sanitaire (Validation des dispositions issues de la loi organisant la sortie de l'état d'urgence sanitaire, relatives à la circulation de personnes, véhicules ou moyens de transport collectif, à la fermeture provisoire de certaines catégories d'établissements recevant du public, aux rassemblements, réunions, activités se déroulant sur la voie publique et dans les lieux ouverts au public, ainsi que celles relatives à la répression d'une peine délictuelle de la violation répétée de ces réglementations ou interdictions)

– Cons. const., 13 nov. 2020, n° 2020-808 DC, Loi autorisant la prorogation de l'état d'urgence sanitaire et portant diverses mesures de gestion de la crise sanitaire (Conclusion à la conformité à la Constitution de la prorogation de l'état d'urgence sanitaire en cours, dans son principe et dans sa durée prévus par l'article 1er de la loi jusqu'au 16 février 2021)

– Cons. const., 31 mai 2021, n° 2021-819 DC, Loi relative à la gestion de la sortie de crise sanitaire (Validation de plusieurs dispositions de la loi en assortissant l'une d'elles d'une réserve d'interprétation, paragraphe 31)

– Cons. const., 5 août 2021, n° 2021-824 DC, Loi relative à la gestion de la crise sanitaire

– Code civil, CSI, CSP, CGCT, notamment art. L. 2212-2, CJA, notamment art. L. 521-1 et L. 521-2

– Loi organique n° 2020-365 du 30 mars 2020 d'urgence pour faire face à l'épidémie de Covid-19

– Loi n° 55-385 du 3 avr. 1955 relative à l'état d'urgence

– Loi n° 2000-597 du 30 juin 2000 relative au référé devant les juridictions administratives

– Loi n° 2017-1510 du 30 oct. 2017 renforçant la sécurité intérieure et la lutte contre le terrorisme

– Loi n° 2019-290 du 10 avr. 2019 visant à renforcer et garantir le maintien de l'ordre public lors des manifestations

– Loi n° 2020-290 du 23 mars 2020 d'urgence pour faire face à l'épidémie de Covid-19

– Loi n° 2020-546 du 11 mai 2020 prorogeant l'état d'urgence sanitaire et complétant ses dispositions

– Loi n° 2020-856 du 9 juill. 2020 organisant la sortie de l'état d'urgence sanitaire

– Loi n° 2020-1379 du 14 nov. 2020 autorisant la prorogation de l'état d'urgence sanitaire et portant diverses mesures de gestion de la crise sanitaire

– Loi n° 2021-689 du 31 mai 2021 relative à la gestion de la sortie de crise sanitaire

– Loi n° 2021-1040 du 5 août 2021 relative à la gestion de la crise sanitaire

– Loi n° 2022-46 du 22 janv. 2022 renforçant les outils de gestion de la crise sanitaire et modifiant le Code de la santé publique

– Loi n° 2022-1089 du 30 juill. 2022 mettant fin aux régimes d'exception créés pour lutter contre l'épidémie liée à la Covid-19

– Loi n° 2023-656 du 25 juill. 2023 relative à l'accélération de la reconstruction et de la réfection des bâtiments dégradés ou détruits au cours des violences urbaines survenues du 27 juin au 5 juill. 2023

– Ordonnance n° 2020-1400 du 18 nov. 2020 portant adaptation des règles applicables aux juridictions de l'ordre judiciaire statuant en matière non pénale et aux copropriétés

– Ordonnance n° 2020-1401 du 18 nov. 2020 portant adaptation des règles applicables aux juridictions de l'ordre judiciaire statuant en matière pénale

– Ordonnance n° 2020-1402 du 18 nov. 2020 portant adaptation des règles applicables aux juridictions de l'ordre administratif

– Décret n° 2020-1257 du 14 oct. 2020 déclarant l'état d'urgence sanitaire

– Décret n° 2020-1405 du 18 nov. 2020 portant adaptation des règles applicables aux juridictions de l'ordre judiciaire statuant en matière non pénale

– Décret n° 2020-1406 du 18 nov. 2020 portant adaptation des règles applicables devant les juridictions de l'ordre administratif

– Décret n° 2021-699 du 1er juin 2021 prescrivant les mesures générales nécessaires à la gestion de la sortie de crise sanitaire

– Décret n° 2021-910 du 8 juill. 2021 modifiant le décret n° 2021-699 du 1er juin 2021 prescrivant les mesures générales nécessaires à la gestion de la sortie de crise sanitaire

– Décret n° 2021-930 du 13 juill. 2021 modifiant le décret n° 2020-551 du 12 mai 2020 relatif aux systèmes d'information mentionnés à l'article 11 de la loi n° 2020-546 du 11 mai 2020 prorogeant l'état d'urgence sanitaire et complétant ses dispositions et le décret n° 2020-1690 du 25 déc. 2020 autorisant la création d'un traitement de données à caractère personnel relatif aux vaccinations contre la Covid-19

– Décret n° 2021-931 du 13 juill. 2021 déclarant l'état d'urgence sanitaire dans certains territoires de la République

– Décret n° 2021-932 du 13 juill. 2021 modifiant le décret n° 2021-699 du 1er juin 2021 prescrivant les mesures générales nécessaires à la gestion de la sortie de crise sanitaire

– Décret n° 2021-955 du 19 juill. 2021 modifiant le décret n° 2021-699 du 1er juin 2021 prescrivant les mesures générales nécessaires à la gestion de la sortie de crise sanitaire (élargissement du passe sanitaire)

– Décret n° 2021-1354 du 16 oct. 2021 relatif à la procédure de traitement de sortie de crise

– CE, 28 juin 1918, n° 63412, *Heyriès* (Pouvoirs de guerre et circonstances exceptionnelles)

– CE, 8 août 1919, n° 56377, *Labonne* (Pouvoir réglementaire autonome du chef de l'État puis du chef du gouvernement)

– CE, 19 mai 1933, n° 17413, n° 17520, *Benjamin et Syndicat d'initiative de Nevers*

– CE, sect., 11 mai 1951, *Consorts Baud*

– CE, ass., 22 juin 1951, n° 00590, *Daudignac*

– CE, sect., 18 déc. 1959, n° 36385, n° 36428, *Société Les films Lutétia et Syndicat français des producteurs et exportateurs de films*, n° 36385, n° 36428 (La moralité publique comme critère de l'ordre public)

– CE, 12 mars 1968, n° 72053, *ministre de l'Intérieur c. Époux L.*

– CE, sect., 10 mars 1978, n° 2496, *Société Le Profil*

– CE, ass., 27 oct. 1995, n° 136727, *Commune de Morsang-sur-Orge* (La dignité de la personne humaine comme critère de l'ordre public)

– CE, juge des référés, 7 mars 2001, n° 347171, *École normale supérieure*

– CE, 29 sept. 2003, n° 218217, *Houillères du bassin de Lorraine* (Possibilité, en cas de péril imminent, d'un concours de la police générale du maire avec la police spéciale de l'État, en matière d'installations classées)

– CE, 2 déc. 2009, n° 309684, *Commune de Rachecourt-sur-Marne*, (En matière de police de l'eau)

– CE, 3 déc. 2010, *Mme S.*, n° 334683

– CE, ass., 26 oct. 2011, n° 326492, *Commune de Saint-Denis* (Existence d'une police spéciale confiée à l'État qui exclut l'exercice, par le maire, de ses pouvoirs de police générale, en matière de télécommunications)

– CE, 24 sept. 2012, n° 342990, *Commune de Valence* (Existence d'une police spéciale confiée à l'État qui exclut l'exercice, par le maire, de ses pouvoirs de police générale, en matière de dissémination volontaire d'OGM)

– CE, juge des référés, 9 janv. 2014, n° 374508, *ministre de l'Intérieur c. Société Les Productions de la Plume et M. M.*

– CE, 26 juin 2019, n° 415426, n° 415431, *Association Générations Futures et Association Eau et rivières de Bretagne* (Le Conseil d'État a constaté la carence de l'État découlant de l'obligation pour l'autorité administrative de prendre les mesures nécessaires à la protection de la santé publique et de l'environnement)

– CE, juge des référés, 22 mars 2020, n° 439674, *Syndicat Jeunes Médecins*

– CE, juge des référés, 27 mars 2020, n° 439720, *Groupe d'information et de soutien des immigrés et autres* (Régime des retenus)

– CE, juge des référés, 3 avr. 2020, n° 439894, *Syndicat des avocats de France* (Prolongation de plein droit des détentions provisoires)

– CE, juge des référés, 4 avr. 2020, n° 439816, *Mme E. et autres*

– CE, juge des référés, 4 avr. 2020, n° 439904, *Centre hospitalier universitaire de la Guadeloupe*

– CE, juge des référés, 8 avr. 2020, n° 439827, *Section française de l'Observatoire international des prisons et autres* (Régime des détenus)

– CE, juge des référés, 10 avr. 2020, n° 439901, *Union des jeunes avocats au barreau de Paris* (Prolongation de plein droit des détentions provisoires)

– CE, juge des référés, 10 avr. 2020, n° 439903, *Syndicat des avocats de France*

– CE, juge des référés, 17 avr. 2020, n° 440057, *Commune de Sceaux*, aux T.

– CE, juge des référés, 18 avr. 2020, n° 440012, *Fédération des travailleurs de la métallurgie*

– CE, juge des référés, 6 sept. 2020, n° 443750, *Bas-Rhin*

– CE, ord., 6 sept. 2020, n° 443751, *Lyon, Villeurbanne* (Les préfets peuvent imposer le port du masque sur l'ensemble d'une commune, voire d'un département, pour englober de façon cohérente les points du territoire caractérisés par une forte densité de personnes)

– CE, juge des référés, 29 oct. 2020, n° 445367, *M. B.* (Rejet d'une requête tendant à ordonner la suspension de l'exécution du décret n° 2020-1257 du 14 oct. 2020 déclarant l'état d'urgence sanitaire)

– CE, juge des référés, 27 nov. 2020, n° 446712, *Association des avocats pénalistes et autres…* (Le recours à la visioconférence, sans l'accord de l'accusé, autorisé par l'ordonnance du 18 nov. 2020, pendant le réquisitoire de l'avocat général et les plaidoiries des avocats, porte une atteinte grave et manifestement illégale aux droits de la défense et au droit à un procès équitable)

– CE, 31 déc. 2000, n° 439253, Commune d'Arcueil ; CE, 31 déc. 2000, no 440923, *Commune de Gennevilliers* (Police spéciale des produits phytosanitaires et biocides confiés par le législateur aux autorités de l'État – absence de compétence des maires, au titre de leur pouvoir de police générale, d'édicter une réglementation portant sur les conditions générales d'utilisation des produits phytopharmaceutiques)

– CE, juge des référés, 3 mars 2021, n° 449759, *Mme B.* (Suspension de l'interdiction générale et absolue de sortie des résidents d'EHPAD)

– CE, juge des référés, 6 juill. 2021, n° 453505, *La Quadrature du Net*, (Rejet d'une demande de suspension de l'exécution du dispositif intitulé « Passe sanitaire »)

– CE, avis rendu public, 19 juill. 2021, n° 403629, *Projet de loi relatif à l'adaptation de nos outils de gestion à la crise sanitaire*

– CE, juge des référés, 19 juill. 2021, n° 454643, n° 454689, n° 454690, *Société des auteurs et compositeurs dramatiques et autres...*, (Rejet de la demande de suspendre l'exécution de la décision révélée par le président de la République lors de son allocation du 12 juillet 2021 d'étendre dès le 21 juill. 2021 le « passe sanitaire » aux lieux de loisirs et de culture)

– CE, Rapport public annuel, *Activité juridictionnelle et consultative des juridictions administratives en 2022*, La Documentation française, juin 2023, 423 p.

V. Exemple de sujet avec son corrigé portant sur les états d'urgence

Sujet : Les régimes d'exception que sont les états d'urgence sont-ils controversés ?

Introduction

Accroche : Loi n° 2023-656 du 25 juillet 2023 relative à l'accélération de la reconstruction et de la réfection des bâtiments dégradés ou détruits au cours des violences urbaines survenues du 27 juin au 5 juillet 2023

Historique : Le choix politique de ne pas recourir à l'état de siège lors des « évènements » en Algérie, en 1955.

Définition : L'état d'urgence, qui est absent de la Constitution, peut être défini comme une situation dans laquelle les pouvoirs de police administrative du pouvoir exécutif sont renforcés pour lutter contre un grave fléau.

Intérêt du sujet : Le débat portant sur le maintien ou la levée de l'état d'urgence

Annonce du plan

I. Les états d'urgence comme un dispositif juridique d'exception

Annonce des deux sous-parties :

1.1. Des motifs différents de création des états d'urgence

– L'état d'urgence sécuritaire a été créé en avril 1955 dans un contexte politique et historique instable (« évènements » d'Algérie)

– L'état d'urgence sanitaire a été créé en mars 2020 pour faire face à l'épidémie de Covid-19

1.2. Le cadre légal des états d'urgence

– La loi n° 55-385 du 3 avr. 1955 relative à l'état d'urgence et ses modifications successives (définition, mise en œuvre, restrictions aux libertés fondamentales…)

– La loi n° 2020-290 du 23 mars 2020 d'urgence pour faire face à l'épidémie de Covid-19 avec une application limitée dans le temps (définition, mise en œuvre, restrictions aux libertés fondamentales…)

Transition : L'usage de régimes d'exception fait débat en France.

II. Les controverses suscitées par les états d'urgence

Annonce des deux sous-parties :

2.1. Les différentes formes de contestation des états d'urgence

– Les contestations théoriques (État de droit, garantie des libertés fondamentales…)

– Les contestations politiques et citoyennes (Parlementaires, Défenseur des droits, Commission nationale consultative des droits de l'homme, manifestations…)

2.2. La crainte de l'insertion de dispositions d'exception dans le droit commun

– Exemple de la loi n° 2017-1510 du 30 oct. 2017 renforçant la lutte contre le terrorisme et la sécurité intérieure

– Exemple de mécanismes touchant les libertés fondamentales intégrés dans le droit commun (fermeture administrative des lieux de culte…)

Conclusion

Synthèse : Les états d'urgence sécuritaire et sanitaire permettent aux pouvoirs publics de faire face à des situations exceptionnelles mais ces régimes d'exception font débat.

Ouvertures possibles :

– Loi n° 2022-1089 du 30 juill. 2022 mettant fin aux régimes d'exception créés pour lutter contre l'épidémie liée à la Covid-19 ;

– Les États-Unis ont mis fin à l'état d'urgence sanitaire le 11 mai 2023.

VI. Exemples de questions sur le thème des états d'urgence

– La loi du 23 mars 2020 d'urgence pour faire face à l'épidémie de Covid-19 était-elle nécessaire alors qu'il existait d'autres cadres juridiques, à l'instar de la loi révisée du 3 avril 1955 relative à l'état d'urgence ?

– Quelle est la teneur de l'avis de la Commission nationale consultative des droits de l'homme du 28 avril 2020 sur la mise en place de l'état d'urgence sanitaire ?

– Sur quels points le Défenseur des droits a-t-il attiré l'attention du Parlement en vue de l'examen du projet de loi prorogeant l'état d'urgence sanitaire ?

– Est-ce la première fois que le Conseil constitutionnel utilise la notion de « circonstances particulières » ?

– Qui fait appliquer et de quelle manière les principes de stricte nécessité, d'adaptation et de proportionnalité en période d'état d'urgence sanitaire ?

– Estimez-vous que la loi du 23 mars 2020 porte atteinte à la sécurité juridique, en mettant en péril les principes d'intelligibilité, d'accessibilité et de transparence des normes ?

– La loi du 23 mars 2020 a-t-elle affaibli les mécanismes de contrôle parlementaire ?

– Qu'est-ce que les circonstances exceptionnelles ?

– Quel pouvoir donne l'article 16 de la Constitution au président de la République ?

– Quel a été le contrôle du Conseil constitutionnel sur la loi n° 2020-1379 du 14 novembre 2020 autorisant la prorogation de l'état d'urgence sanitaire et portant diverses mesures de gestion de la crise sanitaire ?

– Quel est le sens de la décision du Conseil constitutionnel sur la loi n° 2021-689 du 31 mai 2021 relative à la gestion de la sortie de crise sanitaire ?

– Citez les différents vaccins qui permettent de s'immuniser contre la Covid-19.

– Êtes-vous pour ou contre avoir rendu obligatoire la vaccination des soignants et pourquoi ?

– Qu'est-ce que le passe sanitaire anti-covid-19 et comment fonctionne-t-il ?

– La généralisation d'un passe sanitaire anti-covid-19 pour accéder à des lieux comme les salles de spectacle, de jeux, de sport ou des musées, accueillant au moins 50 personnes, serait susceptible de porter atteinte à quelle liberté fondamentale ?

– Êtes-vous pour ou contre l'obligation du passe sanitaire et pourquoi ?

– Faut-il imposer un bracelet électronique pour suivre les personnes placées en quarantaine ?

– À quelles libertés fondamentales porte atteinte le couvre-feu ?

– Le délit de violation du confinement est-il conforme à la Constitution ?

– L'autorité de police peut-elle utiliser des drones pour surveiller des manifestations sur la voie publique ?

– Définissez la notion d'ordre public en France.

– Quels sont les critères légaux et jurisprudentiels de l'ordre public en France ?

– Quelles sont les autorités en charge du maintien de l'ordre public en France ?

– Quelle est la nature du contrôle du juge administratif sur la légalité des décisions des autorités administratives en matière d'ordre public ?

– Que pensez-vous de cette phrase : « la liberté est la règle et la restriction de police l'exception » ?

– Donnez des exemples de mesures qui peuvent être prises par un maire dans le cadre de ses pouvoirs de police administrative générale ?

– Quelle est la différence entre la police administrative générale et la police administrative spéciale ?

– Le maire, en tant que responsable de l'ordre public sur le territoire de sa commune, peut-il seulement prendre des mesures de police générale sur le fondement du 5° de l'article L. 2212-1 du CGCT ?

– Dans quelles conditions, un maire peut-il s'immiscer dans l'exercice d'une police administrative spéciale ?

– L'état d'urgence sanitaire réduit-il le pouvoir de police administrative générale des maires ?

– Que permet la loi n° 2023-656 du 25 juillet 2023 relative à l'accélération de la reconstruction et de la réfection des bâtiments dégradés ou détruits au cours des violences urbaines survenues du 27 juin au 5 juillet 2023 ?

6 juillet 2023 : Nouvelle condamnation de la France par la CEDH pour ses prisons indignes en raison de la surpopulation carcérale

Par un arrêt du 6 juillet 2023, la CEDH rappelle à la France la nécessité de remédier au problème systémique de la surpopulation carcérale et des conditions de détention indignes imposées aux personnes détenues, qui impliquent inévitablement des conditions de travail extrêmement dégradées pour les personnels pénitentiaires.

Par cet arrêt du 6 juillet 2023, *B.M. et autres c. France*, et dans le prolongement de la décision *JMB c. France du 30 janvier 2020*, la CEDH condamne une nouvelle fois la France et lui impose de prendre des mesures concrètes et fortes pour remédier immédiatement à la suroccupation des maisons d'arrêt et aux conditions indignes qui en sont la conséquence. La CEDH a conclu à la violation de l'interdiction des traitements inhumains ou dégradants et à celle du droit à un recours effectif dans les trois requêtes à raison des conditions matérielles de détention des requérants et de l'absence de recours effectif.

Le nombre de détenus a atteint un chiffre historique en France, avec plus de 74000 personnes incarcérées au 1er juillet 2023, contre 73699 le mois précédent. Selon les données officielles du ministère de la Justice publiées en juillet 2023, il s'agit du sixième pic inédit en quelques mois, après ceux des 1er juin, 1er mai et 1er avril 2023, ainsi que ceux des 1er décembre et 1er novembre 2022.

Une proposition de loi n° 1460 visant à l'instauration d'un mécanisme de régulation carcérale et de prévention de la surpopulation pénitentiaire, a été enregistrée à la Présidence de l'Assemblée nationale, le 4 juillet 2023.

I. Surpopulation carcérale et prolongation du moratoire sur le placement en cellule individuelle dans les maisons d'arrêt

En réponse à une question écrite, publiée dans le JO Sénat du 26 janvier 2023, p. 462, portant sur les moyens de réduire la population carcérale dans les prisons françaises, le garde des Sceaux, ministre de la Justice, a apporté une réponse en séance publique, le 7 juin 2023, publiée dans le JO Sénat du 8 juin 2023, p. 3676, en précisant que le ministère de la Justice poursuit son engagement afin de lutter contre la surpopulation carcérale et améliorer les conditions de détention. L'ambitieux programme immobilier de livraison de 15 000 places supplémentaires de prison, décidé par le président de la République, doit permettre d'atteindre un taux d'encellulement individuel de 80 % sur la totalité des établissements du parc. Les établissements sont implantés dans les territoires qui connaissent les taux de surpopulation les plus importants, à savoir principalement dans les grandes agglomérations. Depuis la mise en œuvre du programme, 2 441 places ont déjà été livrées. En 2023, 1 958 places supplémentaires seront livrées. Au total, 24 établissements seront opérationnels en 2024. Un établissement pénitentiaire de 500 places sera enfin construit à Vannes en 2027. Ce programme se caractérise par une typologie diversifiée d'établissements pénitentiaires pour mieux adapter les régimes de détention au profil des personnes détenues selon leur parcours, leur peine et leur projet de réinsertion : des maisons d'arrêt à sécurité adaptée, mais également des structures d'accompagnement vers la sortie (SAS). Ces établissements ont vocation à accueillir des personnes condamnées dont le reliquat de peine est inférieur ou égal à deux ans et proposent un régime de détention adapté, orienté autour de la responsabilisation de la personne détenue afin de préparer efficacement son retour à la vie libre et d'éviter la réitération de son comportement délinquant. La livraison de 2000 places en SAS est programmée. Enfin, trois établissements tournés vers le travail dénommés InSERRE (insérer par des structures engendrant la responsabilisation et la réinsertion par l'emploi) seront également livrés. Outre la création de nouvelles places, les récentes évolutions législatives sont intervenues afin de favoriser le recours aux alternatives à l'incarcération, qui constituent des leviers de régulation des effectifs en milieu fermé. Elles permettent également de mieux prévenir la récidive et de favoriser la réinsertion des personnes placées sous-main de justice. Les dispositions de la loi du 23 mars 2019 de programmation 2018-2022 et de réforme pour la justice ont pour objectif de renforcer le sens et l'efficacité des peines prononcées en limitant le recours aux courtes peines d'incarcération, en favorisant les aménagements de peine ab initio pour les peines inférieures ou égales à un an et en prohibant les peines d'emprisonnement inférieures à un mois. Dans la continuité, la loi du 22 décembre 2021 pour la confiance dans l'institution judiciaire, introduit une mesure de libération sous contrainte de plein droit afin de suivre étroitement les détenus en fin de peine et lutter contre la récidive. La direction de l'administration pénitentiaire accompagne activement les SPIP dans son travail de prise en charge et d'accompagnement des personnes placées sous-main de justice. Depuis septembre 2022, la direction de l'administration pénitentiaire a notamment déployé sur l'ensemble du territoire un programme de prise en charge collective « ADERES », en lien avec l'École nationale d'administration pénitentiaire (ENAP), afin d'accompagner la population pénale dans le retour à la vie en société, dans une perspective de lutte contre la récidive. De surcroît, un travail de fond a été engagé afin de favoriser le recours à la peine de travail d'intérêt général (TIG). Plusieurs modifications du cadre normatif ont été successivement opérées, dans le but d'élargir les possibilités de recours au TIG et d'en simplifier les modalités d'exécution. Le nombre de places de TIG est ainsi passé de 18 000 en janvier 2019 à plus de 35 000 à la fin de l'année 2022. De plus, un plan d'actions portant, tant sur la meilleure connaissance des dispositifs et leur promotion, que sur les modalités d'organisation des services, a été arrêté par le garde des Sceaux et sera mis en œuvre en 2023. Par ailleurs, le ministère de la Justice veille au maintien du dialogue entre les acteurs judiciaires et pénitentiaires. Il a élaboré un outil de pilotage destiné à nourrir les échanges entre les chefs de cours et les directeurs interrégionaux des services pénitentiaires, afin de poursuivre l'accompagnement des juridictions dans la mise en œuvre des dispositions de la loi de programmation de la justice et de favoriser les alternatives à la détention. Depuis l'été 2022, les directeurs de l'administration pénitentiaire, des affaires criminelles et des grâces ainsi que des services judiciaires se sont également engagés à rencontrer l'ensemble des chefs de cours et de juridictions au sein des directions interrégionales afin d'échanger sur la problématique de la surpopulation carcérale et d'identifier des leviers permettant de limiter le recours à l'incarcération. Enfin, la direction de l'administration pénitentiaire, particulièrement vigilante à la régulation des effectifs des établissements les plus suroccupés, mène une politique volontariste d'orientation des personnes détenues vers les établissements pour peine, y compris à faible reliquat de peine.

Pour rappel, la France compte 187 établissements dont 108 établissements pour peine et 79 maisons d'arrêt (art D. 211-4 du Code pénitentiaire). Au 1er juillet 2023, selon le ministère de la Justice, 74 513 personnes sont incarcérées pour 60 562 places opérationnelles dans les établissements pénitentiaires. La densité carcérale globale est de 122,8 % et la densité des maisons d'arrêt est de 144,6 %.

Selon la section française de l'Observatoire international des prisons (OIP), au 1er janvier 2022, près de 38 000 personnes étaient détenues dans des établissements ou quartiers occupés à plus de 120 %, et de nombreux prisonniers sont contraints de vivre dans une cellule de neuf mètres carrés à deux, trois voire plus. Près de 1 600 d'entre eux dorment chaque nuit sur un matelas posé au sol.

Après une forte baisse au printemps 2020 à la faveur de la crise sanitaire, la population carcérale ne cesse, depuis, d'augmenter, jusqu'à retrouver les niveaux de suroccupation d'avant-crise. Pour mémoire, le nombre de personnes détenues a plus que doublé ces quarante dernières années, passant de 31 500 en 1982 à plus de 70 000 au 1er juillet 2023.

La section française de l'OIP constate que la surpopulation se concentre dans les maisons d'arrêts, qui accueillent les personnes en attente de jugement et celles condamnées à des courtes peines de prison. Elle avait précédemment constaté qu'un record avait été atteint au cours du mois de mars 2020 avec 72 400 personnes détenues dans les prisons françaises. Face à ces circonstances exceptionnelles, la Contrôleure générale des lieux de privation de liberté (CGLPL) a alerté la ministre de la Justice, garde des Sceaux, à partir du 17 mars 2020, sur la situation des établissements pénitentiaires face aux risques de propagation de la covid-19.

En France, l'encellulement individuel, qui prévoit que chaque détenu doit être incarcéré dans une cellule individuelle, également dénommé « régime cellulaire », a été adopté par la circulaire Duchâtel de 1841 qui a été très partiellement appliquée mais surtout limitée aux courtes peines et aux détentions provisoires. C'est finalement l'article 1er de la loi Bérenger du 5 juin 1875 qui a prescrit l'encellulement individuel pour les prévenus et les condamnés à une peine maximale d'un an d'emprisonnement dans les prisons départementales. Même si cet encellulement individuel n'a jamais été véritablement appliqué, l'article 716 du CPP du 2 mars 1959 a repris ce principe tout en aménageant une dérogation en raison de l'encombrement temporaire des établissements.

Face aux difficultés de mise en œuvre de ce principe de l'encellulement individuel, l'État français a pris des moratoires successifs depuis plus de cent quarante ans dont celui adopté par l'article 100 de la loi n° 2009-1436 du 24 novembre 2009 pénitentiaire (*JORF* n° 0273 du 25 nov. 2009, p. 20192, texte n° 1), prorogé jusqu'au 31 déc. 2019 par la loi n° 2014- 1655 du 29 déc. 2014 de finances rectificative pour 2014 (*JORF* n° 0301 du 30 déc. 2014, p. 22898, texte n° 3) et modifié par l'article 90 de la loi du 23 mars 2019 de programmation 2018-2022 et de réforme pour la justice qui prévoit que, jusqu'au 31 décembre 2022, il peut être dérogé au placement en cellule individuelle dans les maisons d'arrêt au motif tiré de ce que la distribution intérieure des locaux ou le nombre de personnes détenues présentes ne permet pas son application. La loi prévoit également que le gouvernement présentera au Parlement un rapport sur l'encellulement individuel, au dernier trimestre de l'année 2019 puis au troisième trimestre de l'année 2022, qui devra comprendre, en particulier, une information financière et budgétaire relative à l'exécution des programmes immobiliers pénitentiaires depuis la promulgation de cette même loi et à leur impact quant au respect de l'objectif de placement en cellule individuelle.

II. Fondamentaux à connaître sur la protection de la dignité humaine

A. La protection de l'article 3 de la Conv. EDH

La dignité humaine est protégée par l'article 3 de la Convention EDH qui prévoit que nul ne peut être soumis à la torture ni à des peines ou traitements inhumains ou dégradants.

Dès l'année 2000, la CEDH a consacré le droit de toute personne incarcérée à être détenue dans des conditions assurant le respect de la dignité humaine en jugeant qu'il revient à l'État de s'assurer que les conditions de détention ne soumettent pas l'intéressé à une détresse ou à une épreuve d'une intensité qui excède le niveau inévitable de souffrance inhérent à la détention (CEDH, 26 oct. 2000, n° 30210/96, *K. c. Pologne*).

L'État français a déjà été condamné pour non-respect du principe de la dignité humaine protégé par l'article 3 de la Convention EDH, et notamment en 2013 pour les conditions de détention d'un détenu dans la maison d'arrêt Charles III de Nancy (CEDH, 25 avr. 2013, n° 40119/09, *C. c. France*). En 2015, la CEDH a jugé qu'il n'existait pas en 2012, en France, de recours effectif pour les détenus provisoires, incarcérés dans des conditions contraires à l'article 3 de la Convention EDH (CEDH, 21 mai 2015, n° 50494/12, *Y. c. France*). À retenir que la Cour a jugé, le 29 avril 2019, que le renvoi vers l'Algérie d'un étranger condamné en France pour des faits liés au terrorisme et interdit définitivement du territoire français n'emporterait pas violation de l'article 3 de la Convention EDH (CEDH, 29 avr. 2019, n° 12148/18, *A. M c. France*).

Dans sa décision n° 9671/15 et 31 autres, *JMB et autres c. France* du 30 janvier 2020, la CEDH a alloué des indemnisations aux requérants et a recommandé à la France d'adopter des mesures générales afin notamment de supprimer le surpeuplement dans les établissements pénitentiaires et d'améliorer les conditions de détention. À l'origine de l'affaire se trouvent 32 requêtes dirigées contre la République française dont 29 ressortissants de cet État, un ressortissant cap verdien, un ressortissant polonais et un ressortissant marocain, qui ont saisi la CEDH entre le 20 février 2015 et le 20 novembre 2017 en vertu de l'article 34 de la Convention EDH.

Les requérants détenus dans des établissements pénitentiaires situés dans les territoires d'Outre-mer (Martinique, Polynésie française, Guadeloupe) ainsi que dans les maisons d'arrêt de Nîmes, Nice et Fresnes ont allégué en particulier, en se fondant sur les articles 3, 8 et 13 de la Convention EDH, que leurs conditions de détention sont ou étaient inhumaines et dégradantes et qu'ils ne disposent pas de recours effectif à cet égard. Dans cette affaire, la CEDH a invité la France à prendre des mesures générales pour mettre fin à la surpopulation qui gangrène les prisons françaises. En outre, constatant l'ineffectivité des voies de recours offertes aux personnes détenues, elle a recommandé à la France de mettre en place au profit des détenus un mécanisme permettant de redresser la situation dont ils sont victimes.

B. Loi n° 2021-403 du 8 avril 2021 tendant à garantir le droit au respect de la dignité en détention

Après la décision n° 2020-858/859 QPC du 2 octobre 2020, dans laquelle le Conseil constitutionnel a censuré l'alinéa 2 de l'article 144-1 du Code de procédure pénale faute d'ouvrir une possibilité de recours permettant qu'il soit mis fin à la détention provisoire au seul motif de ses conditions d'exécution contraires à la dignité humaine, dont l'abrogation était fixée au 1er mars 2021, le sénateur Jean-Noël Buffet a déposé, le 11 février 2021, une proposition de loi qui a abouti à la loi du 8 avril 2021 tendant à garantir le droit au respect de la dignité en détention.

Composée d'un article unique, cette loi insère dans le Code de procédure pénale (CPP) une nouvelle voie de recours qui permet à toute personne détenue dans un établissement pénitentiaire, qu'elle le soit à titre provisoire ou après condamnation, qu'elle soit prévenue ou définitivement condamnée, de saisir le juge judiciaire de conditions de détention qui seraient contraires à la dignité ;

La procédure est précisée à l'article 803-8 du CPP nouvellement créé, auquel les articles 144-1 et 707, III renvoient. Elle est identiquement définie, que le recours soit exercé devant le juge des libertés et de la détention (JLD) par le détenu provisoire ou devant le juge de l'application des peines (JAP) par le condamné incarcéré en exécution d'une peine privative de liberté.

La chambre criminelle de la Cour de cassation, par un arrêt n° 01372 du 20 octobre 2021 (n° 21-84498), a exposé dans quelles conditions s'applique la loi du 8 avril 2021 tendant à garantir le droit au respect de la dignité en détention, entrée en vigueur le 1er octobre 2021, permettant aux détenus de saisir le juge judiciaire afin qu'il soit remédié à des conditions de détention indignes.

Le juge judiciaire a l'obligation de garantir à la personne placée dans des conditions indignes de détention un recours préventif et effectif permettant de mettre un terme à la violation de l'article 3 de la Convention européenne de sauvegarde des droits de l'Homme et des libertés fondamentales. En tant que gardien de la liberté individuelle, il incombe à ce juge de veiller à ce que la détention provisoire soit, en toutes circonstances, mise en œuvre dans des conditions respectant la dignité des personnes et de s'assurer que cette privation de liberté est exempte de tout traitement inhumain et dégradant.

Pour rappel, en octobre 2020, le Conseil constitutionnel, en réponse à une question prioritaire de constitutionnalité transmise par la Cour de cassation, a décidé que la loi qui ne garantissait pas la possibilité de saisir le juge judiciaire de conditions de détention contraires à la dignité de la personne humaine était contraire à la Constitution. Après quoi, le législateur a institué un recours spécifique et autonome devant le juge des libertés et de la détention (JLD) qui est ouvert au justiciable depuis le 1er octobre 2021 en application de la loi n° 2021-403 du 8 avril 2021 tendant à garantir le droit au respect de la dignité en détention.

La faculté générale d'invoquer des conditions indignes de détention devant le juge en charge de la détention provisoire ouverte par la Cour de cassation en 2020 (arrêt du 8 juill. 2020, n° 20-81739) n'a plus lieu d'être dès lors que le législateur a créé en 2021 une procédure de recours spécifique devant le JLD, étant précisé que la jurisprudence de la Cour de cassation du 8 juillet 2020 reste cependant applicable pour les demandes présentées avant le 1er octobre 2021.

En l'espèce, la chambre criminelle de la Cour de cassation a cassé la décision de la chambre de l'instruction qui a prolongé la détention provisoire d'un détenu sans apprécier le caractère précis, crédible et actuel de ses allégations, alors qu'il évoquait un espace personnel réduit dans une cellule partagée avec d'autres détenus, la présence de cafards et de punaises de lit et un accès très limité à des douches non chauffées et sans intimité.

C. La jurisprudence des juridictions françaises

Dans sa décision n° 2004-343 et 344 DC du 27 juillet 1994, le Conseil constitutionnel a élevé le principe de la sauvegarde de la dignité de la personne humaine au niveau constitutionnel. Le juge administratif a ensuite fait application de ce principe dans les décisions n° 212813 du 29 décembre 2000 et n° 222741 du 26 novembre 2001.

Le Conseil constitutionnel a été saisi le 27 janvier 2021 par le Conseil d'État (décision n° 445873 du même jour) d'une question prioritaire de constitutionnalité (QPC) posée par l'association *Section française de l'observatoire international des prisons* relative à la conformité aux droits et libertés que la Constitution garantit des articles 707, 723-1 et 723-7 CPP, dans leur rédaction résultant de la loi n° 2019-222 du 23 mars 2019 de programmation 2018-2022 et de réforme pour la justice, et des articles 720-1, 720-1-1 et 729 du même code. Dans sa décision n° 2021-898 QPC du 16 avril 2021, le Conseil a déclaré contraire à la Constitution le paragraphe III de l'article 707 CPP, dans sa rédaction résultant de la loi du 23 mars 2019.

Dans un arrêt de section n° 412010 du 3 décembre 2018, *M. B.*, le Conseil d'État a jugé qu'en raison de la situation d'entière dépendance des personnes détenues vis-à-vis de l'administration pénitentiaire, l'appréciation du caractère attentatoire à la dignité des conditions de détention dépend notamment de leur vulnérabilité, appréciée compte tenu de leur âge, de leur état de santé, de leur personnalité et, le cas échéant, de leur handicap, ainsi que de la nature et de la durée des manquements constatés et eu égard aux contraintes qu'implique le maintien de la sécurité et du bon ordre dans les établissements pénitentiaires. Les conditions de détention s'apprécient au regard de l'espace de vie individuel réservé aux personnes détenues, de la promiscuité engendrée, le cas échéant, par la suroccupation des cellules, du respect de l'intimité à laquelle peut prétendre tout détenu, dans les limites inhérentes à la détention, de la configuration des locaux, de l'accès à la lumière, de l'hygiène et de la qualité des installations sanitaires et de chauffage. Seules des conditions de détention qui porteraient atteinte à la dignité humaine, appréciées à l'aune de ces critères et des articles D. 349 à D. 351 du CPP, révèlent l'existence d'une faute de nature à engager la responsabilité de la puissance publique. Une telle atteinte, si elle est caractérisée, est de nature à engendrer, par elle-même, un préjudice moral pour la personne qui en est la victime qu'il incombe à l'État de réparer. À conditions de détention constantes, le seul écoulement du temps aggrave l'intensité du préjudice subi. Le préjudice moral subi par un détenu à raison de conditions de détention attentatoires à la dignité humaine revêt un caractère continu et évolutif. Par ailleurs, rien ne fait obstacle à ce que ce préjudice soit mesuré dès qu'il a été subi. Il s'ensuit, enfin, que la créance indemnitaire qui résulte de ce préjudice doit être rattachée, dans la mesure où il s'y rapporte, à chacune des années au cours desquelles il a été subi.

Pour l'application de l'article L. 521-2 (référé liberté) du CJA, le droit au respect de la vie, le droit de ne pas être soumis à des traitements inhumains ou dégradants ainsi que le droit de recevoir les traitements et les soins appropriés à son état de santé constituent des libertés fondamentales au sens des dispositions de cet article.

Dans l'arrêt n° 20-81739 du 8 juillet 2020, la chambre criminelle de la Cour de cassation a jugé qu'il appartient au juge national, chargé d'appliquer la Convention, de tenir compte, sans attendre une éventuelle modification des textes législatifs ou réglementaires, de la décision de la CEDH condamnant la France pour le défaut de recours préventif permettant de mettre fin à des conditions de détention indignes.

III. Action du contrôleur général des lieux de privation de liberté

L'article 1er de la loi n° 2007-1545 du 30 octobre 2007 modifiée instituant un Contrôleur général des lieux de privation de liberté (CGLPL) prévoit que celui-ci, autorité administrative indépendante, est chargé, sans préjudice des prérogatives que la loi attribue aux autorités judiciaires ou juridictionnelles, de contrôler les conditions de prise en charge et de transfèrement des personnes privées de liberté, afin de s'assurer du respect de leurs droits fondamentaux. Il exerce, aux mêmes fins, le contrôle de l'exécution par l'administration des mesures d'éloignement prononcées à l'encontre d'étrangers jusqu'à leur remise aux autorités de l'État de destination.

Il s'assure que les droits à la vie, à l'intégrité physique et psychique ou à ne pas être soumis à un traitement inhumain ou dégradant sont respectés. Il revient également au CGLPL de veiller à un juste équilibre entre le respect des droits fondamentaux des personnes et les considérations d'ordre public et de sécurité, notamment en matière de droit à la vie privée et familiale, au travail et à la formation, d'accès aux soins ainsi qu'à la liberté d'expression. À cette fin, il rend des recommandations et avis ainsi que des rapports et des communiqués.

Le CGLPL a alerté les ministres de la Santé et de la Justice, le 25 janvier 2021, sur la situation spécifique des personnes privées de liberté et des professionnels qui les prennent en charge en précisant qu'au 21 janvier 2021, 235 agents pénitentiaires étaient contaminés et 134 détenus alors qu'ils étaient seulement 24 au début du mois, soit une hausse de 165 %.

Le CGLPL a été informé d'un important cluster de covid-19 à la maison d'arrêt de Tours, le 31 mars 2021, où 65 détenus et quatre membres du personnel ont été testés positifs, étant précisé que cet établissement pénitentiaire était occupé à 150 % au 1er février, soit 218 détenus pour 145 places.

Au *JORF* du 18 mai 2021 et en application de la procédure d'urgence, le CGLPL a publié des recommandations relatives au centre de détention de Bédenac (Charente-Maritime). En effet, l'article 9 de la loi du 30 octobre 2007 permet au CGLPL, lorsqu'il constate une violation grave des droits fondamentaux des personnes privées de liberté, de saisir sans délai les autorités compétentes de ses observations en leur demandant d'y répondre. Le ministre de la Justice, le ministre de la Solidarité et de la Santé ainsi que le ministre de l'Intérieur ont été destinataires de ces recommandations qui résultaient d'une visite du centre de détention de Bédenac, réalisée du 29 mars au 2 avril 2021 par six contrôleurs, qui a donné lieu au constat d'atteintes graves aux droits fondamentaux des personnes incarcérées au sein de l'unité de soutien et d'autonomie (ou bâtiment G), initialement conçue pour accueillir des personnes détenues vieillissantes nécessitant d'être hébergées en cellule pour personnes à mobilité réduite.

Le 5 juillet 2023, la CGLPL a publié des recommandations en urgence concernant la maison d'arrêt de Perpignan, faisant suite à celles émises le 13 juillet 2022 au sujet de la maison d'arrêt de Bordeaux Gradignan, avant celles du 16 décembre 2022 à propos de la maison d'arrêt de Bois d'Arcy.

IV. Corpus juridique de référence

– Convention EDH, notamment art. 2, 3 et 8

– Déclaration universelle des droits de l'homme du 10 déc. 1948, notamment son préambule

– Charte des droits fondamentaux de l'Union européenne du 7 déc. 2000, notamment son art. 1er (Elle est devenue contraignante juridiquement avec la ratification du traité de Lisbonne)

– CJCE, 14 oct. 2004, n° C-36/02, *Affaire Omega* (La dignité humaine constitue un PGD pour la Cour)

– CJUE, 2 juill. 2020, n° C-18/19, *W. M.,* (Autorisation de placement en rétention dans les établissements pénitentiaires en cas de menace pour l'ordre public et la sécurité publique)

– CEDH, 22 nov. 1995, n° 20166/92, *SW c. Royaume-Uni et C.R. c. Royaume-Uni* (Le respect de la dignité et de la liberté humaines est l'essence même des objectifs fondamentaux de la Convention)

– CEDH, gde ch., 26 oct. 2000, n° 30210/96, *K. c. Pologne*

– CEDH, 31 juill. 2001, n° 41340/98, *Parti de la prospérité c. Turquie* (Les droits de l'homme constituent un système intégré visant à protéger la dignité de l'être humain)

– CEDH, 25 avr. 2013, n° 40119/09, *C. c. France*

– CEDH, 21 mai 2015, n° 50494/12, *Y. c. France*

– CEDH, 20 oct. 2016, n° 7334/13, *M. c. Croatie* (La CEDH confirme que 3 m^2 de surface au sol par détenu constitue la norme de référence pour apprécier les conditions de détention en cellule collective)

– CEDH, 29 avr. 2019, n° 12148/18, *A. M c. France*

– CEDH, 30 janv. 2020, n° 9671/15, *JMB et autres c. France*, et 31 autres (Condamnation de la France pour conditions de détention indignes)

– CEDH, 14 mai 2020, n° 5499/15, *Cyril A. c. France* (La CEDH estime que le maintien en isolement du requérant détenu en prison n'a pas violé l'art. 3 de la Convention, et déclare donc la requête irrecevable. En effet, l'état de santé du requérant ne justifiait pas, en tout état de cause, le recours à une évaluation de son aptitude à être placé à l'isolement après sa sortie de l'unité psychiatrique d'hospitalisation (UPH). Son état de santé ne nécessitait pas non plus des aménagements de sa détention. Enfin, la CEDH estime que le requérant avait bénéficié des garanties procédurales minimales requises en la matière, visant à éviter tout risque de décision arbitraire)

– CEDH, 6 juill. 2023, n° 84187/17, *B.M et autres c. France* (La CEDH a conclu à la violation de l'interdiction des traitements inhumains ou dégradants et à celle du droit à un recours effectif dans les trois requêtes à raison des conditions matérielles de détention des requérants et de l'absence de recours effectif)

– Cons. const., 27 juill. 1994, n° 94-343/344 DC, Loi relative au respect du corps humain et loi relative au don et à l'utilisation des éléments et produits du corps humain, à l'assistance médicale à la procréation et au diagnostic prénatal (La dignité humaine est érigée en principe à valeur constitutionnelle)

– Cons. const., 26 juin 2020, n° 2020-846/847/848 QPC, *M. Oussman G. et autres* (Le Conseil constitutionnel juge conformes à la Constitution les dispositions réprimant la violation réitérée du confinement, auquel le pouvoir réglementaire ne peut aménager d'exceptions que strictement proportionnées aux risques sanitaires encourus et appropriées aux circonstances de temps et de lieu)

– Cons. const., 3 juill. 2020, n° 2020-851/852 QPC, *M. Sofiane A. et autres* (Le Conseil constitutionnel déclare conformes à la Constitution des dispositions d'habilitation de la loi du 23 mars 2020 d'urgence pour faire face à l'épidémie de covid-19 mais juge qu'elles ne pouvaient dispenser le gouvernement de respecter les exigences de l'article 66 de la Constitution s'agissant notamment de l'intervention du juge judiciaire en cas de prolongation d'une détention provisoire)

– Cons. const., 16 avr. 2021, n° 2021-898 QPC, *Section française de l'observatoire international des prisons* (Conditions d'incarcération des détenus – le Conseil déclare contraire à la Constitution le paragraphe III de l'article 707 du Code de procédure pénale, dans sa rédaction résultant de la loi du 23 mars 2019).

– Cons. const., 2 oct. 2020, n° 2020-858/859 QPC, *Conditions d'incarcération des détenus prévenus*

– Loi n° 2007-1545 du 30 oct. 2007 modifiée instituant un Contrôleur général des lieux de privation de liberté

– Loi n° 2009-1436 du 24 nov. 2009 pénitentiaire

– Loi n° 2019-222 du 23 mars 2019 de programmation 2018-2022 et de réforme pour la justice

– Loi n° 2020-290 du 23 mars 2020 d'urgence pour faire face à l'épidémie de covid-19

– Loi n° 2021-403 du 8 avr. 2021 tendant à garantir le droit au respect de la dignité en détention

– Loi n° 2021-1729 du 22 déc. 2021 pour la confiance dans l'institution judiciaire

– Loi n° 2022-92 du 31 janv. 2022 interdisant les pratiques visant à modifier l'orientation sexuelle ou l'identité de genre d'une personne

– CE, ass., 27 oct. 1995, n° 136727, *Commune de Morsang-sur-Orge*

(Affaire dans laquelle la sauvegarde de la dignité de la personne humaine constitue un motif d'ordre public justifiant une mesure de police et non un motif susceptible d'entacher une telle mesure d'illégalité)

– CE, 29 déc. 2000, n° 212813, *D.* (Application du principe de sauvegarde de la dignité de la personne humaine)

– CE, 26 nov. 2001, n° 222741, *Association Liberté Information Santé et autres* (Application du principe de sauvegarde de la dignité de la personne humaine)

– CE, 3 déc. 2010, n° 334683, *Mme S.* (Le juge administratif exerce un contrôle normal sur le point de savoir si un décret d'extradition a méconnu le principe de sauvegarde de la dignité de la personne humaine)

– CE, sect., 3 déc. 2018, n° 412010, *M. B.* (Le Conseil d'État apporte des précisions sur l'appréciation et l'indemnisation du préjudice moral résultant du caractère attentatoire à la dignité des détenus)

– CE, juge des référés, 8 avr. 2020, n° 439827, *Section française de l'Observatoire international des prisons et autres*

– CE, juge des référés, 7 mai 2020, n° 440151, *garde des Sceaux, ministre de la Justice c. l'Ordre des avocats du barreau de Martinique*

– CE, CHR, 19 oct. 2020, n° 439372, *garde des Sceaux, ministre de la Justice c. Section française de l'Observatoire international des prisons* (Seul le législateur peut faire évoluer l'office du juge du référé-liberté pour en faire une voie de recours effective pour remédier à des conditions de détention contraires à la dignité humaine)

– CE, 30 nov. 2020, n° 431775, *Section française de l'Observatoire international des prisons* (Les détenus qui travaillent n'ont pas droit à des congés payés)

– Cass. crim., 8 juill. 2020, n° 20-81739 (Dans le prolongement de l'arrêt *JMB et autres c. France* de la CEDH, la Cour de cassation procède à un infléchissement sérieux de sa jurisprudence antérieure et juge qu'une atteinte à la dignité de la personne en raison des conditions de détention peut constituer un obstacle légal au placement ou au maintien en détention provisoire)

– Cass. crim., 20 oct. 2021, n° 21-84498 (Encourt la censure l'arrêt qui, pour écarter le moyen soulevé avant l'entrée en vigueur de l'article 803-8 du Code de procédure pénale et contenant une description circonstanciée des conditions de détention, n'apprécie pas le caractère précis, crédible et actuel de celle-ci, s'arrête au fait que le rapport du contrôleur général des lieux de privation de liberté produit par le demandeur décrivait des conditions antérieures à son incarcération et exige qu'il démontre le caractère indigne de ses conditions personnelles de détention)

– Proposition de loi n° 1460 visant à l'instauration d'un mécanisme de régulation carcérale et de prévention de la surpopulation pénitentiaire, enregistrée à la Présidence de l'Assemblée nationale le 4 juillet 2023

V. Exemple de sujets avec leur corrigé portant sur le principe de l'encellulement individuel en France et sur les droits fondamentaux des personnes détenues en France

Sujet : La France respecte-t-elle le principe de l'encellulement individuel ?

Introduction

Accroche : Constat de la surpopulation carcérale en France (v. I. et III *supra*).

Historique : Le principe de l'encellulement individuel a été posé dès la loi du 5 juin 1875 sur le régime des prisons départementales qui prévoyait à son article 1er que : « Les inculpés, prévenus et accusés seront à l'avenir individuellement séparés pendant le jour et la nuit » et à son article 2 que : « Seront soumis à l'emprisonnement individuel les condamnés à un emprisonnement d'un an et un jour et au-dessous ».

Définition : L'encellulement individuel est un principe qui vise à offrir à toute personne incarcérée un espace vital dans lequel elle se trouve protégée d'autrui et où elle peut ainsi préserver son intimité et se soustraire aux violences et aux menaces des rapports sociaux en prison.

Problématique : La non-application du principe de l'encellulement individuel par la France engendre des conséquences pour l'État français.

Annonce du plan

I. La France réaffirme régulièrement le principe de l'encellulement individuel tout en décalant dans le temps son application

Annonce des deux sous-parties :

1.1. Un principe consacré

– L'art. 22 de la loi n° 2009-1436 du 24 novembre 2009 pénitentiaire dispose que l'administration pénitentiaire garantit à toute personne détenue le respect de sa dignité et de ses droits. L'exercice de ceux-ci ne peut faire l'objet d'autres restrictions que celles résultant des contraintes inhérentes à la détention, du maintien de la sécurité et du bon ordre des établissements, de la prévention de la récidive et de la protection de l'intérêt des victimes. Ces restrictions tiennent compte de l'âge, de l'état de santé, du handicap et de la personnalité de la personne détenue.

– L'art. 44 de la même loi prévoit que toute personne détenue victime d'un acte de violence caractérisé commis par un ou plusieurs codétenus fait l'objet d'une surveillance et d'un régime de détention particuliers et qu'elle bénéficie prioritairement d'un encellulement individuel.

– Une application différenciée du principe en fonction du type d'établissement pénitentiaire (établissement pour peines, centre de détention, centre de semi-liberté autonome et centre pour peines aménagées, établissement pour mineurs, maison d'arrêt).

1.2. Une application différée

– Les causes : augmentation du nombre de condamnations et insuffisance des moyens budgétaires consacrés à l'administration pénitentiaire

– Face aux difficultés de mise en œuvre de ce principe de l'encellulement individuel, l'État français a pris des moratoires successifs depuis plus de cent quarante ans : (v. I. *supra*).

Transition : L'absence d'application du principe de l'encellulement individuel a des effets pour l'État français.

II. Les conséquences pour l'État français de la non-application du principe de l'encellulement individuel

Annonce des deux sous-parties :

2.1. Les condamnations par la CEDH, le Conseil d'État et la Cour de cassation (v. II. *supra*)

2.2. Les préconisations du CGLPL (v. III. *supra*)

Conclusion

Synthèse : Le principe de l'encellulement individuel n'est pas appliqué par l'État français qui s'expose alors à des condamnations par la CEDH, le Conseil d'État et la Cour de cassation.

Ouvertures possibles :

– Les mesures prises durant l'état d'urgence sanitaire par le gouvernement français pour réduire la surpopulation carcérale ;

– L'arrêt de la CEDH du 6 juillet 2023, *B.M et autres c. France*, qui conclut à la violation de l'interdiction des traitements inhumains ou dégradants et à celle du droit à un recours effectif dans les trois requêtes à raison des conditions matérielles de détention des requérants et de l'absence de recours effectif.

Sujet : Les droits fondamentaux des personnes détenues sont-ils respectés en France ?

Introduction

Accroche : Avant l'édiction de la loi pénitentiaire du 24 novembre 2009, les normes françaises régissant les droits des personnes privées de liberté étaient peu lisibles et ne disposaient pas de valeur législative. Les personnes détenues invoquaient alors principalement les stipulations des articles 3 et 8 de la Convention EDH lorsqu'elles considéraient que leurs droits ou libertés fondamentaux étaient méconnus.

Définition : La loi n° 2006-1436 du 24 novembre 2009 pénitentiaire consacre spécifiquement un chapitre III aux dispositions relatives aux droits et devoirs des personnes détenues. La notion de personnes détenues est définie à l'article 50 D du CPP selon lequel il s'agit des personnes faisant l'objet d'une mesure privative de liberté à l'intérieur d'un établissement pénitentiaire, qu'elles soient prévenues ou condamnées.

Problématique : Par définition, si les personnes détenues sont privées de la liberté d'aller et de venir, toutefois, elles ne sont pas privées de tous leurs droits. *Définition* : La loi n° 2006-1436 du 24 novembre 2009 pénitentiaire consacre spécifiquement un chapitre III aux dispositions relatives aux droits et devoirs des personnes détenues. La notion de personnes détenues est définie à l'article 50 D du CPP selon lequel il s'agit des personnes faisant l'objet d'une mesure privative de liberté à l'intérieur d'un établissement pénitentiaire, qu'elles soient prévenues ou condamnées.

Problématique : Par définition, si les personnes détenues sont privées de la liberté d'aller et de venir, toutefois, elles ne sont pas privées de tous leurs droits.

Annonce du plan

I. Un renforcement relatif des droits des personnes détenues par l'adoption de la loi pénitentiaire

Annonce des deux sous-parties :

1.1. Une reconnaissance législative de droits personnels et sociaux aux personnes détenues (loi pénitentiaire du 24 novembre 2009)

1.2. De nombreuses restrictions inhérentes à la détention, au maintien de la sécurité et du bon ordre (contraintes inhérentes à la détention, au maintien de la sécurité et du bon ordre des établissements, de la prévention de la récidive et de la protection de l'intérêt des victimes)

Transition : Toutes ces restrictions sont certes liées à la condition particulière des personnes se trouvant en détention, mais elles sont aussi autant de moyens pour limiter l'effectivité des droits des personnes détenues.

II. Une effectivité nuancée des droits des personnes détenues

Annonce des deux sous-parties :

2.1. L'affirmation d'une réelle volonté de rendre effectif les droits des personnes détenues (Contrôles du Conseil constitutionnel : décisions n° 2016-543 QPC du 24 mai 2016 ; n° 2018-715 QPC du 22 juin 2018 ; n° 2018-763 QPC du 8 février 2019 ; n° 2021-828 DC du 9 novembre 2021)

2.2. Une effectivité troublée par des contraintes extérieures comme inhérentes aux établissements pénitentiaires (surpopulation carcérale, opinion publique, contextes de terrorisme et de violence en détention…)

Conclusion

Synthèse : Si la loi pénitentiaire de 2009 a reconnu, d'un point de vue législatif, de nombreux droits aux personnes détenues, néanmoins, malgré les récentes modifications législatives, ces droits sont assortis de nombreuses restrictions inhérentes à la sécurité des personnes et des établissements pénitentiaires S'il peut être constaté une réelle volonté de rendre effectif les droits reconnus aux personnes détenues, toutefois, celle-ci peut être entravée par des contraintes extérieures inhérentes aux établissements pénitentiaires.

Ouvertures possibles : La Cour EDH a tranché, pour la première fois, la question de l'applicabilité de la liberté syndicale aux détenus. Elle juge que l'injonction faite à une fédération syndicale d'exclure un syndicat de détenus exerçant un travail ne méconnaît pas les dispositions de l'article 11 de la Convention EDH (CEDH, 7 déc. 2021, n° 29582/09, *Fédération syndicale de la république de Iakoutie c. Russie*).

VI. Exemples de questions sur le thème de la dignité humaine

– Pouvez-vous nous rappeler quelques recommandations du rapport de 2021 du Défenseur des droits portant sur « Les droits fondamentaux des personnes âgées accueillies en EHPAD » ?

– Quelle est la surface au sol par détenu qui constitue la norme de référence pour apprécier les conditions de détention en cellule collective ?

– Quelle est l'influence du principe de dignité humaine sur l'évolution du droit public de la vie en détention ?

– Qu'est-ce que représente pour vous le respect de la dignité humaine ?

– Des fouilles de détenus par le personnel de l'administration pénitentiaire peuvent-elles être attentatoires à la dignité humaine ?

– Quelle est la valeur juridique du principe de sauvegarde de la dignité humaine ?

– Auprès de quel juge et comment un détenu peut-il demander l'indemnisation du préjudice moral qu'il estime avoir subi du fait du caractère attentatoire à sa dignité de ses conditions de détention ?

– La France a-t-elle été condamnée par des juridictions pour non-respect du principe de la dignité humaine ? Si, oui, lesquelles et quand ?

– Un arrêté municipal peut-il interdire un spectacle au motif qu'il comporte des propos portant atteinte à la dignité humaine ?

– Quel est le rôle du Contrôleur général des lieux de privation de liberté ?

– À quoi sert la Cour européenne des droits de l'Homme ?

– La Charte des droits fondamentaux de l'Union européenne est-elle contraignante juridiquement ?

– Pourquoi le Conseil d’État juge-t-il des affaires en « assemblée du contentieux » ?

– Quelles sont les différentes formations de jugement de la Cour de cassation et du Conseil d’État ?

– Pourquoi la CEDH a-t-elle condamné la France le 6 juillet 2023 dans l’affaire *B.M et autres c. France* ?

Pêle-mêle de questions-réponses

Question : Quel est le régime d'autorisation administrative de l'instruction en famille institué par l'article 49 de la loi du 24 août 2021 confortant les principes de la République entré en vigueur à la rentrée scolaire 2022 ?

Aux termes de l'article L. 131-5 du Code de l'éducation, dans sa rédaction issue de la loi du 24 août 2021 confortant le respect des principes de la République : « Les personnes responsables d'un enfant soumis à l'obligation scolaire définie à l'article L. 131-1 doivent le faire inscrire dans un établissement d'enseignement public ou privé ou bien, à condition d'y avoir été autorisées par l'autorité de l'État compétente en matière d'éducation, lui donner l'instruction en famille. / Les mêmes formalités doivent être accomplies dans les huit jours qui suivent tout changement de résidence. / La présente obligation s'applique à compter de la rentrée scolaire de l'année civile où l'enfant atteint l'âge de trois ans. / L'autorisation mentionnée au premier alinéa est accordée pour les motifs suivants, sans que puissent être invoquées d'autres raisons que l'intérêt supérieur de l'enfant : / 1° L'état de santé de l'enfant ou son handicap ; / 2° La pratique d'activités sportives ou artistiques intensives ; / 3° L'itinérance de la famille en France ou l'éloignement géographique de tout établissement scolaire public ; / 4° L'existence d'une situation propre à l'enfant motivant le projet éducatif, sous réserve que les personnes qui en sont responsables justifient de la capacité de la ou des personnes chargées d'instruire l'enfant à assurer l'instruction en famille dans le respect de l'intérêt supérieur de l'enfant. Dans ce cas, la demande d'autorisation comporte une présentation écrite du projet éducatif, l'engagement d'assurer cette instruction majoritairement en langue française ainsi que les pièces justifiant de la capacité à assurer l'instruction en famille. / L'autorisation mentionnée au premier alinéa est accordée pour une durée qui ne peut excéder l'année scolaire. Elle peut être accordée pour une durée supérieure lorsqu'elle est justifiée par l'un des motifs prévus au 1°. Un décret en Conseil d'État précise les modalités de délivrance de cette autorisation. / L'autorité de l'État compétente en matière d'éducation peut convoquer l'enfant, ses responsables et, le cas échéant, les personnes chargées d'instruire l'enfant à un entretien afin d'apprécier la situation de l'enfant et de sa famille et de vérifier leur capacité à assurer l'instruction en famille. / En application de l'article L. 231-1 du Code des relations entre le public et l'administration, le silence gardé pendant deux mois par l'autorité de l'État compétente en matière d'éducation sur une demande d'autorisation formulée en application du premier alinéa du présent article vaut décision d'acceptation. / La décision de refus d'autorisation fait l'objet d'un recours administratif préalable auprès d'une commission présidée par le recteur d'académie, dans des conditions fixées par décret. / Le président du conseil départemental et le maire de la commune de résidence de l'enfant sont informés de la délivrance de l'autorisation (...) ». Pour la mise en œuvre de ces dispositions, dont il résulte que les enfants soumis à l'obligation scolaire sont, en principe, instruits dans un établissement d'enseignement public ou privé, il appartient à l'autorité administrative, lorsqu'elle est saisie d'une demande tendant à ce que l'instruction d'un enfant dans la famille soit, à titre dérogatoire, autorisée, de rechercher, au vu de la situation de cet enfant, quels sont les avantages et les inconvénients pour lui de son instruction, d'une part dans un établissement d'enseignement, d'autre part, dans la famille selon les modalités exposées par la demande et, à l'issue de cet examen, de retenir la forme d'instruction la plus conforme à son intérêt. Aux termes de l'article R. 131-11-2 du Code de l'éducation, dans sa rédaction issue du décret du 15 février 2022 relatif aux modalités de délivrance de l'autorisation d'instruction dans la famille : « Lorsque la demande d'autorisation est motivée par l'état de santé de l'enfant, elle comprend un certificat médical de moins d'un an sous pli fermé attestant de la pathologie de l'enfant. / Lorsque la demande d'autorisation est motivée par la situation de handicap de l'enfant, elle comprend le certificat médical prévu par l'article R. 146-26 du Code de l'action sociale et des familles sous pli fermé ou les décisions relatives à l'instruction de l'enfant de la commission des droits et de l'autonomie des personnes handicapées. / Dans les cas prévus aux deux alinéas précédents, le directeur académique des services de l'éducation nationale transmet le certificat médical sous pli fermé au médecin de l'éducation nationale. Celui-ci rend un avis sur cette demande. / Une autorisation justifiée par l'état de santé de l'enfant ou son handicap peut être accordée pour une durée maximale de trois années scolaires ». Il résulte de ces dispositions qu'il appartient à l'autorité administrative, régulièrement saisie d'une demande en ce sens, d'autoriser l'instruction d'un enfant dans sa famille lorsqu'il est établi que son état de santé rend impossible sa scolarisation dans un établissement d'enseignement public ou privé ou lorsque l'instruction dans sa famille est, en raison de cet état de santé, la plus conforme à son intérêt (CE, CHR, 13 déc. 2022, *Ministre de l'éducation nationale et de la jeunesse c. Mme H.*, n° 466623).

Question : Est-il possible de réaliser une perquisition dans le cabinet d'un avocat ou à son domicile ?

Le Conseil constitutionnel a été saisi le 19 octobre 2022 par le Conseil d'État (décision n°s 463588 et 463683 du 18 octobre 2022) d'une question prioritaire de constitutionnalité (QPC) posée par l'ordre des avocats au barreau de Paris et l'ordre des avocats au barreau des Hauts-de-Seine relative à la conformité aux droits et libertés que la Constitution garantit de l'article 56-1 du Code de procédure pénale (CPP), dans sa rédaction résultant de la loi n° 2021-1729 du 22 décembre 2021 pour la confiance dans l'institution judiciaire, et de l'article 56-1-2 du même code, dans sa rédaction issue de la même loi. Dans sa décision n° 2022-1030 QPC du 19 janvier 2023, *ordre des avocats au barreau de Paris et autre*, le Conseil constitutionnel a déclaré conformes à la Constitution les mots « raisons plausibles » figurant à la cinquième phrase du premier alinéa de l'article 56-1 du CPP, les mots « relevant de l'exercice des droits de la défense » figurant au deuxième alinéa du même article, les mots « Dans les cinq jours » figurant au quatrième alinéa du même article ainsi que l'article 56-1-2 du même Code, dans ces rédactions.

Question : Le refus d'un conseil départemental de poursuivre la prise en charge par le service de l'ASE d'une mineure devenue jeune majeure est-il susceptible de constituer une atteinte grave et manifestement illégale à une liberté fondamentale ?

Le département du Val-de-Marne a fait appel de l'ordonnance en date du 11 avril 2023 par laquelle le juge des référés du TA de Melun, statuant sur le fondement de l'article L. 521-2 du CJA, a suspendu la décision du président du conseil départemental du Val-de-Marne refusant d'accorder à une requérante la poursuite de sa prise en charge au titre d'un contrat « jeune majeur » et lui a enjoint de réexaminer sa situation notamment en lui proposant un accompagnement comportant l'accès à une solution de logement adaptée, la prise en charge de ses besoins alimentaires et sanitaires ainsi qu'un suivi éducatif pour lui permettre de poursuivre sa scolarité au moins jusqu'à la fin de l'année scolaire en cours. Il résulte des dispositions de l'article L. 222-5 du CASF que, depuis l'entrée en vigueur du I de l'article 10 de la loi du 7 février 2022 relative à la protection des enfants, qui a modifié cet article sur ce point, les jeunes majeurs de moins de vingt et un ans ayant été pris en charge par le service de l'aide sociale (ASE) à l'enfance d'un département avant leur majorité bénéficient d'un droit à une nouvelle prise en charge par ce service, lorsqu'ils ne disposent pas de ressources ou d'un soutien familial suffisants. Par une ordonnance n° 473601 du 9 mai 2023, le juge des référés du Conseil d'État a rejeté la requête du Président du conseil départemental du Val-de-Marne aux motifs, d'une part, que ce dernier n'apporte en appel aucun élément de nature à remettre en cause le constat du juge des référés du TA de Melun selon lequel la requérante ne bénéficie d'aucun soutien familial réel, d'aucune ressource, ni d'aucune solution d'hébergement stable à compter du 27 mars 2023, d'autre part, que c'est à bon droit que le juge des référés a estimé que les réserves pouvant être exprimées concernant le comportement de celle-ci dans le cadre de l'accompagnement dont elle a bénéficié lorsqu'elle était mineure ainsi que son manque d'investissement dans ses études ne pouvaient suffire, pour l'application des dispositions du 5° de l'article L. 222-5 du CASF issues de la loi du 7 février 2022, à justifier qu'il soit mis fin à sa prise en charge par l'ASE et, qu'ainsi, eu égard à l'ensemble des circonstances particulières de l'espèce, que l'argumentation présentée en appel par le président du conseil départemental du Val-de-Marne ne conduit pas à remettre en cause l'appréciation du juge des référés du TA de Melun ni sur l'existence d'une atteinte grave et manifestement illégale à une liberté fondamentale résultant du refus de prolonger la prise en charge de la requérante, en sa qualité de jeune majeure, ni sur l'urgence de cette prise en charge.

Question : Le gouvernement français tient-il ses engagements en matière d'émissions de gaz à effet de serre ?

Saisi notamment par la commune de Grande-Synthe et plusieurs associations de défense de l'environnement, le Conseil d'État avait ordonné au gouvernement, par la décision n° 427301 du 1er juillet 2021, de prendre toutes les mesures permettant d'infléchir la courbe des émissions de gaz à effet de serre produites en France pour garantir sa compatibilité avec les objectifs fixés par le législateur français en cohérence avec l'Accord de Paris (- 40 % d'émissions de gaz à effet de serre d'ici à 2030 par rapport aux niveaux de 1990) avant le 31 mars 2022. Après avoir reçu les éléments transmis par le gouvernement pour justifier son action ainsi que les observations de la commune de Grande-Synthe, de la ville de Paris et des associations requérantes, le Conseil d'État a organisé une audience orale d'instruction, au cours de laquelle il a pu entendre le gouvernement et les parties requérantes, et interroger le Haut Conseil pour le Climat. Après avoir tenu une audience de jugement le 12 avril 2023, par la décision n° 467982 du 10 mai 2023, *Commune de Grande-Synthe et autres*, le Conseil d'État précise les modalités selon lesquelles il détermine si la décision du 1er juillet 2021 a été correctement exécutée. Il doit examiner si les mesures prises par le gouvernement, ou qui peuvent encore être adoptées pour produire des effets dans un délai suffisamment court, permettent que la courbe des émissions de gaz à effet de serre soit compatible avec l'atteinte des objectifs fixés à l'échéance 2030. Il doit, à ce titre, examiner si les objectifs intermédiaires ont été atteints, si les mesures adoptées ou annoncées sont de nature à réduire les émissions de gaz à effet de serre, ou au contraire risquent d'augmenter ces émissions. Il prend, enfin, en considération les effets constatés ou prévisibles de ces différentes mesures et, plus largement, l'efficacité des politiques publiques mises en place, au regard des méthodes d'évaluation disponibles, notamment les avis émis par les experts, dont le Haut conseil pour le climat. Le Conseil d'État a conclu que sa précédente décision ne peut être regardée comme ayant été exécutée, et adresse une nouvelle injonction au gouvernement, en lui demandant de prendre, d'ici le 30 juin 2024, toutes les mesures nécessaires pour atteindre l'objectif de réduction des émissions de - 40 % en 2030. S'il n'assortit pas son injonction d'une astreinte, le Conseil d'État demande au gouvernement de transmettre d'ici le 31 décembre

2023 dans un premier temps, puis au plus tard le 30 juin 2024 tous les éléments justifiant à la fois qu'il a pris ces mesures et qu'elles sont de nature à permettre de respecter cet objectif.

Question : Le traitement algorithmique des images collectées au moyen de la vidéoprotection ou de drones sera-t-il possible lors des jeux Olympiques et Paralympiques de 2024 ?

Saisi de la loi relative aux jeux Olympiques et Paralympiques de 2024 et portant diverses autres dispositions, le Conseil constitutionnel a assorti de plusieurs réserves d'interprétation la déclaration de conformité des articles permettant le recours à des analyses génétiques dans le cadre des contrôles antidopage et le traitement algorithmique des images collectées au moyen de la vidéoprotection ou de drones. Par une première réserve d'interprétation, en ce qui concerne l'article 5 contesté de la loi relative aux jeux Olympiques et Paralympiques de 2024 et portant diverses autres dispositions visant à permettre au laboratoire accrédité par l'Agence mondiale antidopage en France de procéder, dans certains cas, à la comparaison d'empreintes génétiques et à l'examen des caractéristiques génétiques d'un sportif, le Conseil constitutionnel juge qu'il appartiendra aux autorités administratives compétentes de s'assurer, sous le contrôle du juge, que les conditions dans lesquelles cette information est délivrée au sportif sont de nature à garantir que, en décidant de prendre part à la compétition, il consent également à ce que les échantillons prélevés puissent faire l'objet d'analyses génétiques. Par une seconde réserve d'interprétation, en ce qui concerne l'article 10 de la loi prévoyant, à titre expérimental, que les images collectées au moyen d'un système de vidéoprotection ou de caméras installées sur des aéronefs puissent faire l'objet de traitements algorithmiques afin de détecter et signaler certains événements, le Conseil constitutionnel juge que si les dispositions contestées prévoient que le préfet ayant autorisé la mesure « peut suspendre l'autorisation ou y mettre fin à tout moment s'il constate que les conditions ayant justifié sa délivrance ne sont plus réunies », elles ne sauraient, sans méconnaître le droit au respect de la vie privée, être interprétées autrement que comme obligeant le préfet à mettre fin immédiatement à une autorisation dont les conditions ayant justifié la délivrance ne sont plus réunies. En outre, sauf lorsque les circonstances l'interdisent ou que cette information entrerait en contradiction avec les objectifs poursuivis, le public est préalablement informé, par tout moyen approprié, de l'emploi de traitements algorithmiques sur les images collectées. Par ailleurs, une information générale du public sur l'emploi de traitements algorithmiques sur les images collectées au moyen de systèmes de vidéoprotection et de caméras installées sur des aéronefs est organisée par le ministre de l'Intérieur (DC du 17 mai 2023, n° 2023-850, *Loi relative aux jeux Olympiques et Paralympiques de 2024 et portant diverses autres dispositions*).

Question : Électricité de France (EDF) est-elle une entreprise publique ou une entreprise privée ?

Les entreprises peuvent être classées selon la nature publique ou privée de leurs capitaux et ce statut, public ou privé, n'est pas intangible dès lors qu'il peut varier dans le temps avec une nationalisation ou une privatisation. Aux termes de l'article 34 de la Constitution, relèvent du domaine de la loi « les règles concernant les nationalisations d'entreprises et les transferts de propriété d'entreprises du secteur public au secteur privé ». Ces opérations doivent se conformer au cadre qui résulte de l'article 17 de la DDHC de 1789, qui prévoit que « la propriété étant un droit inviolable et sacré, nul ne peut en être privé, si ce n'est lorsque la nécessité publique, légalement constatée, l'exige évidemment, et sous la condition d'une juste et préalable indemnité ». La juste et préalable indemnité, qui doit être prévue par le législateur, est contrôlée de façon exigeante par le Conseil constitutionnel (Décision n° 81-132 DC du 16 janvier 1982). En revanche, l'appréciation portée par le législateur sur la nécessité des nationalisations décidées par la loi soumise à l'examen du Conseil constitutionnel ne saurait, en l'absence d'erreur manifeste, être récusée par celui-ci, dès lors qu'il n'est pas établi que les transferts de biens et d'entreprises opérés restreindraient le champ de la propriété privée et de la liberté d'entreprendre au point de méconnaître les dispositions précitées de la DDHC de 1789.

Après avoir changé plusieurs fois de forme juridique depuis 1946 pour différentes raisons (établissement public national de caractère industriel et commercial, établissement public à caractère industriel et commercial, société anonyme à capitaux publics), une proposition de loi visant à la nationalisation du groupe Électricité de France a été déposée à l'Assemblée nationale, le mardi 27 décembre 2022, et a été adoptée avec modifications, par cette dernière, en deuxième lecture, visant à protéger le groupe Électricité de France d'un démembrement, le 4 mai 2023, puis transmise au Sénat pour deuxième lecture. En l'état, cette proposition de loi prévoit un objectif de détention par l'État de 100 % du capital d'EDF, au 1er janvier 2024 et la nouvelle désignation d'EDF comme « société anonyme d'intérêt national ».

Par ailleurs, le gouvernement a lancé, au cours de l'année 2022, une offre publique d'achat (OPA) simplifiée sur les titres de capital d'EDF afin que l'État détienne 100 % du capital de l'entreprise, qui est très endettée. Après avoir suivi l'avis de l'Autorité des marchés financiers (AMF) du 26 mai 2023, l'État a mis en œuvre la procédure de retrait obligatoire des titres de capital d'EDF en bourse et détient, depuis le 8 juin 2023, l'intégralité du capital et des droits de vote d'EDF, avec un coût chiffré à 9,7 milliards d'euros. En résumé, l'État français a renationalisé EDF en redevenant son actionnaire unique. Le but annoncé de cette opération est de retrouver le caractère souverain des activités de production d'électricité d'origine nucléaire en construisant notamment six nouveaux réacteurs nucléaires, avec une option pour huit autres.

Question : Un maire peut-il interdire le port de tenues manifestant de façon ostensible une appartenance religieuse sur les plages de sa commune ?

Par un arrêté du 7 juin 2023, le maire de Mandelieu-la-Napoule a réglementé l'accès aux plages et à la baignade sur le territoire de la commune entre le 15 juin 2023 et le 31 août 2023, en interdisant leur accès « à toute personne ayant une tenue non respectueuse des règles d'hygiène et de sécurité » et « à toute personne dont la tenue est susceptible d'entraîner, à l'instar des années 2012 et 2016, des troubles à l'ordre public, voire des affrontements violents » et en interdisant l'accès à la seule baignade « à toute personne dont la tenue est susceptible d'entraver ses mouvements et de compliquer les opérations de sauvetage en cas de noyade ». Par cet arrêté, il a entendu prohiber, sur les plages de la commune, le port de tenues manifestant de façon ostensible une appartenance religieuse. La Ligue des droits de l'homme a demandé au juge des référés du TA de Nice, sur le fondement de l'article L. 521-2 (référé liberté) du CJA, de suspendre l'exécution de cette décision. Par une ordonnance n° 230192 du 3 juillet 2023, prise sur le fondement de l'article L. 522-3 du même code, le juge des référés du TA de Nice a rejeté sa demande au motif que l'arrêté attaqué ne portait une atteinte grave et manifestement illégale à aucune liberté fondamentale. La Ligue des droits de l'homme s'est pourvue en cassation contre cette ordonnance. Par un arrêt n° 475636, *Ligue des droits de l'homme*, du 17 juillet 2023, la 10e chambre de la section du contentieux du Conseil d'État a annulé cette ordonnance au motif que le juge des référés du TA de Nice a jugé qu'il apparaissait manifeste, au seul vu de la demande, que celle-ci était mal fondée et l'a rejetée en application des dispositions de l'article L. 522-3 du CJA, sans instruction contradictoire, et en particulier sans solliciter les observations de la commune sur la nature et l'ampleur des troubles à l'ordre public de nature à justifier, au regard des circonstances propres à la commune de Mandelieu-la-Napoule, l'interdiction de telles tenues sur les plages publiques de cette commune au cours de l'été 2023. Le Conseil d'État a jugé qu'en statuant ainsi, alors qu'il ne disposait d'aucun élément lui permettant de s'assurer que la mesure contestée, à la date à laquelle elle a été prise, présentait un caractère adapté, nécessaire et proportionné au regard des circonstances de temps et de lieu et était justifié par des risques avérés d'atteinte à l'ordre public, le juge des référés du TA de Nice a méconnu son office. L'exécution de l'arrêté du maire de Mandelieu-la-Napoule en date du 7 juin 2023 est suspendue dès lors qu'il résulte de l'instruction, et notamment de la motivation même de l'arrêté contesté et des écritures de la commune devant le Conseil d'État, que le maire de Mandelieu-la-Napoule a entendu interdire le port de tenues manifestant de manière ostensible une appartenance religieuse sur l'ensemble des plages de la commune, en vue, d'une part, de prévenir les troubles à l'ordre public susceptibles de s'y produire et, d'autre part, d'assurer le respect des règles d'hygiène et de sécurité en période de forte affluence estivale. Sur le premier point, la commune se borne à faire état d'une altercation suivie d'une bousculade qui a eu lieu sur une plage de la commune au mois de juillet 2012 entre plusieurs femmes « habillées » et des baigneurs de la plage, d'une plainte déposée, le 25 août 2016, par la commune et un policier maître-nageur chargé de la surveillance des plages, à la suite de faits de menaces, tentative de violence, propos à caractère raciste et apologie du terrorisme, et, enfin, du contexte particulier de menace terroriste à la suite des attentats commis à Nice les 14 juillet 2016 et 29 octobre 2020 et de tensions au sein de la population à l'échelle nationale. Toutefois, ni ces incidents, qui ont eu lieu, respectivement, il y a onze et sept ans, ni le contexte de menace terroriste persistante, ne sont susceptibles de faire apparaître que l'interdiction sur l'ensemble des plages de la commune de tenues manifestant de manière ostensible une appartenance religieuse serait, à la date à laquelle a été pris l'arrêté contesté, justifiée par des risques avérés de troubles à l'ordre public. La commune n'apporte, par ailleurs, aucun élément relatif à un risque pour l'hygiène ou la sécurité des usagers de la plage et des baigneurs qui serait lié, par nature, au port, de telles tenues. Dans ces conditions, le maire ne pouvait, sans excéder ses pouvoirs de police, édicter une telle interdiction. Il résulte de ce qui précède que l'arrêté litigieux porte une atteinte grave et manifestement illégale aux libertés fondamentales que sont la liberté d'aller et venir, la liberté de conscience et la liberté personnelle. Les conséquences de l'application de telles dispositions sont, en l'espèce, constitutives d'une situation d'urgence qui justifie que le juge des référés fasse usage des pouvoirs qu'il tient de l'article L. 521-2 du Code de justice administrative (CE, 17 juill. 2023, n° 475636, *Ligue des droits de l'homme*).

Il y a lieu de rappeler que si le maire est chargé par les dispositions des articles L. 2212-1, L. 2212-2 et L. 2213-23 du CGCT du maintien de l'ordre dans la commune, il doit concilier l'accomplissement de sa mission avec le respect des libertés garanties par les lois. Il en résulte que les mesures de police que le maire d'une commune du littoral édicte en vue de réglementer l'accès à la plage et la pratique de la baignade doivent être adaptées, nécessaires et proportionnées au regard des seules nécessités de l'ordre public, telles qu'elles découlent des circonstances de temps et de lieu, et compte tenu des exigences qu'impliquent le bon accès au rivage, la sécurité de la baignade ainsi que l'hygiène et la décence sur la plage. Il n'appartient pas au maire de se fonder sur d'autres considérations et les restrictions qu'il apporte aux libertés doivent être justifiées par des risques avérés d'atteinte à l'ordre public.

Question : Le port de tout signe ou tenue manifestant ostensiblement une appartenance religieuse est-il autorisé à l'occasion de compétitions ou de manifestations organisées par la FFF ?

La Fédération française de football (FFF) a modifié, par délibération de son assemblée fédérale du 28 mai 2016, l'article 1er de ses statuts, pour prévoir que : « La Fédération et ses organes déconcentrés, en tant qu'organes chargés d'une mission de service public déléguée par l'État, défendent les valeurs fondamentales de la République française et doivent mettre en œuvre les moyens permettant d'empêcher toute discrimination ou atteinte à la dignité d'une personne, en raison notamment de son sexe, de son orientation sexuelle, de son origine ethnique, de sa condition sociale, de son apparence physique, de ses convictions ou opinions. / Par ailleurs, le respect de la tenue réglementaire et la règle 50 de la Charte olympique assurent la neutralité du sport sur les lieux de pratique. / À ce double titre, sont interdits, à l'occasion de compétitions ou de manifestations organisées sur le territoire de la Fédération ou en lien avec celles-ci : / – tout discours ou affichage à caractère politique, idéologique, religieux ou syndical, /- tout port de signe ou tenue manifestant ostensiblement une appartenance politique, philosophique, religieuse ou syndicale, / – tout acte de prosélytisme ou manœuvre de propagande, / (...) ». Par une décision du 31 août 2021, le président de cette fédération a rejeté la demande présentée par l'Alliance citoyenne et les autres requérantes tendant à l'abrogation, dans cet article, de la deuxième interdiction, énoncée à l'article 1er des statuts de la Fédération française de football, de « tout port de signe ou tenue manifestant ostensiblement une appartenance politique, philosophique, religieuse ou syndicale » en tant qu'elle concerne les signes religieux. L'Alliance citoyenne et autres a demandé l'annulation pour excès de pouvoir de cette décision et le Conseil d'État a rejeté les requêtes, au sens contraire des conclusions du rapporteur public, par une décision nos 458088, 459547, 463408 du 29 juin 2023. Sur le fond, aux termes de l'article 10 de la DDHC du

26 août 1789 : « Nul ne doit être inquiété pour ses opinions, même religieuses, pourvu que leur manifestation ne trouble pas l'ordre public établi par la loi ». Aux termes des trois premières phrases du premier alinéa de l'article 1er de la Constitution : « La France est une République indivisible, laïque, démocratique et sociale. Elle assure l'égalité devant la loi de tous les citoyens sans distinction d'origine, de race ou de religion. Elle respecte toutes les croyances ». Aux termes de l'article 9 de la convention EDH : « 1. Toute personne a droit à la liberté de pensée, de conscience et de religion ; ce droit implique la liberté de changer de religion ou de conviction, ainsi que la liberté de manifester sa religion ou sa conviction individuellement ou collectivement, en public ou en privé, par le culte, l'enseignement, les pratiques et l'accomplissement des rites. / 2. La liberté de manifester sa religion ou ses convictions ne peut faire l'objet d'autres restrictions que celles qui, prévues par la loi, constituent des mesures nécessaires, dans une société démocratique, à la sécurité publique, à la protection de l'ordre, de la santé ou de la morale publiques, ou à la protection des droits et libertés d'autrui. ». Et aux termes de l'article 10 de la même convention : « 1. Toute personne a droit à la liberté d'expression. (...) / 2. L'exercice de ces libertés comportant des devoirs et des responsabilités peut être soumis à certaines formalités, conditions, restrictions ou sanctions prévues par la loi, qui constituent des mesures nécessaires, dans une société démocratique, à la sécurité nationale, à l'intégrité territoriale ou à la sûreté publique, à la défense de l'ordre et à la prévention du crime, à la protection de la santé ou de la morale, à la protection de la réputation ou des droits d'autrui, pour empêcher la divulgation d'informations confidentielles ou pour garantir l'autorité et l'impartialité du pouvoir judiciaire ». Aux termes de l'article 1er de la loi du 9 décembre 1905 concernant la séparation des Églises et de l'État : « La République assure la liberté de conscience. Elle garantit le libre exercice des cultes sous les seules restrictions édictées [ci-après] dans l'intérêt de l'ordre public ». Et aux termes du I de l'article 1er de la loi du 24 août 2021 confortant le respect des principes de la République : « Lorsque la loi ou le règlement confie directement l'exécution d'un service public à un organisme de droit public ou de droit privé, celui-ci est tenu d'assurer l'égalité des usagers devant le service public et de veiller au respect des principes de laïcité et de neutralité du service public.

Il prend les mesures nécessaires à cet effet et, en particulier, il veille à ce que ses salariés ou les personnes sur lesquelles il exerce une autorité hiérarchique ou un pouvoir de direction, lorsqu'ils participent à l'exécution du service public, s'abstiennent notamment de manifester leurs opinions politiques ou religieuses, traitent de façon égale toutes les personnes et respectent leur liberté de conscience et leur dignité. / Cet organisme veille également à ce que toute autre personne à laquelle il confie, en tout ou partie, l'exécution du service public s'assure du respect de ces obligations. / (…) ». Il résulte du principe de neutralité du service public rappelé par les dispositions citées ci-dessus de la loi du 24 août 2021 qu'une fédération sportive délégataire de service public est tenue de prendre toutes dispositions pour que ses agents ainsi que les personnes qui participent à l'exécution du service public qui lui est confiée, sur lesquelles elle exerce une autorité hiérarchique ou un pouvoir de direction, s'abstiennent, pour garantir la neutralité du service public dont elle est chargée, de toute manifestation de leurs convictions et opinions. Il en va ainsi notamment des personnes que la Fédération sélectionne dans les équipes de France, mises à sa disposition et soumises à son pouvoir de direction pour le temps des manifestations et compétitions auxquelles elles participent à ce titre et qui sont, dès lors, soumises au principe de neutralité du service public. Une fédération sportive délégataire dispose du pouvoir réglementaire pour l'organisation et le fonctionnement du service public qui lui a été confié. À ce titre, il lui revient de déterminer les règles de participation aux compétitions et manifestations qu'elle organise ou autorise, parmi lesquelles celles qui permettent, pendant les matchs, d'assurer la sécurité des joueurs et le respect des règles du jeu, comme ce peut être le cas de la réglementation des équipements et tenues. Ces règles peuvent légalement avoir pour objet et pour effet de limiter la liberté de ceux des licenciés qui ne sont pas légalement tenus au respect du principe de neutralité du service public, d'exprimer leurs opinions et convictions si cela est nécessaire au bon fonctionnement du service public ou à la protection des droits et libertés d'autrui, et adapté et proportionné à ces objectifs. Il en résulte que la Fédération a pu légalement interdire « tout discours ou affichage à caractère politique, idéologique, religieux ou syndical » et « tout acte de prosélytisme ou manœuvre de propagande », qui sont de nature à faire obstacle au bon déroulement des matchs. Le Conseil d'État a jugé que l'interdiction du « port de signe ou tenue manifestant ostensiblement une appartenance politique, philosophique, religieuse ou syndicale », limitée aux temps et lieux des matchs de football, apparaît nécessaire pour assurer leur bon déroulement en prévenant notamment tout affrontement ou confrontation sans lien avec le sport et que, dès lors, la FFF pouvait légalement, au titre du pouvoir réglementaire qui lui est délégué pour le bon déroulement des compétitions dont elle a la charge, édicter une telle interdiction, qui est adaptée et proportionnée (CE, CHR, 29 juin 2023, nos 458088, 459547, 463408, *Associations Alliance citoyenne et autres, Ligue des droits de l'homme*).

Question : Les Russes ayant refusé de participer à la guerre en Ukraine peuvent-ils obtenir le statut de réfugié ?

Par la décision rendue en Grande formation n° 21068674 du 20 juillet 2023, la CNDA fait le point sur les conditions pour accorder la protection de l'asile aux déserteurs de l'armée russe. Aux termes de l'article 1er, A, 2 de la convention de Genève du 28 juillet 1951 et du protocole signé à New York le 31 janvier 1967, doit être considérée comme réfugiée toute personne qui « craignant avec raison d'être persécutée du fait de sa race, de sa religion, de sa nationalité, de son appartenance à un certain groupe social ou de ses opinions politiques, se trouve hors du pays dont elle a la nationalité et qui ne peut, ou, du fait de cette crainte, ne veut se réclamer de la protection de ce pays ». Lorsque qu'il peut être tenu pour établi qu'un ressortissant russe est appelé dans le cadre de la mobilisation partielle du décret du 21 septembre 2022 ou d'un recrutement forcé, il est hautement probable qu'il soit amené à participer, directement ou indirectement, à la commission de crimes de guerre dans le cadre de son service, et ce, quel que soit son secteur d'intervention, au sens de l'art. 9. 2 e) de la directive 2011/95/UE, étant donné l'objet même de la mobilisation partielle, l'impossibilité de refuser un ordre de mobilisation et compte tenu des conditions de déroulement du conflit armé, marqué par la commission à grande échelle de crimes de guerre par les diverses unités des forces armées russes, que ce soit dans les territoires contrôlés par l'Ukraine ou dans les territoires actuellement placés sous contrôle des autorités russes. Dans ces conditions, les insoumis à cette mobilisation et les mobilisés ayant déserté sont exposés, à raison de leur refus de participer aux opérations militaires menées par l'armée russe en Ukraine, à des sanctions constitutives d'actes de persécutions au sens de l'article de l'article 9. 2 e) de la directive 2011/95/UE. Il appartient toutefois au requérant de fournir l'ensemble des éléments pertinents permettant d'établir qu'il est effectivement soumis à une obligation militaire qui l'amènerait à participer, directement ou indirectement, à la commission de crimes de guerre. La seule appartenance à la réserve mobilisable ne permet pas d'établir qu'un ressortissant russe serait effectivement amené à commettre de tels crimes. Il lui incombe de fournir les éléments permettant d'établir qu'il est effectivement appelé à servir dans les forces armées dans le cadre de la mobilisation partielle du décret du 21 septembre 2022 ou d'un recrutement forcé. Dans ces conditions, la CNDA, juridiction administrative spécialisée, admet la possibilité d'accorder le statut de réfugié aux soldats russes ayant refusé de combattre en Ukraine (CNDA, Grande formation, 20 juill. 2023, n° 21068674, *M. I.*).

QR Code pour accéder à d'autres fiches numériques et à plus d'actualités en libertés fondamentales et droit fondamentaux entre septembre et décembre 2023.

PEFC
10-31-1316

Certifié PEFC

Ce produit est issu de forêts gérées durablement et de sources contrôlées

IMPRIM'VERT®

Imprimé en France sur des papiers provenant
exclusivement de l'Union européenne
et issus de forêts gérées durablement
par Dupliprint, 733 rue Saint-Léonard, 53100 Mayenne

Ce livre est imprimé sur un site sous management
environnemental certifié **AFAQ ISO 14001**

Achevé d'imprimer en septembre 2023
Numéro d'impression : 2985198M
Dépôt légal : septembre 2023